新生代农民工职业化研究

杨秀丽　著

·北京·

图书在版编目（CIP）数据

新生代农民工职业化研究 / 杨秀丽著.
北京：中国经济出版社，2018.6
ISBN 978-7-5136-5241-4

Ⅰ.①新… Ⅱ.①杨… Ⅲ.①民工—劳动就业—研究—中国 Ⅳ.①D669.2

中国版本图书馆 CIP 数据核字（2018）第 117132 号

责任编辑 余静宜
责任印制 巢新强
封面设计 华子图文

出版发行 中国经济出版社
印 刷 者 北京九州迅驰传媒文化有限公司
经 销 者 各地新华书店
开　　本 710mm×1000mm 1/16
印　　张 15.75
字　　数 222 千字
版　　次 2018 年 6 月第 1 版
印　　次 2018 年 6 月第 1 次
定　　价 48.00 元
广告经营许可证 京西工商广字第 8179 号

中国经济出版社 **网址** www.economyph.com **社址** 北京市西城区百万庄北街 3 号 **邮编** 100037
本版图书如存在印装质量问题，请与本社发行中心联系调换（联系电话：010-68330607）

Preface 前言

农民工是我国特定二元经济结构及其相应政治制度变迁过程中产生的一个特殊群体。随着经济的发展，农民工数量在特定时期快速增长，已经成为我国社会和经济建设中不可或缺的劳动力组成部分，并且有望成长为产业工人的主体，无论是农业化、城镇化还是工业化进程都离不开农民工的重要贡献。党的十九大报告明确指出，“过去五年间我国城镇化率年均提高一点二个百分点，八千多万农业转移人口成为城镇居民”，农民工城市化已经迈出了坚实的第一步。然而，随着我国供给侧结构性改革深入推进，产业结构优化升级，我国农民工人口数量的增加却未能使人口质量得到相应提升，造成就业方面的种种问题，影响了农民工城市融入速度，减缓了城镇化进程，这些问题已经开始对我国经济持续发展产生负面影响。中国农民工的发展既是新型城镇化、工业化中需要深入研究的重大理论问题，也是坚持新发展理念、适应经济新常态必须重视的重大社会实践问题。因此，农民工的职业化问题必须引起我国政府和学术界的高度重视。

当前，处于经济转型期的新生代农民工正在成为中国经济转型中的活跃力量。这一群体的城镇化，除了制度政策因素之外，必须依靠农民工自身工作能力的提高，这样才能跨越市民化的隐形门槛，达成经济层面的市民化。而农民工职业化是解决农民工问题的关键。如若大部分农民工不能完成自身的市民化，中国现代化只能是空谈。因此，新生代农民工职业化问题成为影响中国现代化进程、事关全局的大事。

为了有效解决上述问题，本研究以新生代农民工职业化为研究方向，对这一劳动力群体如何通过职业化途径完成人力资本积累，实现户籍与身份的双重城镇化，最终实现真正意义上的城乡融合发展进行了深入探讨。第一，本研究在分别厘清何为新生代农民工、什么是职业化的基础上，回答了什么是新生代农民工职业化的问题，并从不同角度揭示了新生代农民工职业化的动因，阐释了新生代农民工职业化的条件及经济社会效应。第二，通过分析新生代农民工职业化的发展历程与发展特征，初步了解这一群体职业化现状，总结了新生代农民工职业化的社会性和经济性。第三，在对新生代农民工职业化意愿影响因素进行分析和验证的基础上，实证寻求这一群体职业化实现的选择倾向与现实依据。第四，通过阐述新生代农民工职业化的理论支撑与现实意义，构建以就业能力为基础、以各项职业化能力为载体的新生代农民工职业化评价体系，并对新生代农民工职业化水平进行测度。第五，以我国产业结构转型升级为背景，总结了新生代农民工职业化实现的路径依赖。第六，以新生代农民工职业化水平评价结果为基础，对新生代农民工职业化模式进行划分，并提出相应推进策略，为提高这一群体职业化水平、提升就业能力和顺利实现城镇化提供理论支持与政策建议。

本研究根据人口迁移理论、社会融合理论和就业能力等理论，全面梳理了劳动力迁移和职业化等方面的研究动态。在充分界定新生代农民工、职业化和新生代农民工职业化等概念的基础上，系统论述了新生代农民工职业化的思路与方法，统计描述了新生代农民工职业化的现状，研究了新生代农民工职业化的动因及条件，最后构建了新生代农民工职业化评价指标体系。为了增强研究结论的说服力，本研究在研究方法层面采用了规范分析与实证分析相辅助、定性分析与定量分析相结合的方法，对相关问题进行了系统论述，其中对新生代农民工职业化的阐述采用规范分析的方法，对新生代农民工职业化现状的探讨采用统计分析的方法，对新生代农民工职业化意愿的分析采用了逻辑回归（Logistic）方法，在新生代农民工职业化评价体系构建中运用了因子分析法和结构方程模型（SEM）。

通过研究，本书实现了以下几方面创新：一是在系统梳理西方职业化相关理论的基础上，结合中国新生代农民工职业特点和就业能力，构建了新生代农民工职业化分析框架；二是基于理论分析和实证检验，构建了新生代农民工职业化评价体系，通过应用该指标体系对新生代农民工职业化进行测度，可以准确客观地了解新生代农民工职业化发展状态及其面临的主要问题；三是通过对新生代农民工职业化与城镇职工职业化进行对比分析，为促进新生代农民工实际就业能力的提高提出针对性建议，也为打通农村剩余劳动力资源与城市劳动力市场通道以及我国城市化的具体实现指明方向；四是针对新生代农民工职业化的动态性特征，提出了城镇化进程中新生代农民工职业化的三种推进模式，尝试性阐述了三种推进模式的相互联系及适用范围，为相关主体提供参考借鉴。

综上，在全面建成小康社会决胜阶段、中国特色社会主义进入新时代背景之下，本书依据人力资本理论、区域发展理论以及经济心理学相关理论，对我国特殊人力资本群体——新生代农民工进行了系统研究。研究结论认为：职业化在不同理论框架下的具体内涵不尽相同，在目前我国经济发展进入新常态，社会主要矛盾已经转化为人民日益增长的美好生活需要和不平衡不充分的发展之间的矛盾的前提下，新生代农民工数目庞大、职业技能欠缺，已经不能适应经济转型对劳动力的特定需求，提高新生代农民工职业化水平至关重要；在我国产业结构转型升级与农民工城镇化进程中，新生代农民工职业化水平的提升应当以这一群体的职业化意愿为前提，从自身素质、环境支持和政策优惠等三个维度展开，综合考量微观个体因素、中观环境因素和宏观政策因素的影响，把最终选择权交给农民工自身，无论是从事工业和服务业，还是以返乡农民工的身份回归农业相关产业实现就业创业，只要可以实现自身价值，就应该得到肯定和鼓励；通过实证分析，目前我国新生代农民工职业化水平较低，整体职业化状况不理想，不能有效满足我国现代化发展的现实需求；新生代农民工职业化推进模式有三种，分别是：生存型职业化推进模式、维持型职业化推进模式和发展型职业化推进模式。同时，本书提出的基于搜寻匹配理论的新生代农民工职业培训评估体系较为符合实际，具有可操作性。

CONTENTS 目录

第一章　走近新生代农民工

1.1　研究缘起

掩泪辍学别母亲，几经流浪获工薪。
日斜劳累如霜打，夜半读书若踏春。
别忘我，梦中人，万千离恨为脱贫。
仰天长啸迷蒙月，何日天涯返小村？
——左河水《鹧鸪天·少年打工》①

在庞大的农民工群体中，有这样一类人，他们大多出生在1980年后，年龄介于18~40岁，在全国农民工总数中占比高达60%，是农民工群体的主要力量。但是，这一群体又在许多方面有别于第一代农民工，被称作“新生代农民工”。2010年1月31日，国务院发布的2010年中央一号文件《关于加大统筹城乡发展力度 进一步夯实农业农村发展基础的若干意见》中，首先使用了“新生代农民工”的提法，并要求采取有针对性的措施，着力解决新生代农民工问题，实现新生代农民工市民化。

正如上面左河水的词里所描述的，新生代农民工具有以下几方面特点：一是年纪轻，有活力。新生代农民工的年龄不超过40岁，与第一代农民工相比，体力优势明显。鉴于这一群体主要从事的工作以建筑业、制造

① 左河水. 鹧鸪天·少年打工［J］. 中华诗词，2014（11）：24.

业等行业的体力劳动为主，作为人力资本必不可少的组成部分的体力则是新生代农民工群体最重要的资源禀赋。二是身份的特殊性使之游离于城市与乡村之间。新生代农民工不同于父辈，他们几乎没有任何务农经历，很早便进入社会，对于土地和农村的依恋程度较低，渴望融入城市，但由于其人力资本限制常常被城市拒绝，导致这一群体在城市与乡村之间徘徊，无法真正立足，发展也就无从谈起。三是愿意接受新事物。新生代农民工大多数具有初中及以上学历，与父辈相比，文化水平有一定提高。随着社会进步和科技发展，他们大多拥有智能手机，并且手机里装有 QQ、微信等社交软件，懂得网上冲浪，能够比较熟练地使用手机获取自身需要的信息。四是职业身份尴尬，处于“高不成、低不就”的境况。与第一代农民工相比，新生代农民工普遍缺乏吃苦耐劳的精神，他们不愿从事“脏、苦、累”的体力劳动，认为这些工作有失体面，进而对工作有更高的追求，希望从事优雅的工作、得到更高的收入，而以上的工作诉求与其自身人力资本积累之间并不匹配，于是就很容易陷入一种个人理想与社会现实相矛盾的工作和生活状态。

1.1.1 新生代农民工人力资本不理想

众所周知，技术与文化素质对就业质量有决定性影响。因为科技是第一生产力，而新技术和新知识的扩散是建立在一定人口素质基础上的。劳动人口的受教育程度越高，越有利于吸收、利用和传播新技术和新知识，从而提高整个社会的技术进步水平和生产力。相反，在一个文盲充斥的国家或地区，根本无法实现现代化。如果劳动人口的整体受教育程度低下，即使技术进步缓慢，市场仍有可能出现结构性失业。低素质劳动力不利于企业技术创新、产业结构升级与经济增长方式转变。低素质劳动者的就业收入一般较低，家庭经济积累相对较少，其改善家庭成员福利的能力较差，特别是对后代人力资本投入不足，影响高素质劳动力的再生产。这种不良的群体性特征可能会在下一代身上得以复制，从而使贫困在代际出现恶性循环，不利于劳动力市场建设与社会就业质量提升。

如今，农村很多剩余劳动力涌入城市打工，但是“民工荒”问题也越来越普遍。由于几次严重的经济危机，很多农民工因为技术差而失业或者工作不稳定。同时，很多地区又出现能够胜任工作的员工人数“饥荒”。出现“民工荒”问题的主要原因是我国社会经济发展迅速，对员工的要求更高，而我国劳动力的知识储备与我国产业结构的需求不符，普通劳动力剩余，而高精尖的技术人才短缺。因此，对农民工进行职业培训，能够提高农民工的技术水平，培养出高精尖专业人才，更能促进社会经济发展。

人力资本是指劳动者受到教育、培训、实践经验、迁移、保健等方面的投资而获得的知识和技能的积累，亦称“非物力资本”，具有创新性和创造性的特点。人力资本的核心是提高人口质量，教育投资则是人力投资的主要部分。从表 1-1 中不难看出，我国新生代农民工的文化程度普遍不高，大部分只有初中学历，比例高达 59. 8%，其人力资本存量低是不争的事实，也是这一群体无法真正融入城市的主要原因。

表 1-1　我国农民工文化程度构成　（%）

文化程度	全部农民工	30 岁以下青年农民工
不识字或识字很少	1. 5	0. 3
小学	14. 4	5. 9
初中	61. 1	59. 8
高中	13. 2	14. 5
中专	4. 5	8. 6
大专及以上	5. 3	10. 9

数据来源：《2016 年农民工监测调查报告》。

我国现代化建设发展正处于关键时期，社会经济的发展对劳动力技术水平和素养的要求越来越高，劳动力体系结构的不健全性、高精尖人才的匮乏，制约着我国社会经济的发展。

1. 1. 2　农民工就业层次低

“十三五”时期，中国的就业总量矛盾仍将在一定程度上存在，结构性问题将成为就业的主要矛盾。相对来说，农民工、高校毕业生及城市本地就业困难群体的就业问题较为突出。当前中国新增劳动力供给并未出现剧烈下降，至少到2020年前，劳动力总量供给仍会大于需求，劳动供给无论是增量还是存量，都不存在十分严重的短缺问题，甚至在未来一段时期内劳动力供给还有富余。

“十三五”时期，经济结构和产业结构调整进入关键期，就业结构调整面临更大的不确定性，结构性失业风险将会明显增大。国际劳动保障研究所所长莫荣表示：近年来，部分钢铁、化工、煤炭等领域的企业出现了经营困难，存在一些减员现象，而以上这些领域正是新生代农民工的主要就业行业；部分生产制造类企业也出现用机器替代人工的现象，每年机器人使用量增长超过20%。专家认为，当前领取失业保险金的人数在上升。劳动关系领域的案件在增加，区域性的不稳定风险也在集聚，不能忽视经济调整所带来的失业风险。而且，目前一些“僵尸企业”吸纳了很大一部分新生代农民工群体，这些企业的破产倒闭无疑会造成这一人力资本存量低的群体的隐性失业，对就业产生一定冲击。

由于农民工人力资本存量不足，这一群体就业层次普遍较低，就业行业主要集中在劳动密集型和低附加值、低准入门槛行业。如表1-2所示，农民工就业分布的前四大行业依次是制造业（30.5%），建筑业（19.7%），居民服务、修理和其他服务业（11.1%）以及批发和零售业（12.3%）。需要注意的是，随着我国产业结构调整升级，与2015年相比，2016年，农民工在第二产业就业的比例有所下降，而在第三产业就业的比例则有所上升。

表1-2　农民工从业行业分布　（%）

行业名称	2015年	2016年	增减
第一产业	0.4	0.4	0.0
第二产业	55.1	52.9	-2.2
其中：制造业	31.1	30.5	-0.6
建筑业	21.1	19.7	-1.4
第三产业	44.5	46.7	2.2
其中：批发和零售业	11.9	12.3	0.4
交通运输、仓储和邮政业	6.4	6.4	0.0

续表

行业名称	2015 年	2016 年	增减
住宿和餐饮业	5.8	5.9	0.1
居民服务、修理和其他服务业	10.6	11.1	0.5

数据来源：《2016 年农民工监测调查报告》。

1.1.3 农民工收入水平不高

农民工离开农村进入城市的初衷是改善生活质量，通俗地讲，就是挣更多的钱，满足自己的生存和发展需要。相比较第一代农民工，新生代农民工更加注重自我发展。但现实却是，这一群体的收入水平仍然维持在较低状态，如图 1-1 所示，虽然与 2015 年相比有一定增幅，但并不显著。

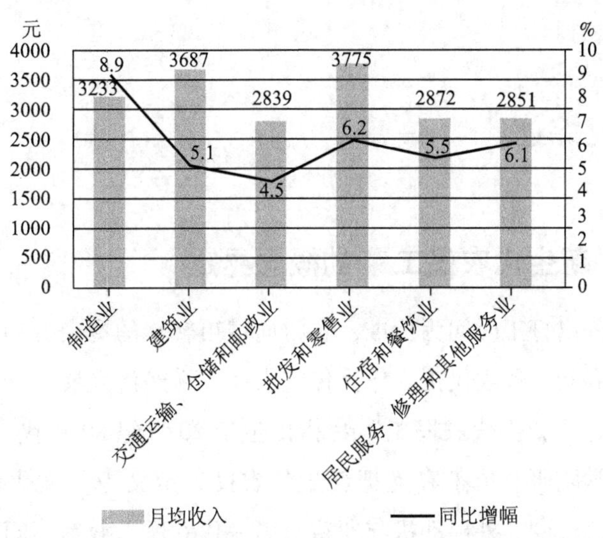

图 1-1　2016 年不同行业农民工月均收入水平及同比增幅

资料来源：《2016 年农民工监测调查报告》。

不难看出，我国农民工的收入水平比较低。与其相对应的国情则是我国经济已由高速增长阶段转向高质量发展阶段，正处在转变发展方式、优化经济结构、转换增长动力的攻关期，建设现代化经济体系是跨越关口的迫切要求和我国发展的战略目标。必须坚持质量第一、效益优先，以供给侧结构性改革为主线，推动经济发展质量变革、效率变革、动力变革，提高全要素生产率，着力加快建设实体经济、科技创新、现代金融、人力资源协同发展的产业体系，着力构建市场机制有效、微观主体有活力、宏观调控有度的经济体制，不断增强我国经济创新力和竞争力。保证全体人民在共建共享发展中有更多获得感，不断促进人的全面发展、全体人民共同富裕。进而解决发展不平衡不充分的问题，更好地推动人的全面发展、社会全面进步。

因此，在产业结构转型升级前提下实现新生代农民工群体市民化是一项艰巨的任务，需要国家政府、企业单位和新生代农民工的共同努力。所谓“自助者天助之”，要想顺利实现新生代农民工市民化，并使之融入城镇化进程中，首要要求便是这一群体自身的职业化。

1.2 研究综述

1.2.1 “新生代农民工”的概念界定

以首次外出打工时间为标准，农村向城市转移的剩余劳动力可分为第一代农民工和新生代农民工。作为传统农民工在经济发展新阶段的活生产要素的延续，“新生代农民工”特指出生于20世纪80年代后的农民工。中国社会科学院研究员王春光把新生代农民工定义为“文化程度相对较高、务农机会较少、外出动机与期望与第一代农民工截然不同的农民工群体”。相对于在改革开放之初就进入非农产业就业的第一代农民工而言，新生代农民工具有土地依赖性弱、文化程度较高、生活条件较优越、维权意识较强等特点（韩长斌，2007）①。新生代农民工群体数目庞大，占农民工总人数的60%左右。他们基本都接受过一定的教育，或者在农村老家就

① 韩长赋．统筹解决新生代农民工问题［EB/OL］．求是理论网，［2012-07-18］．http：//www.qstheory.cn/jj/jsshzyxnc/201207/t20120723_ 171599.htm.

读，或者随父母外出，在父母打工地完成基础学业，然后进城或留城打工。相对来讲，一方面，新生代农民工无论是对农业、农村，还是对土地、农民都比较陌生，大部分人完全没有接触过农业，对农村和土地的感情淡薄，纯粹从事第二、第三产业；另一方面，他们渴望进入城市、融入城市社会。与第一代农民工相比，新生代农民工秉持着“三高一低”的特征，即受教育程度相对高、职业期望值较高、物质和精神享受要求高、工作耐受力低。随着现代化进程不断推进，新生代农民工生活工作的经济社会背景发生了巨大改变，使得这个群体在文化、经历、行为观念、外出动机、职业期望、教育背景、身份认同等诸多方面都发生了相应变化，农民工群体代际差异不断增大。对体面劳动与尊严的渴望与追求使得新生代农民工群体真正融入城市的意愿越来越强烈，他们对城镇化的需求不再仅仅停留于经济城镇化层面，而更强调社会城镇化层面和心理城镇化层面的高度融合。

表 1-3 表明，2016 年，我国农民工仍以青壮年为主，40 岁以下农民工所占比重为 53. 9%，其中 1980 年及以后出生的新生代农民工占全国农民工总量的 49. 7%，比 2015 年提高 1. 2 个百分点，更加凸显了我国农民工劳动力市场中新生代农民工日益重要的地位。

表 1-3　农民工年龄构成　（%）

年龄	2012 年	2013 年	2014 年	2015 年	2016 年
16～20 岁	4. 9	4. 7	3. 5	3. 7	3. 3
21～30 岁	31. 9	30. 8	30. 2	29. 2	28. 6
31～40 岁	22. 5	22. 9	22. 8	22. 3	22. 0
41～50 岁	25. 6	26. 4	26. 4	26. 9	27. 0
50 岁以上	15. 1	15. 2	17. 1	17. 9	19. 2

数据来源：《2016 年农民工监测调查报告》。

本研究认为，在全球经济减速、人口结构发生转折性变化、城镇化成为经济发展主要引擎的大背景下，新生代农民工是指年龄介于 16～40 周岁，在完全脱离农村的动机驱使下，愿意且有能力通过自身劳动以固有的土地福利置换城市福利，从低效产业转移到高效产业，通过自身人力资本、物质资本和社会资本的积累主动参与到城镇现代化、农业现代化和工业现代化进程中的农村户籍人口。

1.2.2 新生代农民工职业分布

农民工是一个人力资本比较欠缺的群体，其职业分布多集中于体力劳动，如建筑业和制造业。随着我国城市化进程的加快，越来越多的行业接纳了这一群体，农民工的身份也得到了确认。2015 年底的城镇工作会议指出，要“尊重城市发展规律”。当前，中国城市发展过程中一个非常紧迫的问题就是如何科学认识并且有机配置城市内部高技能与低技能劳动力资源，以求创建和谐有效的城市。相比于数量巨大的低技能劳动力，城市产业结构升级似乎更青睐高技能人力资本。从图 1-2 中可以看出，2016 年，农民工所从事的行业主要集中于第二产业，仍以体力劳动为主。2016 年，从事第二产业的农民工比重为 52.9%，比上年下降 2.2 个百分点。其中，从事制造业的农民工比重为 30.5%，比上年下降 0.6 个百分点；从事建筑业的农民工比重为 19.7%，比上年下降 1.4 个百分点。从事第三产业的农民工比重为 46.7%，比上年提高 2.2 个百分点。其中，从事批发和零售业的农民工比重为 12.3%，比上年提高 0.4 个百分点；从事居民服务、修理和其他服务业的农民工比重为 11.1%，比上年提高 0.5 个百分点。

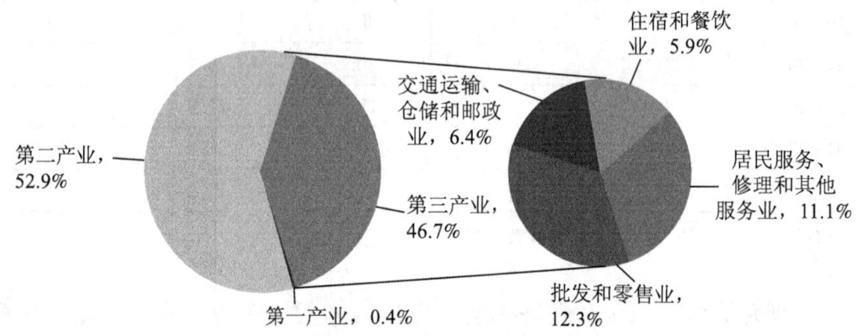

图 1-2 我国农民工职业分布

资料来源：《2016 年农民工监测调查报告》。

相比较传统农民工，拥有更多人力资本的新生代农民工的就业行业基本类似，但结构有所差异，更多集中于第三产业。这可能源于这一群体“三高一低”的特征，即受教育程度相对较高、职业期望高、物质和精神享受要求高、工作耐受力低。其在城市就业的目的不仅仅是为了满足生存需求，还为了谋求职业发展，这也就决定了他们的利益诉求不同于第一代农民工：一是追求融入城镇化进程，他们几乎摒弃了返乡务农的意愿，因此也毫无意识去积累务农技能；二是追求融入工业化进程，他们中绝大多数人往往直接从学校进入外出务工行列，对现代产业规律的熟悉程度远高于对传统农业；三是追求融入现代化进程，希望能够真正融入并享受现代城市文明，希冀在城市享有一系列保障并且享受现代化进程带来的生活方式变化及生活品质提高。虽然这一群体对城市产业的熟悉程度高于第一代农民工，但是他们囿于自身人力资本的欠缺，面临着难以就业和难以稳定就业的问题。其所从事行业仍与第一代农民工类似，即使有机会从事第三产业，也主要集中于体力劳动，不利于新生代农民工专用性人力资本的积淀，进而影响到他们与资方博弈的能力，收入水平长期得不到提升。因此，就业问题是新生代农民工系列问题中的首要问题。就业是新生代农民工融入城市之本，获得一份相对稳定的收入是新生代农民工融入城市的首要条件。这就更加凸显了新生代农民工职业化的重要性和必要性。

1.2.3 农民工职业化概念界定

党的十九大报告明确指出，农业农村农民问题是关系国计民生的根本问题。就业是民生之本，要切实做好农村转移劳动力就业工作，加强职业技能培训，提升劳动者就业能力，增强就业稳定性。结合我国具体国情，笔者认为，要推动实现更高质量的就业，最重要的途径之一就是培育新型农民工，即具有职业素养的职业农民工。如何培育职业农民工，如何推进各方面相关改革、解决好“三农”问题，是当前乃至今后很长一段时期内的一个重要研究课题。

职业化的前提是必须存在相关职业，农民工职业的存在为农民工职业化提供了现实基础。同时，农民工职业的特殊性和多样性又使对农民工职业化的分析有别于其他职业，因为农民工职业内的从业人员是一个特殊群体，从事的多为在社会上受歧视的职业，如建筑工人、保姆、一线生产工人等。农民工职业化是指从事非农产业的农民工经过市场竞争，具备一定的从业技能和职业资格，与出身和地位无关，完全从职业道德角度来投入到现代化建设，真正使这一群体成为有知识、有技能、有文化、懂技术的新型农民工的过程。其特征主要有三个：第一，新型农民工已经完全从农业转移到工业化进程之中，成为充分利用市场机制和规则获得报酬，以期实现利润最大化的理性经济人；第二，新型农民工不同于传统农民工，他们掌握一定技术，拥有较强的工作能力；第三，充分进入市场，并擅长学习先进的科学文化知识，能适应和推动工业现代化的发展，并利用一切可能的选择使报酬最大化。中国现代化进程中，农民工职业化既不可避免，又必将是一个长期过程。

从本质上看，农民工职业化与农民职业化同属一个过程的两个方面，因此相关研究也都从农民职业化这个角度入手。对农民职业化的一个基本认识是，农民职业化是发展现代农业、建设新农村、培育新型农民的最重要出路之一。农民职业化的前提和直接后果之一就是剩余农村劳动力的大量转移。有研究表明，农民职业化的进程也就是转移出去的农民工的职业化过程，只有顺利完成农民工的职业化，才可以从根本上避免他们在“候鸟”式就业中产生的诸多问题，完成彻底转移，而农村劳动力的顺利转移需要加大教育和培训投资力度，努力提高劳动力素质。

“民工荒”现象引发了更多对农民工职业化的关注。不同领域的学者从不同角度对“民工荒”的本质、出现原因等进行了大量研究，一般认为，“民工荒”的出现不是偶然，而是诸多因素共同作用的结果。经济学界学者倾向于对劳动力梯度转移的分析，社会学界学者则更看重农民工价值观念的改变及基本权益无法得到保障的影响。不管其研究侧重点有何不同，有一点是众多学者公认的因素，那就是农民工自身原因，即农民工自身的知识技能无法满足企业需求。根据国家统计局发布的《2016 年农民工监测调查报告》，2016 年全国累计有 25278 万名农民工，其中受教育程度在高中及以上的比例仅为 29. 1%，参加过培训的只有 35. 6%。而对企业的调查显示，高级工程师、技师和高级技师岗位空缺与求职人数的比率分别为 2. 29、2. 19 和 1. 89。因而需要企业和政府加大培训力度，让农民工成为名副其实的技术工人。

但是职业技能的提升并不是农民工职业化的全部内容。农民工职业化不仅需要农民工自身技能的提升、素质的提高，还需要社会制度的保障和资源的平等分享，因此有必要从市场化的视角来看待职业农民工和定义农民工职业化，然后从制度经济学中寻求农民工职业化的实现路径。

1. 2. 4　实现新生代农民工职业化的意义

对正处于新时代改革期的中国，城市化是一个不得不解决的大问题。实现新生代农民工职业化，不仅是中国现代化、城市化发展的重要环节，也是促进我国国民经济增长、顺利实现产业结构调整升级的必要步骤。

1. 2. 4. 1　农民工职业化是顺应分工理论发展的结果

亚当·斯密的分工理论提出，分工能够提高劳动的熟练程度，是适用于一国内部不同职业之间和不同工种之间的行之有效的原则。斯密的分工理论无疑为农民职业化发展和农民工职业化发展同时指明了方向。所谓农民的分工分业，就是把现在的兼业农民分解，进行职业上的划分，实现农民身份的多种转变，即由单一的农民转变为农业生产和经营者、非农产业的生产经营者，也就是转变为职业农民和职业农民工。

1. 2. 4. 2　农民工职业化可以促进农民工增收和社会经济发展

农民工职业化的目的是培育出专业化的产业工人，进行专业化的劳动，为提高全要素生产率作贡献，进而加快工业现代化和产业化。职业化农民工作为当前的产业大军，富有改革和开拓精神，充满积极向上的激情与活力，具有较强的风险承受能力，拥有较高的劳动素质和能力，愿意为中国产业化发展进行有益尝试。通过学习先进的科学文化知识，掌握更多先进的经营管理技术，农民工群体的整体素质和能力将得到提高，使这一群体在劳动力市场上持有更多的话语权，进而更好地实现其职业化，从而促进整个社会全面发展。

1.2.4.3 农民工职业化可以实现我国可持续发展

如果说“人口红利”造就了中国改革开放30多年的辉煌，那么现如今在传统人口红利逐渐消失的状况下如何实现我国可持续发展便是一个重大问题。已经和正在形成的人才红利、改革红利将是支撑我国战略机遇期持续发展的重要力量，而最好的红利则集中在人才红利。作为人口红利的接续，人才红利是指由于人才的规模增长及充分利用所产生的超过同样数量简单劳动力投入所获得的经济利益。通过主体要素由物质资本转向人力资本，农民工职业化会造就一批高素质劳动力队伍，使我国传统劳动力结构发生质的飞跃，一旦得到有效利用，将产生巨大收益，并且可以显著而持久地支撑中国经济转型和国际竞争力的提升。

1.2.4.4 农民工职业化可以加快和促进我国城镇化建设进程

改革开放之初，我国工业化率远远高于城镇化率，城镇化严重滞后于工业化的发展。随着大批农民工进城务工，我国的城镇化率也逐渐提高，城镇化水平与经济发展水平总体上基本适应。但是我国的城镇化更多侧重于土地城镇化，人口城镇化发展相对缓慢。为了从根本上提高城镇化率，实现真正意义上的城镇化，职业化农民工的培育必须提上日程。农民工职业化可以从根本上加快和促进我国城镇化建设进程。

第二章　新生代农民工职业化研究背景及意义

2.1　新生代农民工职业化研究背景

劳动力转移是当今世界众多国家普遍关注的问题，而农村剩余劳动力流动也成为发展中国家面临的重大课题。农村剩余劳动力从农业产业转移到非农产业是工业化和城镇化进程中的必然现象，西方发达国家的现代化进程已经见证了这一过程。较之西方国家，作为发展中国家的中国特有的城乡分割二元经济结构造成了农村劳动力转移的特殊现象，随之也产生了城镇化问题和农民工这一特殊群体。

2.1.1　社会分工细化

作为人类文明的标志和商品经济发展的基础，社会分工是指人类从事各种劳动的社会划分及其独立化，也就是在一定资源禀赋下，让擅长的人做擅长的事，通过缩短社会劳动时间提高劳动效率。在激烈的市场竞争中，只有能够提供优质高效劳动产品的人才可能获取高利润和实现高价值。

社会分工是社会范围的生产分工，不再局限于某个具体经济体，是一般分工和特殊分工的总称。历史上曾出现过三次社会大分工：在自然分工的基础上，第一次社会大分工以畜牧业和农业分离为基础，通过促进生产力发展和增加劳动产品数量丰富了用来交换的劳动产品种类；在剩余产品与交换行为的基础上出现了私有制生产方式，奴隶制社会取代氏族部落，第二次社会大分工以手工业与农业分离为标志，以交换为目的的商品生产应运而生；随着商品生产和交换发展，商人阶层走上历史舞台，出现了第三次社会大分工。三次社会大分工见证了劳动力市场的不断分化，城市经济产生于手工业者和商人活动的集中地，而传统农民聚集地则以乡村经济为主。随着社会分工细化、生产力进步和剩余产品增加，劳动力市场中的一部分人有机会脱离体力劳动，转而从事相对安逸的监督、管理等活动，促成了脑力劳动和体力劳动的彻底分化。社会分工一方面将复杂劳动分解为劳动者易掌握的简单劳动，提高劳动生产率；另一方面使劳动者将人力资本、社会资本和物质资本专注于某一类劳动，在稀缺的资源禀赋下通过掌握劳动规律达到帕累托最优状态。以上两方面的结合直接推动了社会生产力发展，生产力越发达，分工越细化，所要求的劳动力职业化水平越高。

经济学家亚当·斯密认为，劳动分工可以极大促进生产力提高，由此推断，不断细化的劳动分工是使不同岗位的劳动者走向职业化的必要条件，并在此基础上形成独立就业能力，生产效率也将大大提高。对于城市劳动力市场中的新生代农民工来说，适当的劳动分工可以提高生产效率，实现较理想的人职匹配。在社会分工细化的背景下，新生代农民工可以通过职业化有效提高劳动力水平，促进劳动力知识和能力的增长。表 2-1 显示，在分工细化的社会背景下，农民工所从事的行业范围较广。

表 2-1　农民工从事的主要行业分布及变化（2008—2016 年）　（%）

年份	制造业	建筑业	交通运输、仓储和邮政业	批发和零售业	住宿和餐饮业	居民服务、修理和其他服务业
2008	37.2	13.8	6.4	9.0	5.5	12.2
2009	36.1	15.2	6.8	10.0	6.0	12.7
2010	36.7	16.1	6.9	10.0	6.0	12.7
2011	36.0	17.7	6.6	10.1	5.3	12.2
2012	35.7	18.4	6.6	9.8	5.2	12.2
2013	31.4	22.2	6.3	11.3	5.9	10.6

续表

年份	制造业	建筑业	交通运输、仓储和邮政业	批发和零售业	住宿和餐饮业	居民服务、修理和其他服务业
2014	31.3	22.3	6.5	11.4	6.0	10.2
2015	31.1	21.1	6.4	11.9	5.8	10.6
2016	30.5	19.7	6.4	12.3	5.9	11.1

数据来源：2008—2016 年《农民工监测调查报告》。

2.1.2 科技飞速发展

经济增长以产出不断增加为标志，人类社会各种各样经济活动的最终目的就是获得产出。虽然通过不断增加投入可以推动经济增长，但如果将经济增长按照资本和劳动的贡献进行分解，除了要素投入外，还存在索洛残差。索洛残差的出现伴随着经济发展、技术进步和效率提高，进而带来生产力增加。第二次世界大战后，科学技术的飞速发展和知识投入的不断增加有力促进了社会生产力的提高。就国民生产总值来讲，20 世纪初科技进步在资本主义国家国民生产总值增长中所占比重仅为 5%~20%；而到七八十年代，比例却超过了 60%（丁栋虹，2000）①。显而易见，知识已经超越资本、土地等传统生产要素成为最重要的资源，同时人力资本也取代了物质资本，一跃成为最重要的生产要素。日趋激烈的市场竞争迫使企业不能完全依靠物质资本投入谋求发展，而应该更加注重以现代科学技术和社会化大生产为基础的人力资本积累。在人力资本积累过程中，熟练技工和技术专家在科技突破中的作用举足轻重，只有把科技与人力资本相结合并且转化为新资源优势，才可以实现可持续发展，促进经济增长。

所谓产业革命，必须以非常重大的技术突破为前提，它会使整个人类的劳动生产率得到前所未有的飞跃。可以从不同角度和侧面对历次产业革命进行描述。如果从人口角度来分析，一个非常重要的标志就是：每一次产业革命应当实现的是，使前一个产业阶段的生产所需要的劳动人口“趋

① 丁栋虹．企业家成长制度论［M］．上海：上海财政大学出版社，2000：59-64.

零化”。所谓“趋零化”，就是指由于劳动技术生产率的提升，使得上一个产业阶段出现大量的过剩劳动力，并向其他生产领域转移，直到该领域所用劳动力占比从最初的70%，甚至接近100%，降低到2%~5%。

表2-2表明，2005—2015年，科技进步对社会发展的贡献与21世纪初相比没有变化，劳动贡献与20世纪相比变化不大，资本贡献与20世纪相比比例有所提高。

表2-2　1979—2015年科技进步、劳动和资本对社会发展的贡献　（%）

年份	1979—1998	2000—2005	2005—2015
科技进步贡献	48	38	38
劳动贡献	22	20	21
资本贡献	30	42	41

数据来源：根据“十五”科技规划研究总体组在宏观经济模型上应用索洛方法测算结果整理而来。

与此同时，对于就业而言，科技进步可能有着多重意义。一方面，科技进步能够促进和扩大就业是一个远景。科技改变了人类的生产方式并提高了生产力，人类改造自然、获取物质生活资料的能力增强，同时取得了剩余价值、增加了资本积累，国家更有财力，提升了国民福利。另一方面，社会分工的细化是建立在技术创新与进步的基础上，而技术创新必将催生出新的生产部门和职业门类。因为要解决复杂的科技问题，许多专业化的技能逐渐独立出来，成为生产中的新要素，也成为许多劳动者借以取得收入的新机会①。计算机的发明和应用，既能节省大量劳动力，又能创造出新的计算机工业群体，并且在计算机使用过程中，还需要大量的程序设计人员、系统分析员、纸带打洞员、磁带管理员、设备调控员、机器检修员等。围绕先进机器、设备和生产工艺的使用、维护和改良而产生的许多专业化技能和知识，相互依赖和促进，拓宽了劳动者的就业领域。

新生代农民工作为现代生产的一个重要群体和技术工人人力资本的主

① 黄安余．就业失业轮［M］．北京：中央编译出版社，2015：137-140.

要载体，其素质的提高毫无疑问会带动经济质量的提升。以提高就业质量为核心的新生代农民工职业化就是开启中国新人口红利的钥匙。厉以宁（2012）指出，随着经济发展与科技进步，传统的以出卖体力劳动为主要谋生手段的廉价农民工劳动力也将成为过去时，取而代之的是技工时代的开启①。随着科技进一步发展，技工时代还会过渡到高级技工时代和专业人才时代，而农民工也将完成从低级体力劳动力到高级人力资本的过渡，职业化赋予了这一群体进步的资格和条件。农民工职业技能缺乏和职业水平低下导致现有产业结构与新兴产业发展不协调，无法适应社会发展与和谐社会环境构建的需要。

2.1.3 传统人口红利消失

人口结构变化产生的所谓“人口红利”，即劳动年龄人口占总人口比重较大、抚养率比较低，为经济发展创造了有利人口条件②。现代化问题归根结底是人口问题，是人口数量与质量的统一。人口数量是指在一定时间和地域内的人口总数，即在一定时点和地域范围内构成整个社会群体的个人总和，是反映一个国家或地区人口资源的基本指标（邱红，2011）③。在人口数量方面，人口增长、人口密度与人口结构从不同方面影响着现代化进程。据2011年国家统计局统计数据，中国人口数接近13.5亿，是名副其实的世界第一人口大国。从资源有限性来讲，人口增长对经济增长有负效应；从技术进步和刺激有效需求来讲，人口增长对经济增长有正效应（蔡昉等，2009）④。由于中国经济经历了长期的增长停滞，人口的过快增长导致了人口密度加大和资源短缺之间的困境。按照胡焕庸（1935）提出

---

① 厉以宁．新三大红利正替代旧红利［EB/OL］．http：//www.p5w.net/news/gncj/201212/t4623841.htm.

② 江涛．生态社会人口论［M］．北京：人民出版社，2015：114.

③ 邱红．人口学概论［M］．北京：中央广播电视大学出版社，2011：35.

④ 蔡昉，都阳，高文书，等．劳动经济学——理论与中国现实［M］．北京：北京师范大学出版社，2009：32.

的爱辉—腾冲线①，我国东南地区36%的国土面积上居住着全国96%的人口，而西北地区64%的国土面积上的居住人口仅占4%。人口密度过高导致资本稀释，负向影响经济增长，人均GDP不容乐观，客观上桎梏了现代化的顺利实现。

从国外人口老龄化过程中经济社会变动规律来看，“边富边老”这一阶段最显著的特点是劳动力人口数量减少和比例降低以及非劳动力人口数量和比例增加带来人口抚养比的快速上升；对经济社会的影响则体现为劳动力供给的缩减和社会福利支出的增加，劳动力要素推动经济发展的效能减少，从而导致经济增长速度趋缓，甚至出现经济停滞和衰退。人口老龄化程度的加深有其正面效果，潜藏着倒逼经济结构转型升级的机制。这一阶段的关键是妥善处置和利用人口老龄化，持续调整和优化经济产业结构，保持经济的长期稳定增长。

除了人口增长与人口密度，人口结构也在一定程度上影响着人口的经济行为，处于不同年龄结构阶段的人口对经济增长的意义不同。一切大的经济发展过程，对劳动力的需求都主要靠劳动力的流动、转移或移民来满足，而不是靠自己生产劳动力。英国工业革命通过圈地运动从本国农村提取劳动力；工业革命后，欧洲各国对劳动力的需求刺激了大量不人道的奴隶贸易；美洲的发展不仅伴随着奴隶贸易，而且以吸引欧洲以及其他地区的移民为长期政策。

另一个问题则是以劳动力素质为核心的人口质量问题。在改革开放初期，中国经济的高速发展可以归功于劳动年龄人口的高比重，也就是劳动力供给充分和人口抚养比较低。根据统计，抚养比下降对改革时期人均GDP增长的贡献率约为27%（张晔林，2008）②。随着现代化建设不断推进，仅依靠出售廉价劳动力来谋求发展不可能成就真正的世界强国，因为廉价劳动力无法提供创新性能力、新产品研发和足够丰富的智力资源，而

---

① 胡焕庸．论中国人口之分布［M］．上海：华东师范大学出版社，1983.

② 张晔林．农民工培训投入决策研究［D］．南京农业大学，2008.

这些正是中国现代化进程中缺乏的主要因素；另外，由于农村富余劳动力无限供给的局面正在消失，在庞大的人口基数上却是劳动年龄人口的逐渐减少，以“民工荒”为表象体现出传统“人口红利”正面临空前挑战。面对以上人口困境，转变经济发展方式势在必行，需要通过职业化培养新“人口红利”，把廉价劳动力逐渐发展为技工、高级技工和专业人才，提高全民素质，培植科技竞争力，实现现代化。

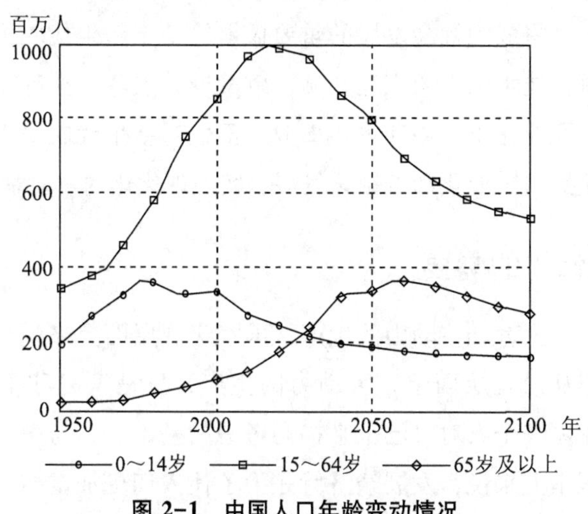

图 2-1　中国人口年龄变动情况

资料来源：United Nations. World Population Prospects：The 2010 Revision. United Nations Population Division，Department of Economic and Social Affairs，2011.

从图 2-1 中不难看出，随着我国现代化进程的推进，城市乃至整体劳动力供给形式发生了很大变化，劳动力供给趋于紧张。在人口年龄结构不理想的状态下，社会负担率较高，生产性较弱，不利于经济发展。要想保持较高的经济增长率，需要更多农村剩余劳动力从农村转移出来集中投入到工业化和城镇化建设当中。近年来，外出务工的农业劳动力虽然大幅增加，但是与发达国家 0.5%~5.3%的农业人口比例相比，我国 48.73%的农业人口比例显然过于庞大。根据 2011 年公布的第六次人口普查数据，全国居住地与户口登记地不一致且离开户口登记地半年以上的人口为 2.6 亿人，而在这 2.6 亿“流动人口”中，农村户籍人员就接近 2.3 亿人。按照中等收入国家农村人口比重平均为23%的水平，在现有基础上仍然存在1.17亿农业人口有待转移。如何实现农村剩余劳动力向城市的顺利转移已经成为中国经济社会发展的重要问题。

由此可见，发展中国家的人力资源问题，主要在于非熟练劳动力大量过剩和熟练劳动力短缺。随着劳动力供求关系的变化和新生代农民工成为产业大军的主体，农民工对工资水平和劳动权益保护的要求及预期会快速提升，如何提高产品的技术含量以消化增加的劳动成本，以及如何建立和谐的劳资关系，将成为社会发展的重要议题。基于新生代农民工人力资本大大落后于城市技术工人的客观现实，政策着力点除了摒弃制度与政策障碍外，农民工职业化也是一项重要事业，不仅对新生代农民工群体具有重要意义，更是助力工业化和城镇化发展、实现现代化的重要举措。

2.1.4 现代化的需要

不可否认，教育和劳动力的生产从国家宏观层面上来说具有极大的价值和意义。但从微观层面上，劳动力的生产，只是家庭和个人自己的事情，建立在家庭和个人对自己未来福利考虑的基础上，与微观经济过程关系甚微。从根本上来说，发展经济就是为了让人们更加富裕，从而实现整个国民经济的繁荣。而要实现这一点，持续不断地提升劳动技术生产率是最核心的途径，但也不可能离开现代化的支撑，因为无论是技术还是人力资源，都依仗宏观环境而存在发展。所谓“提升劳动技术生产率”，就是要让同样的工作用更少的劳动力来做。尤其是在当前智能技术快速发展和成熟的时代，大幅减少原来劳动密集型工业生产的劳动力需求已经成为现实。在这种情况下，传统的认为更多劳动力是人口红利的看法，需要小心新出现的重大技术革命因素。

作为实现现代化的必经之路，人口城市化是21世纪的人口发展方向，带来了人口的集聚与离散的双重变化，造成了巨大的人口再分布运动，同时带来了文化、资金、信息和其他资源的流动，但也挑战了人口变动与资源环境的互动关系①。按照传统经济学观点，劳动力会从生产效率低的领域向生产效率高的领域转移。这种观点如果以“第三产业理论”的角度看就会存在问题。某个领域之所以出现剩余劳动力，正是因为这个领域劳动生产率提升，不需要原来那么多人，才出现剩余的。与第二、第三产业不同，农业除了以上原因，还受到人口众多、人均耕地少、农业收入不高等因素影响。这就可以解释为什么现在很多服务业其实劳动生产率低于工业，从工业领域向服务业领域转移的劳动力是“被迫的”。很难想象，现在绝大多数低技术的服务业，相比大工业生产会是一种更先进的生产力，它们也无任何革命性的技术突破。这些产业工作事实上是第二次产业革命不完全的工业化所遗留下来的、不能进行大机器生产的部分工作内容。

根据国际经验，国内生产总值中农业增加值比重下降到5%以下、就业结构中农业劳动者比重下降到30%以下、人口城市化水平超过50%，标志着经济社会结构重大转型时期的到来。在中国国内生产总值构成中，农业增加值的比重在2010年已经下降到10%以下，2017年下降到7.9%左右；在就业结构中，农业劳动者的比重在2010年已经下降到38%以下，2017年下降到18%左右；在人口的城乡构成中，2010年城镇常住人口比重达到48%左右，2012年已经超过50%的结构转换临界点，2017年已经达到58.52%左右。这些指标表明，中国总体上已经进入工业化、城市化进程的中期加速阶段，城市化将继工业化之后，成为推动我国发展的重要力量②。

伴随着我国经济社会出现的新问题，处于经济增长阶段从高速增长到中速增长转换时期的农村劳动力转移问题越发重要。农村劳动力转移问题归根结底是人口问题，在走向现代化的过程中，作为人力资源的人口的问题不容小觑。面对严峻形势，党的十八大报告明确提出现代化建设的“新四化”，即促进“工业化、信息化、城镇化、农业现代化”同步发展。较之以前的“四化”，“新四化”最明显的变化就是增加了

① 穆光宗．人口生态重建［M］．北京：中国科学技术出版社，2016：207-210.

② 李培林．中国社会巨变和治理［M］．北京：中国社会科学出版社，2014：78-80.

“城镇化”这个现代化建设载体。按照户籍所在地，中国总人口可以分为城镇户籍人口和农村户籍人口，在现代化进程中充当着不同角色来完成统一的现代化任务①。

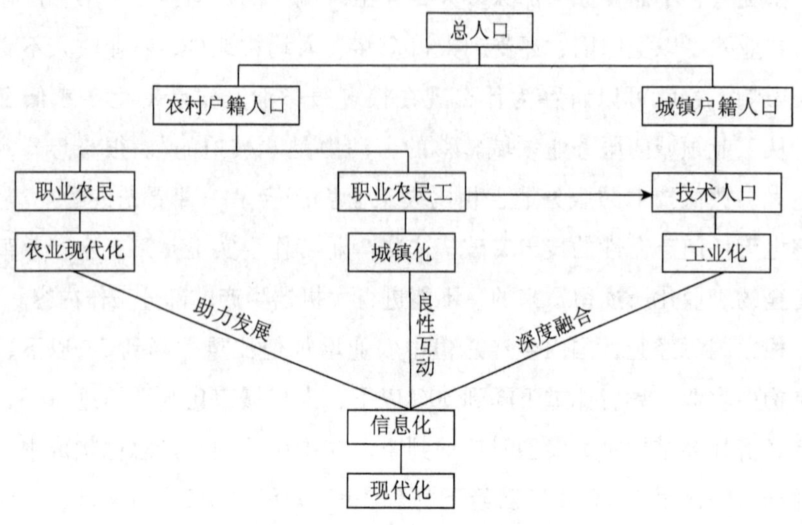

图 2-2　人口现代化路径

由图 2-2 可以看出，现代化的实现离不开农村剩余劳动力向职业农民工的过渡和职业农民工向技术工人的转变，只有实现这一群体的职业化，才可以实现农业现代化、工业化和城镇化，最终顺利实现国家现代化。

2.2　研究目的和意义

2.2.1　研究目的

本研究试图从目前我国新生代农民工就业状况着手，以就业能力为基础构建中国新生代农民工职业化评价体系框架，来测算其真实职业化水

① 杨秀丽，李录堂．农民工职业化的实现路径分析［J］．生产力研究，2013（9）：24-26.

平，探究这一特殊群体职业化的实现方式，解决新生代农民工城市融入的内在问题，同时创新和发展职业化理论。具体研究目的如下：

2.2.1.1 理论层面

在理论上，挖掘不同研究视角下职业化的内涵和外延，厘清新生代农民工职业化与其他研究主体职业化概念的区别和联系，研究新生代农民工职业化现状及影响其职业化意愿的因素，拓展职业化研究范围，对职业化相关理论进行有效的理论补充。

2.2.1.2 实践层面

在实践上，探索并构建以就业能力为基础，包含职业化知识、职业化行为、职业化态度、职业化技能和职业化素质五个维度的新生代农民工职业化评价体系，初步了解新生代农民工实际就业水平。

2.2.1.3 微观层面

在微观上，实证分析影响新生代农民工职业化意愿的因素，从农民工自身方面寻求在提升职业化水平过程中的现实依据。

2.2.1.4 宏观层面

在宏观上，以研究新生代农民工职业化评价体系为基础，从宏观政策、中观环境和微观个体三个层面，探索提高新生代农民工职业化水平的推进策略及政策保障机制。

2.2.2 研究意义

为了促进城市繁荣、提高城镇化水平、深化非农业经济的发展，我们急需解决城镇化进程中最重要也是最棘手的问题——新生代农民工问题。而新生代农民工职业化，可能是一个行之有效的从根本上实现上述目标的途径。众多学者从不同视角提出了相应建议和意见。面对中国特殊的二元经济体制，在参照西方发达国家做法的同时更要结合中国特色，此时提出职业化，对新生代农民工问题的解决具有重要的理论意义与实践意义。

2.2.2.1 理论意义

（1）有利于丰富职业化理论与方法

已有关于职业化的研究，其研究对象多为某个具体行业或者某个具有职业的群体，研究比较集中且单一，对于跨行业或者不具有正式职业的群体侧重不足。随着中国现代化进程不断推进，城市劳动力市场的重要要素——新生代农民工的城市融入问题不容小觑，而新生代农民工职业化水平低下，无法契合现代经济对劳动力的素质要求等弊端尤为突出，使得这一群体的就业能力现状在促进农民工增收、实现工业现代化与城乡和谐发展方面存在明显不足，迫切需要切实可行地提高劳动力竞争能力以推动我国现代化的发展进程。纵观国内外研究成果可以发现，职业化的相关理论不断发展，但以农民工为研究对象的系统性研究还未有涉猎，更谈不上多学科结合的创新与开拓。新生代农民工这一中国特殊群体的出现无形中为职业化理论拓宽了研究范围。通过职业化，不仅可以提升新生代农民工自身的就业竞争力，满足劳动力市场就业需求，还可以实现城镇化和工业化。因此，尝试将以提高就业能力为核心的职业化作为突破口，对传统的农民工就业模式进行推进和发展，能在很大程度上丰富和发展职业化理论与方法。

（2）有利于创新和发展传统人口迁移理论

“新生代农民工职业化”这一概念本身就是传统人口迁移理论与职业化理论交叉的结果。通过对新生代农民工在现代化进程中自身职业化的系统研究来破解新生代农民工城市融入的努力方向、实现路径和方法，是本研究的实际应用价值所在。职业化直接或间接地提高了新生代农民工的就业技能和工作知识，这属于传统人口迁移的具体要求。显然，本研究还涉及把所从事工作作为长期或者终生职业来对待，这对创新和发展传统人口迁移理论具有现实意义。所有这些都将不断促进人口迁移理论、职业化理论以及城镇化理论的交叉融合。事实上，新生代农民工职业化在城市第二、第三产业发展中发挥着巨大作用，其相关研究有待展开，故本研究可能推动学术界对城市第二、第三产业中新生代农民工城镇化问题的深入研究。

（3）有利于完善就业能力理论

新生代农民工人力资源的固有特征可以用来分析城镇化发展的限制性因素，特别是这一群体人力资本存量低、社会资本缺失、物质资本匮乏、竞争能力较低、市场谈判能力欠缺、劳动力市场信息不对称和城市公共福利享受不到位等问题。从职业化的角度探讨新生代农民工城镇化的方法与途径，能够结合当前中国城镇化问题发展变化的历史背景，深化对就业能力的认识，通过注入新的职业化要素，拓展就业能力理论的解释范围，有助于在完善城镇化理论的同时加速就业能力积累，进而推进城镇化发展进程。

2.2.2.2 实践意义

（1）有利于引导新生代农民工顺利走向城市劳动力市场，解决现有就业能力与劳动力市场需求的结构性矛盾

在现行的市场经济条件下，具有初中学历的新生代农民工难以适应市场经济的纵深发展要求，在其人力资本存量与市场需求之间存在着信息不对称的供求矛盾问题，使得新生代农民工在实际城市供职过程中面临诸多困难，如就业信息不对称、就业能力与公司要求不符、工资低、城市公民权利缺失等。这种局面不仅导致新生代农民工难以适应城市劳动力市场需求，影响其提高生活水平的主要目的，还会使新生代农民工在生存、就业、教育和医疗等方面的需求无法得到有效满足，从而影响新生代农民工的生活质量和水平。此外，城市劳动力市场由于无法找到合适的劳动力资源，生产要素缺乏，无法从根本上提高生产力水平，致使价值创造受阻。据此，对提高新生代农民工就业能力的主要途径——职业化进行研究，具有深远意义，不仅可以帮助农民完成有效转移与就业，解决新生代农民工城市融入和城市工商业发展问题，还可以为城市劳动力市场提供必需的合格人力资源，促进社会和谐稳定，顺利实现现代化。

（2）有利于转变工业发展方式，加快现代工业发展步伐

所谓现代工业，指的是一种新型工业发展模式，以现代科学技术、现

代经营管理模式和现代物质装备为发展基础，以生产技术现代化、结构现代化、生产组织现代化、企业管理手段和方法现代化、职工结构现代化等为主要特征。发展现代工业，关键是价值产生过程中各生产要素的现代化投入与匹配，尤其是劳动力生产要素的有效供给与需求之间的平衡。新生代农民工职业化的本质在于通过学习先进科学文化知识和积累现代化工作经验提升自身就业能力，同时在人力资本、社会资本和物质资本方面得以提升，充分进入城市劳动力市场，利用一系列可能选择实现报酬最大化，提高工业生产的经济效益和竞争力，促进城市繁荣和农民工生活富裕，适应和推动工业现代化发展。在这个意义上，培育职业化新生代农民工是市场经济新形势与国家发展规划布局的必然趋势，是转变传统工业生产方式、提高劳动力资源利用效率、提高劳动生产率和综合产出率的最佳途径，也是促进现代工业发展的有效手段。

（3）有利于提高新生代农民工就业能力，培育职业化农民工

新生代农民工城市融入问题的主要症结在于就业能力缺乏。要想从根本上解决农民工收入问题，顺利实现城乡一体化，必须首先培养高素质的职业化农民工，使这一人力资源具有在城市生活工作的基本能力。因而，有必要帮助新生代农民工打通信息渠道，提高新生代农民工文化水平与就业技能。职业化的顺利实现可以引导新生代农民工更新观念，与城市劳动力市场顺利接轨，培养“有文化、懂技术”的新型新生代农民工。同时，职业化在城市劳动力市场的运作还有利于劳动保障、社会保险、医疗服务、义务教育、技术培训、科技推广等方面工作在城市劳动力市场的开展。

（4）有利于缓解劳动力供需矛盾，推进现代化进程

党的十八大报告明确提出了工业化、信息化、城镇化和农业现代化同步发展的目标，指出城镇化和工业化良性互动是实现“新四化”的重要内容。在城镇现代化和工业现代化过程中，作为劳动力资源的新生代农民工面临着就业技能低下的尴尬局面，由于缺乏职业化的有力支撑，新生代农民工难以享受到经济高速发展带来的效益和成果，导致城市劳动力市场与

新生代农民工劳动力生产要素之间的供需矛盾日益凸显。在当前的历史条件下，对新生代农民工职业化进行研究，不仅可以在严格职业资格限制前提下提高这一特殊群体的整体素质，改变城市劳动力市场盲目无序和混乱匹配状态，还可以为新生代农民工的晋升设定明确标准，为职业发展提供引导，为素质提升指明方向，同时也可以健全农民工退出机制，为淘汰低素质农民工提供依据。

2.3 国内外研究动态

长期以来，国内外学术界对农民工城镇化问题给予了极大关注，对农民工群体的弱势地位给予了高度重视，从不同的研究背景与理论视角对新生代农民工问题进行了理论分析和实证调查，提出了不同的理论观点和意见建议，涌现出一系列研究成果。根据本研究内容需要，现对国内外学者在相关领域具有代表性的研究成果进行简要介绍和梳理。

2.3.1 国外研究动态

由于国外经济发展和现代化进程起步较早，截至目前已经发展得相对成熟，有关人口迁移与职业化的研究成果较多，具有代表性的观点包括以下几种。

2.3.1.1 劳动力迁移研究

劳动力转移就业是一个国家发展过程中必须经历的环节。由于西方发达国家较早经历了这个过程，因此对城乡人口流动现象、流动规律等问题的相关研究出现较早。国外基于不同角度所提出的关于农民非农化和劳动力转移理论模型，对于理解作为中国流动人口的农民工进城就业具有一定的启发意义和借鉴作用。对劳动力迁移的研究主要基于以下六个视角展开，分别是历史发展视角、城镇化与城市发展视角、二元经济社会结构和劳动力市场需求关系视角、劳动力迁移网络与其积累效应影响视角、人口迁移视角和人力资本视角。

基于历史发展视角，马克思（1972）针对英国资本主义大工业迅速发展出现的国内人口迁移现象，运用社会化大生产运动规律，揭示了农村劳动力流向城市的必然性，并对农村劳动力流动所带来的农村经济社会历史巨变进行了科学预言①。马克思认为，作为劳动力转移基础的社会分工促进了社会分化，农业劳动力转移既可以为工业发展提供足够劳动力资源，又在一定程度上扩展了国内市场。在马克思研究基础之上，列宁（1972）指出，农村居民迁移到城市，促进了农业人口与非农业人口之间的融合，可以从根本上消除农业人口与非农业人口之间的现实差距，消灭城乡对立②。

从城镇化与城市发展视角出发对人口迁移进行研究的主要有三个理论：刘易斯和乔根森的二元经济结构模型、诺瑟姆的城镇化进程“S”形曲线理论以及托达罗的预期收入理论。刘易斯（1954）创立了农村劳动力转移理论，并在此基础上提出了人口流动模型。该理论认为，发展中国家普遍存在包括传统和现代两个部门的“二元经济结构”，分别以手工和大机器设备为主要生产技术③。经济发展过程中劳动力从传统部门向现代部门的转移分为三个阶段，即以边际生产率为零的纯剩余劳动力转移为标志的第一阶段、以边际生产率大于零而小于最低平均生活费用的劳动力转移为标志的第二阶段和以现代与传统两大部门争夺非剩余劳动力为标志的第三阶段。美国地理学家诺瑟姆（1979）提出了国家城镇化过程轨迹的“S”形曲线理论④，该理论指出，城镇化进程是一个极其复杂的社会经济现象，不仅具有世界性和区域性，还具有一定阶段性。城镇化过程一般可分为初期、中期和后期三个阶段；城镇化开始较早的国家，城镇化发展速度较慢；城镇化和工业化开始较晚的国家，城镇化达到相同水平所用时间反而较短。针对刘易斯劳动力转移理论的不足，托达罗（1998）通过诠释发展

---

① 马克思，恩格斯．马克思和恩格斯选集第一卷［M］．北京：人民出版社，1972：47.

② 列宁．列宁选集第4卷［M］．北京：人民出版社，1972：85.

③ W. Arthur Lewis. Economic Development with Unlimited Supplies of Labor［J］. The Manchester School, 1954（22）：139-191.

④ Ray Mervyn Northam. Urban Geography［M］. New York：Wiley , 1975：78-80.

中国家城乡人口迁移特征建立了城乡劳动力转移模型，进一步回答了为什么农村向城市的移民过程会不顾及城市失业存在而持续进行的问题①。在此基础上，托达罗发展了三部门两阶段理论，认为国家经济结构由“农业部门”“传统城市部门”和“工业部门”三部门构成。

基于二元经济社会结构和劳动力市场需求关系视角，鲍尔等于20世纪70年代初提出了二元制劳动力市场分割理论（The Dual Labor Market Theory），该理论认为，劳动力市场由主要劳动力市场和次要劳动力市场组成。主要劳动力市场的特点包括可观的收入、有利的工作条件、便利的培训机会和有利的晋升机制，次要劳动力市场的特点则正好相反，表现为收入低、工作稳定性差、培训机会少和晋升概率小。对于人力资源而言，教育和培训可以提高主要劳动力市场劳动者收入，而对次要劳动力市场劳动者收入的影响甚微。

基于劳动力迁移网络与其积累效应影响角度的迁移网络理论认为，迁移网络是指迁移者、未迁移者和以前的迁移者之间凭借亲属关系、邻居关系或同乡关系等在迁出地与迁入地之间建立起来的一种信息关系。迁移网络一旦形成，政府就不容易控制迁移流动，特别是国际移民中一些地下移民组织能够绕过政府控制，因此迁移网络的累积效应很大。

从人口迁移角度来诠释人口迁移的理论，包括宏观视角讨论人口迁移经济原因的“推—拉”理论和微观视角讨论人口迁移影响因素、人口流动趋势以及迁移倾向差异的人口迁移规律。人口推力—拉力经济理论由Lee（1966）于20世纪60年代初提出，该理论认为，在市场经济和人口自由流动情况下，迁出地对某些人会产生一种向外转移的推力作用，形成推力的因素包括经济、收入低、失业和一些社会原因，而迁入地会对一些人产生一种拉力，即吸引力，如收入高、就业机会多、个人有发展前景及其他一些具有诱惑力的因素②。19世纪，英国学者Ravenstein（1889）提出了人口迁移理论，把人口迁移规律概括如下：迁移以短距离迁移而非长距离

① 迈克尔·P. 托达罗. 经济发展与第三世界［M］. 北京：中国经济出版社，1992.

② Everett S. Lee. A Theory of Migration［J］. Demography，1966，3（1）：47-57.

为主；迁移具有阶段性特征；迁移流与逆向迁移流并存；在短距离迁移中女性比男性有优势；交通、通信和技术发展有助于提高迁移率；人口迁移与否取决于经济因素是否有利①。

基于人力资本视角，舒尔茨（1990）认为，通过流动、迁移和教育可以实现人力资本投资，其中受教育程度对人影响最大②。高教育水平意味着高人力资本积累和多的求职机会，也可以使农民较快适应城市生活和工作。贝克尔（1987）则认为，可以把用于增加人的资源和影响其未来货币收入及消费的投资行为称为人力资本，人们可以通过对教育、培训、健康营养和卫生医疗等方面的投资实现人力资本积累③。

2.3.1.2 职业化研究

关于职业化的研究主要集中在对某个具体行业和某个行业从业者职业化的研究，也就是行业职业化和从业者职业化，如司法、教育、体育等行业的职业化，教师、法官、裁判、经理人等从业人员的职业化等。而对于行业和从业者职业化过程来说，有相通之处，但也存在很大差异。从纯经验和理论方面来看，这两类研究互相渗透，很难加以彻底区分。

从行业职业化角度出发，Greenwood（1957）认为职业化是一种理想状态，应具备五个特征要素，分别为系统理论、专业权威、社会认可、伦理行为守则和专业文化④。Wilensky（1964）通过考察18种职业成为专业的历程，揭示了成熟职业发展的典型过程，即成为全职工作⑤。他认为一般职业的职业化都会经历以下过程：倡导者关注技术掌握、培训和时间标准，并设立培训学校；教育者推动建立更有效的组织，即专业协会；垄断技术的法律保护；正式行为守则。同时职业化是一个动态历史过程，是使

① E. G. Ravenstein. The Laws of Migration［J］. Journal of the Statistical Society of London，1885，48（2）：167-235.

② 西奥多·W. 舒尔茨. 改造传统农业［M］. 北京：商务印书馆，2010：5-59.

③ 加里·贝克尔. 人力资本理论［M］. 北京：中信出版社，2007：153-158.

④ Greenwood，E. Attribute of a Profession［J］. Social Work，1957，2（3）：44-55.

⑤ Harold L. Wilensky. The Professionalization of Everyone?［J］. The American Journal of Sociology，1964（9）：67.

某一职业在这个连续体上发生位移的过程，表示某种职业成为专业性职业并得到应有的专业地位。因此，职业化应当包含两层意思：其一，职业化可以表示某种职业在法律和公共信念及相关准则中得到它应有地位的社会过程；其二，职业化也可以表示某些人专门从事一种工作这一概念的社会化。成功的职业化过程不仅包含行业自身，还应该包含行业从业人员的自我完善和进步。因此，职业化不仅成为很多行业和从业人员改革的动力，同时也成为诸多行业及其从业人员发展的最终目标。

从行业职业化角度出发，Snizek（1972）指出，随着社会的进步与发展，将会有越来越多的行业被纳入职业化进程，而职业化也成为衡量行业成熟度的标志①。Goffman（1959）认为，从事相似工作的一个团体的成员在所从事的某项工作上与其他团体成员区分开来，这种区分过程是通过他们在所从事工作方面的相关训练和知识准备来达成的②。Vollmer 和 Mills（1966）则明确提出职业化是一个过程，他们认为许多职业可能介于一个连续体之间，一端是充分发展的职业，另一端是完全无组织的工作，而专业化是一个可以影响职业化程度高低的过程③。Larson（1977）提出职业化是与社会制度主要需求和价值观相联系的知识体系，并且致力于服务大众，因此是具有特定权利和声望的④。Forsyth 和 Danisiewicz（1985）认为，权利是职业化的核心概念⑤，从业者对服务接受者和雇用机构的自主性越高，其职业化水平也就越高，从本质上说，职业化过程也就是追逐和逐步实现职业权利的过程。

从从业者职业化角度出发，当职业化落实到个体，职业化需遵循一定

---

① William E Snizek. The Relationship between Theory and Research：A Study in the Sociology of Sociology［J］. The Sociological Quarterly，1975（16）：415-428.

② Goffman，E. Presentation of Self in Everyday Life［M］. New York：Doubleday，1959.

③ Vollmer，H. M. & Mills，D. L. Professionalization［M］. Englewood Cliffs，New Jersey：Prentice Hall，1966：157-162.

④ Larson，M. S. The Rise of Professionalism：A Sociological Analysis［M］. Berkeley：University of California Press，1977：5.

⑤ Forsyth，P. B. & Danisiewicz，T. J. Towards a Theory of Professionalization［J］. Work and Occupations，1985，12（1）：59-76.

标准，也就是一系列内化了的专业信念、价值观、行为标准和从业实践的规范。Larson（1977）将职业化定义为“特殊服务的提供者，为他们拥有的专门技术建立市场并加以控制的过程”①，某职业的从业者通过市场能力和思维垄断达到保护其经济利益与社会地位的目的。Parsons（1954）从功能主义观点出发，区分了 profession 和 occupation，profession 本意是职业，是 occupation（行业）中的一个子范畴，它所指的不是普通行业，而是需要接受一定教育和特殊训练的专门职业，如律师、医生、教师等，这些职业者发挥着社会稀缺资源的某种功能，并且通过其职业活动来谋生②。从业人员主要以职业传统训练和需要经过规定训练的教育过程作为依据，只有通过这种训练才有资格从事这一职业，同时，只有职业化的从业者才有相应资格对这一传统作出诠释和发展。职业化与纯粹的技能不同，职业化使任职者为了从事某一职业，必须进行以智能为特质的岗前培训，以获取知识和某些扩充的学问。Goffman（1959）指出，职业者的特点包括全日制从业和拥有深奥的知识技能，获得知识和技能的方式可以是教育或者训练③。通俗来讲，职业化成员首先应当区分于其他团体成员，这种区分可以通过职业化成员所从事工作方面的相关训练和知识准备来实现和达成。Hall（1969）对职业化从业者进行了界定：职业化从业者要依靠系统专业知识而不是特殊培训，来获得专门技术；职业化从业者对自己的工作享有一定自主权，旁人没有资格对专业问题作出非专业判断；职业化从业者有专门协会管理内部事务并进行外部交涉；接纳新成员时，职业化从业者必须进行谨慎控制，只有通过必需的能力测试并取得相应资格才可以进入本职业④。Freidson（1973）认为，职业化从业人员必须具有一定的职业资格，而职业资格认证也成为职业化过程的关键，可以提高从业者技能和规

① Magali Sarfatti Larson. The Rise of Professionalism: A Sociological Analysis [M]. Berkeley: University of California Press, 1977: 16-17.

② Parsons, T. Essays in Sociological Theory [M]. London: Collier-Macmillan, 1954: 78.

③ Goffman, E. Presentation of Self in Everyday Life [M]. New York: Doubleday, 1959.

④ Richard H. Hall. Occupations and the Social Structure [M]. Englewood Cliffs, New Jersey: Prentice Hall, 1969: 135-137.

范职业市场运行[1]。Van Maane 和 Barley（1984）将从业人员纳入团体中，把职业团体界定为团体中成员从事一类具有一定共同特征的工作，并且成员自己可以认识到这点，而此特征正是从团体成员工作中总结提取的[2]。Turner 和 Hodge（1970）提出职业团体的存在是衡量社会职业化水平的一个重要指标[3]。

2.3.1.3 就业能力研究

一个多世纪以来，国外学者从不同视角对就业能力进行了深入研究，研究主要集中于就业能力概念和就业能力影响因素两个方面。20 世纪 50—60 年代，由“二战”造成的劳动力短缺使技工数量无法满足劳动力市场需求，这个阶段对就业能力的研究从社会宏观经济着手，把就业能力诠释为劳动者被雇用和保持雇用的潜能，关注劳动者失业和终身雇用问题。随着发达国家经济衰退，职业技能不足使劳动者失去了对市场的吸引力，劳动者的可转移技能逐渐受到了关注，也就是劳动者用以维持其劳动力价值的社会与关系网络。从 20 世纪 80 年代开始，各国市场环境都发生了不同程度的变化，为了提高企业弹性，临时工人满足了企业对于组织弹性的需求，劳动力市场进一步被划分为基本组成部分和次要组成部分，对就业能力的研究上升到组织和公司层面。融合了态度、技能和知识后，个体积累的就业能力成为劳动者劳动市场绩效的重要决定因素，而这种就业能力对劳动者职业生涯的各个层次会产生影响。知识经济的到来使个人职业生涯进入无边界职业生涯时代，就业能力对劳动力市场、公司和组织以及个人都具有十分重要的意义，被定义为影响个人在劳动力市场长期保持活力的机会，其研究开始把所有劳动者纳入研究范围。Hillage 和 Pollard（1998）

---

① Eliot Freidson. The Professions and Their Prospects［M］. London：Sage Publications，1973.

② Van Maanen，J. & S. R. Barley. Occupational Communities：Culture and Control in Organizations［J］. Research in Organizational Behavior，1984（6）：287-365

③ Turner，C & Hodge，M. N. Occupations and Professions［M］// Jackson，J. A. Professions and Professionalization. London：Cambridge University Press，1970：136.

将就业能力定义为在劳动力市场内充分流动和持续实现自我就业潜能的能力①。

随着研究的不断成熟，关于就业能力的细分与拓展不断涌现，就业能力被分为内部就业能力和外部就业能力两类。Knight（2001）将就业能力理解为促使个人获得就业和成功的成就、理解力和个人属性②。就业能力意指个人特性、各种技能和学科理解的有机结合，是个人拥有的、决定其职业生涯的能力，应当包括保持现有工作的能力和在同一企业中变换另一种工作的能力。如果从职业认同、个人适应性、社会资本和人力资本四个维度出发，就业能力应当是一种嵌入个人特性的心理社会建构，是一组与工作和职业中的自主适应性有关的个人特质。McQuaid 和 Lindsay（2005）提出了“全面就业能力”，认为就业能力是帮助研究者识别影响个人获得工作可能性的全景性因素③，是通过能力的最优化使用，持续实现以及获得或者创造就业的能力，同时也可以指代一系列技能、理解力和个人品质的组合。

除了诸多学者个人对就业能力的大量研究之外，许多国家组织也对就业能力进行了界定：SCANS（1991）把就业能力划分为基础性技能和工作性技能。加拿大会议委员会认为就业能力就是雇主需要的通用技能、态度和行为。国际劳工组织（ILO）将就业能力定义为个体获得和保持工作、在工作中进步及应对工作生活中出现变化的能力。美国教育与就业委员会（DFEE）把就业能力诠释为劳动者在劳动力市场通过充分的就业机会实现自我的潜能。从雇主视角出发，美国培训发展协会（ASTD）将就业能力概括为5大类16种技能。总体来看，国外从不同视角出发对就业能力进行了较为成熟全面的研究，且成果颇丰。

---

① Hillage, J. & Pollard, E. Employability: Developing a Framework for Policy Analysis [J]. Research Brief, 1998 (32): 85-87.

② John Knight, Deng Quheng, Li Shi. The Puzzle of Migrant Labor Shortage and Rural Labor Surplus in China [J]. China Economic Review, 2011 (22): 585-600.

③ Ronald W. McQuaid & Colin Lindsay. The Concept of Employability [J]. Urban Studies, 2005 (20): 197-219.

与对就业能力概念的研究相比，国外对就业能力影响因素的研究相对较晚，20 世纪 90 年代后才逐渐走向系统化和全面化。大多学者认为就业能力受到态度、技能和知识的影响，并在此基础上提出就业能力受到个体品德、特定职业技能、劳动力市场形势以及政府和雇佣者培训政策的影响，也有学者倾向于把就业能力与个人适应性（personal adaptability）、个体与市场的交互（individual-market interface）以及职业认同（career identity）三方面紧密联系并发现其内在逻辑。在对就业能力进行界定的基础上，Hillage 和 Pollard（1998）认为，影响就业能力的因素主要包括能力特性、个人展示能力、运筹能力和环境因素①。McQuaid 和 Lindsay（2005）认为，影响就业能力的因素应该包括个体因素、个人环境因素和外部因素，同时受到五个维度影响，分别为职业特长、期望与优化、个人随机性、战略意识和权益平衡。

2.3.2 国内研究动态

在国内，学术界对新生代农民工、职业化及就业能力等方面的研究从未停止。随着中国现代化和城镇化进程的不断深入，党和政府把顺利解决新生代农民工城市融入问题列为工作重点来抓。从现有研究来看，国内学者对新生代农民工、职业化和就业能力等方面均进行了探索性研究，对新生代农民工职业化的研究主要包括以下几个方面：

2.3.2.1 新生代农民工问题研究

作为城市劳动力市场的主力军，新生代农民工逐渐取代第一代农民工活跃在第二、第三产业。学术界对新生代农民工的研究主要基于以下几个视角，分别是经济学视角、社会学视角、政治学视角、管理学视角和心理学视角。

（1）经济学视角

基于经济学视角对新生代农民工的研究主要围绕以下几方面展开：市

① Hillage，J. & Pollard，E. Employability：Developing a Framework for Policy Analysis［J］. Research Brief，1998（32）：85-87.

民化过程分析、就业问题研究和城市收入状况与影响。从新生代农民工市民化角度入手，张斐（2011）通过建立市民化水平分析指数，计算出目前我国新生代农民工所处的具体市民化阶段，并且对其影响因素进行了分析①。周密等（2012）采用需求可识别的 Biprobit 模型测度出了所研究地区新生代农民工市民化程度，进而采用 Oaxaca 分解方法分析了影响因素②。新生代农民工市民化是统筹城乡发展的重要契机和切入点，可以借此构建城乡健康发展的制度框架，推动中国传统社会结构转型。新生代农民工市民化的过程就是这一群体在城镇就业、定居并提高生活满意度的过程，满意度是市民化的驱动力。吴来贵（2013）认为，新生代农民工目前面临着“去”与“留”的两难选择，而这种尴尬境地的根源在于这一群体的年龄结构、就业状况与主观意愿③。通过分析中国农村劳动力转移中出现的代际分化，董延芳等（2011）指出“隐性户籍墙”是转移不彻底和不稳定的深层次原因。通过对新生代农民工特点的研究，陈宇鹏（2012）构建了新生代农民工职业教育培训体系，以期解决中国人力资源结构性短缺问题④。

除了关于新生代农民工市民化的研究，对这一群体就业问题的研究也很多。通过调查研究新生代农民工就业现状与制约因素，郭飞等（2012）提出了健全制度保障、发展职业教育和建立统一的劳动力就业服务体系等措施，以促进新生代农民工就业。刘瑞（2011）从新生代农民工基本情况出发，分析了影响这一群体就业的主要原因，包括户籍、就业能力、就业机会和就业环境，并提出针对性建议。赵泽洪等（2011）基于麦尔·伏吉特的就业能力模型分析了新生代农民工的就业能力，构造了包含政府、社会和个体三方面的新生代农民工就业能力再造系统。在界定就业质量的基

---

① 张斐．新生代农民工市民化现状及影响因素分析［J］．人口研究，2011（6）：100-109.

② 周密，张广胜，黄利．新生代农民工市民化程度的测度［J］．农业技术经济，2012（1）：90-98.

③ 吴来贵．新生代农民工市民化的困境与对策［J］．宏观经济管理，2013（5）：75-76.

④ 陈宇鹏．新生代农民工职业教育与培训体系建构研究［J］．继续教育研究，2012（4）：28-29.

础上，林竹（2012）通过实证分析提出提高新生代农民工就业质量的关键在于强化企业工会的积极作用，并且要完善企业人性化管理。李向东（2012）认为，新生代农民工的价值取向在于扎根城市，并且受到政策导向、教育程度和工作技能的制约。

收入问题始终是新生代农民工群体重视的首要问题，有关城市收入状况与影响的研究也比较集中。基于代际研究视角，部分学者发现新生代农民工的月收入存在文化程度差异，而影响两代农民工收入的因素有异同之处，并且提出相应的政策建议来提高新生代农民工收入。收入问题也是新生代农民工进城务工的外源影响因素，构建成本与市场双重约束下新生代农民工进城务工外源影响因素理论模型，成为一些学者致力解决的科研课题。黄国华（2010）分析了外源因素对新生代农民工进城务工的影响度，在此基础上提出促进我国新生代农民工进城务工的若干意见、建议和配套政策。立足于从个体角度探讨新生代农民工收入差异的影响因素，王丽（2013）构建了明瑟尔收入扩展模型并进行回归分析，发现自然社会特征、工作情况和自我发展能力对新生代农民工收入都存在一定影响，而宏观经济等因素的影响更大①。徐辉等（2013）从理论与实证两方面对新生代农民工人力资本与收入的关系进行了研究，发现新生代农民工受教育程度、培训经历和工作经验对收入有正向影响，建议政府完善新生代农民工教育与培训体系，提高新生代农民工健康意识和水平，实现城市融入和彻底转移②。

（2）社会学视角

从社会学视角出发对新生代农民工的研究主要集中在以下几方面：社会身份与社会认同、社会排斥、家庭和犯罪等。常伟等（2012）认为，新生代农民工就业面临着就业难和就业质量低下的困境，而解决此问题的关

---

① 王丽．江苏新生代农民工收入差异的个体因素分析［J］．统计科学与实践，2013（11）：27-29.

② 徐辉，甘晓燕．新生代农民工人力资本与收入的相关性研究［J］．调研世界，2013（2）：34-38.

键在于新生代农民工职业社会化①。从社会身份与社会认同角度来看，作为新崛起的社会劳动力阶层，新生代农民工在建设城镇的同时却未能享有基本社会权益和应有社会保障，致使这个群体面对尴尬的社会认同危机。要化解新生代农民工社会认同危机，需要提高新生代农民工自身素质，同时强化社会保障、变革二元户籍制度和推进文化建设，进而推进新生代农民工市民化进程（郭立场，2013）②。宋国英（2011）认为，新生代农民工的社会认同焦虑是关系政府、社会以及学术界的重大社会问题，需要构建职业技能培训提高体系和闲暇文化生活系统来引领新生代农民工融入城市，实现城市认知。刘玉侠（2012）指出，新生代农民工社会认同困境阻碍着他们的市民化进程，主要体现为制度制约、自身地位制约和社会关系网络制约等，要解决这个困境，需要政府创造良好的环境，而新生代农民工也需要积极提高自身素质及劳动技能。刘博（2008）指出，新生代农民工在日常生活方式与自我价值认同上区别于第一代农民工，城市生活方式的转变无形中模糊了新生代农民工的社会身份，其阶层归属出现了原有定义与现实情况矛盾又重叠的局面，随之也产生了一系列社会问题。在新生代农民工社会认同基础上，何明洁（2012）通过结合考量横向与纵向资料，将新生代农民工的认同感分为自我认同、职业认同和社会认同三种类型，而目前新生代农民工普遍缺乏职业认同，阻碍了这一群体适应并融入社会的进程③。杨川丹（2011）认为，新生代农民工社会认同有“内卷化”趋势，这种趋势对城市社会稳定发展的负面影响很大，政府与社会应当给予这一群体合理的社会地位与保障，促进他们建立积极的城市社会认同观。金晓彤等（2013）把新生代农民工的炫耀性消费行为纳入研究范围，发现新生代农民工炫耀性消费的主要目的在于实现其对社会认同的重构，反映了其社会认同内部结构与消费行为倾向之间的矛盾，也是这一群

① 常伟，任智．新生代农民工职业社会化探讨［J］．河南社会科学，2012（4）：94-96.

② 郭立场．转型期新生代农民工社会认同问题的分析与思考［J］．农村经济，2013（6）：116-119.

③ 何明洁．劳动经历与新生代农民工认同感形成［J］．软科学，2012（8）：109-112.

体对于其城市边缘地位和不公平待遇的抗争表现之一①。

从社会排斥角度出发，新生代农民工的社会融入问题是我国社会转型时期的一个大问题，而社会排斥理论是兴起于 20 世纪 90 年代的新社会理论，强调将社会成员在福利资源中不平等的分配视为部分社会成员被社会排斥的结果。赵德铸（2012）把社会排斥理论运用到新生代农民工问题研究中，指出社会排斥对社会稳定不利，也违背了社会公正原则。由于农民身份的局限，新生代农民工被排除在制度之外，应当消除排斥，实现社会保障的公平与公正。曹杨（2011）选取社会排斥为研究视角，运用实证方法考察了社会排斥与新生代农民工心理压力的关系，发现社会排斥、教育年限、工作时间等显著影响着新生代农民工的心理压力，而社会排斥是最主要因素。李伦（2011）从社会排斥理论入手探讨新生代农民工在市民化过程中面临的经济、政治、文化、福利和空间等多重困境，并从功能性排斥与结构性排斥路径分析了其运作机制，以期促进新生代农民工融入城市社会。范新军（2011）通过研究描述了我国新生代农民工受到的社会排斥现状，认为社会排斥直接影响了新生代农民工的自我认同。在实地调研与访谈的基础上，孟颖颖（2011）发现新生代农民工面临着诸多方面的社会排斥，一是受人力资本素质、文化等自身禀赋约束的功能性排斥，二是受户籍、就业、社会保障等制度影响的结构性排斥，应当排除以上两种排斥以加快新生代农民工城市融合过程。

从家庭方面考虑，利用实地调研数据，许传新等（2012）分析了家庭关系对新生代农民工离职倾向的影响，发现新生代农民工的工作—家庭关系主要有四个组成部分，分别是工作对家庭的冲突、家庭对工作的冲突、工作对家庭的促进和家庭对工作的促进②。陈雯（2014）通过探究新生代农民工的生活轨迹和生存规律，发现成长中家庭功能的“弱化”与成年后

① 金晓彤，崔宏静．新生代农民工社会认同建构与炫耀性消费的悖反性思考［J］．社会科学研究，2013（4）：104-110.

② 许传新，王俊丹．新生代农民工工作—家庭关系及其对离职倾向的影响［J］．人口与经济，2012（2）：22-29.

婚配模式的“催化”成为新生代农民工无法超越的历史命运，其隐藏着社会化断裂、角色冲突失败等悖论与矛盾，在增加新生代农民工个体社会化挫折的同时也加剧了社会风险与管理成本①。以社会分层作为研究视角，赵蔚蔚等（2011）实证分析了新生代农民工文化水平与其子女学习成绩之间的关系，结果表明家庭规模与工作职位在一定程度上影响了新生代农民工子女的学习成绩。由于新生代农民工正处于婚恋黄金期，其婚恋观体现出传统与现代共生与冲突的特点。在婚姻中体现出通婚圈子扩展和“户籍对应”婚配模式并存、“闪婚”的出现、传统与现代交织的生育观和两地分割家庭模式等困境（吴新慧，2011）。刘雪梅（2012）从角色冲突与补偿理论视角出发，研究发现，新生代农民工工作家庭冲突是这一群体在逐渐发展事业与建立家庭过程中面临的一个社会问题，通过具体展现冲突对工作绩效的影响机制为企业对新生代农民工进行有效管理提供参考性对策②。

犯罪问题也是新生代农民工研究的一个重要方面。由于社会资本和社会支持缺失，新生代农民工犯罪已经成为严重的社会问题，需要加强政府的系统管理和非正式社会组织机构的建设，增强控制力度（赵波，2010）。在构建和谐社会的背景下防治新生代农民工犯罪，需要利用文化的系统功能强化这一群体的主体竞争力，消缓社会阶层冲突（唐欢庆，2007）。陆时莉（2011）通过对新生代农民工犯罪心理的分析，认为自卑心理、城市归属感缺失和心理失衡是新生代农民工犯罪的主要原因，应当加强法制教育和道德教育。林彭等（2008）通过抽样调查分析了新生代农民工的社会特征，归纳出这一群体的犯罪特征，并就犯罪原因及预防措施提出建议。金小红等（2011）通过调查新生代农民工犯罪基本特征，分析统计数据，得出原始背景、城市社会交往和自我身份认同是构成犯罪的主要原因。

---

① 陈雯．从“弱化”到“催化”：新生代农民工家庭与婚配悖论研究［J］．中国青年研究，2014（3）：53-58.

② 刘雪梅．新生代农民工工作家庭冲突对工作绩效的影响［J］．农业经济问题，2012（7）：84-90.

（3）政治学视角

从政治学角度出发对新生代农民工的研究包括政治参与、权利和社会保障三个方面。新生代农民工政治参与状况直接影响着社会稳定与和谐社会构建，对其研究具有重要意义。目前我国新生代农民工政治参与处于边缘化状态，造成这一困境的原因包括制度障碍、过客心理、社会经济地位低下以及权益缺失等。针对以上情况，应当加快户籍制度改革、拓宽政治参与渠道、提高组织化程度以及促进新生代农民工市民化。基于省市级的实地调研，熊光清（2013）认为，新生代农民工政治效能感比较低，并且这种心理认知在政治生活中也有明显体现①。新生代农民工在城市融入过程中始终处于“政治边缘人”状态，其政治性贫困主要源于城乡二元体制，需要改革现有户籍制度、提高新生代农民工组织化程度并且拓宽这一群体利益表达渠道，才能顺利实现城镇化（邓秀华，2012）②。通过梳理和分析近年来关于新生代农民工政治参与的含义、价值等问题的研究，徐志达等（2012）认为，解决新生代农民工政治参与的路径应该包括提高工资性收入、改善物质条件、建立和完善制度体系、优化政治文化和扩展有效政治参与平台等。根据调研数据，郑永兰等（2012）通过 Logit 二元选择模型探讨了新生代农民工若干自身因素对其政治参与的影响，指出区域合作治理可以解释新生代农民工政治参与面临的困境，并提出需要转变思路、创新治理方式，构建区域合作治理机制③。宁晓菊（2013）指出新生代农民工政治参与的有效拓展是我国社会主义政治文明发展的重要体现，需要进一步扩大新生代农民工政治参与的现实空间④。

从新生代农民工权利角度出发，吴兴国等（2010）通过剖析新生代农

① 熊光清．新生代农民工政治效能感分析——基于五省市的实地调查［J］．社会科学研究，2013（4）：32-37.

② 邓秀华．引领农民工政治参与的发展方向［J］．求索，2012（11）：221-223.

③ 郑永兰，丁晓虎．基于区域合作治理视角的新生代农民工政治参与的考量［J］．统计与决策，2012（23）：102-104.

④ 宁晓菊．论新生代农民工政治参与空间的拓展［J］．中国劳动关系学院学报，2013（5）：49-53.

民工权利缺失的现状及原因，分析了新生代农民工在权利层面的贫困问题以及现有制度框架下的权利实现问题，认为解决此问题的关键在于政府。王业松（2012）认为，新生代农民工权利认知的苏醒和权利主张的行为存在一定程度的非理性特征，这种非理性直接影响着社会稳定与我国经济结构顺利调整，主张权益保障应当纳入法制框架，从制度层面出发才是解决新生代农民工权益保障的根本途径①。新生代农民工权利缺失的主要表现为就业权利边缘化、受教育权利边缘化、社会保障边缘化、政治权利边缘化等，其权利缺失的解决需要在提高新生代农民工组织化程度的前提下，树立现代意识、打破城乡二元结构、完善法律体系，依赖主体互动视角相互赋予的基本权利，并将基本权利制度化，使之得到国家权力保障（何强，2012）。

新生代农民工的社会保障问题同样引起了普遍关注。随着新生代农民工群体逐渐成为就业主体，其社会保障现状及存在的问题需要得到全方位解读。丁璇（2013）通过描述新生代农民工社会保障状况，分析了该群体社保缺失给城镇化带来的负面影响，提出解决社会保障问题的首要步骤是实现新生代农民工全部参加工伤保险。李红浪（2013）认为，建立符合实际的社会保障机制、加大户籍制度改革力度、实施素质培训工程等措施可以确保新生代农民工利益得到有效保障。童松辉（2011）在分析新生代农民工就业现状和存在问题的基础上提出新生代农民工社会保障策略，包括社会保险、立法维权、社区就业指导等。孙国峰等（2013）以甘肃省为例，从农民工、城市居民和企业视角分析了欠发达地区新生代农民工城市融入过程中的社会保障问题，提出迫切需要解决的问题包括基本公共服务、同工同酬和劳动安全等。

（4）管理学视角

管理学对新生代农民工的研究主要集中在人力资本与社会资本、管理策略研究、公共产品与服务研究和薪酬管理制度研究。从新生代农民工人

---

① 王业松．劳动法视域下新生代农民工权利缺失问题［J］．当代青年研究，2012（8）：11-15.

力资本与社会资本出发，刘丽（2012）认为，在新生代农民工融入城市过程中，社会资本与社会排斥共同构成了其去留判断的两个重要因素。罗锋等（2011）采用扩展的 Mincer 工资方程分析了影响新生代农民工非农收入水平的多种人力资本因素及影响程度，结果显示培训、工作经验、受教育年限等人力资本因素对新生代农民工非农收入的影响都比较大①。通过分析新生代农民工与第一代农民工的不同特点，杨琦等（2011）指出新生代农民工的经济价值在不断提高，而人力资本起到了很大作用，并且用“人的经济价值”理论解释了“民工荒”问题②。刘洪银（2013）认为，目前新生代农民工面临的最大问题是住房问题，而人力资本积累与居住环境存在很大关联度，破解新生代农民工住房难问题应该在住房保障政策下实现人力资本价值与住房价值的交换，提升农民工人力资本价值创造力③。王超恩等（2013）认为，农民工的职业分层对其职业流动有显著影响，而人力资本对农民工职业流动的影响主要表现为，人力资本积累程度越高，新生代农民工的就业稳定性就越高，职业流动性就越弱，而这种影响主要来源于职业技术的提高④。显而易见，新生代农民工在城市社会中形成了一个特殊群体，在成为产业工人一部分的同时，这个群体希望融入城市，但是他们并未得到城市社会的接纳和承认，导致心理与行动上的对抗，为城市安全带来了隐患，应当加强对新生代农民工的管理，以便更好地助力和谐城市建设。

基于新生代农民工管理策略，李艳（2011）以南海本田停工事件为例，分析了新生代农民工群体特征、利益诉求以及影响其就业能力和利益诉求的根本因素，提出和谐管理、建立动态向上的系统人力资源管理循环

---

① 罗锋，黄丽．人力资本因素对新生代农民工非农收入水平的影响——来自珠江三角洲的经验证据［J］．中国农村观察，2011（1）：10-18.

② 杨琦，李玲玲．新生代农民工的劳动供给与经济增长方式的转变［J］．人口科学，2011（1）：45-53.

③ 刘洪银．以融合居住促进新生代农民工人力资本提升［J］．首都经济贸易大学学报，2013（5）：77-81.

④ 王超恩，符平．农民工的职业流动及其影响因素［J］．人口与经济，2013（5）：89-97.

链的企业人力资源管理应对策略①。通过问卷调查，范丹等（2013）实证研究了新生代农民工契约现状与所感知的双方责任履行及其破坏情况，结果显示心理契约类型以平衡性关系为主，并且提出了相应的管理对策和建议。张翠莲等（2012）从非正式组织视角出发探讨了新生代农民工管理问题，探讨了非正式组织与新生代农民工特征的匹配情况，将组织管理理论与实践问题结合，为有效管理新生代农民工和农民工自身发展提供可行性建议②。徐细雄等（2011）从微观企业层面对新生代农民工雇佣关系及其治理机制进行了探讨，发现新生代农民工雇佣关系呈现非对称性，组织支持契合对雇员组织支持感和企业组织支持效率都有重要影响③。

在新生代农民工公共产品与服务方面，新生代农民工在逐渐成为城市人力资源的过程中，越来越希望留居城市，他们的归属意愿选择反映出这个群体受基本公共服务均等化状况的影响，折射出新生代农民工对实现基本公用服务均等化的强烈愿望（丛志杰和吴松阳，2012）。从社会工作个案出发，刘建民（2011）探讨了优势视角理论模式在新生代农民工城市融入服务方面的应用，希望借此挖掘新生代农民工潜力，达到行为改变和良性互动的目的。谌新民等（2010）通过揭示珠三角地区集中爆发的劳动关系事件隐藏的深层矛盾，从劳动力供给与需求变化及公共产品供给不足等方面挖掘根源，进而从宏观、中观与微观三个层面提出了新生代农民工人力资源应对策略。刘传江（2013）认为，新生代农民工市民化面临着“双重户籍墙”“三环节梗阻”和“四资本缺失”障碍，需要实现城市公共产品与公共服务的普惠共享，构建推进新生代农民工市民化的“四大资本”投资积累模式，提供协调新生代农民工市民化意愿与市民化能力的制度安

① 李艳．新生代农民工的利益诉求与管理策略——以南海本田停工事件为例［J］．中国人力资源开发，2011（4）：90-92.

② 张翠莲，韩亦．如何管理新生代农民工？——基于非正式组织视角［J］．经济管理，2012（8）：163-172.

③ 徐细雄，淦未宇．组织支持契合、心理授权与雇员组织承诺：一个新生代农民工雇佣关系管理的理论框架——基于海底捞的案例研究［J］．管理世界，2011（12）：131-145.

排与政策措施①。李梅香（2011）认为，基本公共服务的供给不均是影响新生代农民工城市融合的主要障碍，政府应当承担基本公共服务均等化的职责，保障公民最根本的生存权和发展权。许莲凤（2013）认为，中央相关职能部门的政策指导与地方政府的探索实践在新生代农民工住房保障方面都有待改进和完善，针对公租房制度缺乏公平性等问题，应当重点建设公共租赁住房，并辅以相关制度配套举措，为新生代农民工市民化提供切实有效的住房保障②。

对新生代农民工而言，薪酬管理制度同样重要。作为劳动力投入市场获得一定薪酬是新生代农民工融入城市的经济基础。根据劳动力市场分割理论，罗先智（2012）认为，新生代农民工主要处在次要劳动力市场，其工资待遇、福利待遇以及社会保障都处于较低水平，实现新生代农民工薪酬公平合理是需要统筹兼顾的复杂社会系统工程。区别于上一代农民工，新生代农民工具有强烈的外出发展动机，这在一定程度上使这个群体缺乏归属感，获得的职业支持较少。重视人本关怀和改善薪酬管理制度是组织社会化视角下提升新生代农民工人力资源管理效率的重要途径（杨梦秋和陈同扬，2011）。面对新生代农民工的弱势地位，李贵成（2013）认为，农民工增权的途径主要在于提高新生代农民工薪酬待遇，增强人文关怀以及畅通新生代农民工政治参与制度化渠道。高山艳（2013）通过实证分析提出，加强新生代农民工职业培训有助于促进我国城镇化进程，影响新生代农民工参与培训的因素很多，应当健全完善背后的制度，尤其是技能薪酬管理制度和职业资格证书制度③。范亚锋等（2012）提出新生代农民工的社会接纳机制应该主要考虑经济接纳，也就是不断提高新生代农民工的薪酬待遇，同时又要顾及社会接纳、成长接纳、文化接纳和政治接纳。

---

① 刘传江．迁徙条件、生存状态与农民工市民化的现实进路［J］．区域经济，2013（4）：83-90.

② 许莲凤．公共产品理论视域下的新生代农民工住房保障实现路径研究［J］．东南学术，2013（6）：63-69.

③ 高山艳．新生代农民工职业培训的困境及制度障碍分析——基于河南省四市的调查［J］．职业技术教育，2013（28）：72-77.

（5）心理学视角

新生代农民工心理学方面的研究主要集中在城市融入意愿研究、心理适应问题研究和思想价值观念研究。刘玉兰（2011）实证分析了新生代农民工精神健康状况及其影响因素，发现这一群体精神健康状况欠佳，且影响因素比较复杂，需要通过工作权益保护和社会支持提升加以改善，而城市融入意愿是首要问题。夏显力等（2012）运用实证方法对影响新生代农民工定居城市意愿的因素进行了分析，发现受教育程度、对城市居民的态度、户籍制度等对新生代农民工定居城市有显著影响①。陈凤兰（2012）根据深度访谈结果分析探讨了新生代农民工自我定位与城市融入意愿，发现不同个体间存在显著差异，而农村与城市间的文化隔阂是新生代农民工无法融入的根本障碍。罗小锋等（2013）通过实证分析，认为家庭和户籍是影响新生代农民工留居城市的重要因素，政府应当采取政策满足这一群体的需求从基本生存到“居者有其屋”的顺利发展②。徐捷等（2013）认为，解决新生代农民工城市融入问题需要正确认识和处理人口规模与新生代农民工城市融入的关系，不断创新社区管理体制，加强新生代农民工职业培训，营造一个有利于新生代农民工融入的和谐社会心理环境③。通过对西北地区新生代农民工的调查研究，张华等（2011）认为，新生代农民工城市融入意愿主要受到特定家庭环境影响，其中工龄和当地经济发展水平是重要因素。基于调研资料，邢美华等（2012）分析了新生代农民工就业意愿与就业影响因素，发现新生代农民工就业能力受文化素质、专业技能、工作耐受力、政策认知程度和信息渠道等因素影响，并且从提高学历、提升技能、增强耐受力、提高政策关注度和拓宽信息渠道五个方面提

---

① 夏显力，姚植夫，李瑶，等．新生代农民工定居城市意愿影响因素分析［J］．人口学刊，2012（4）：73-80.

② 罗小锋，段成荣．新生代农民工愿意留在城市打工吗？——家庭、户籍与人力资本的作用［J］．农业经济问题，2013（9）：65-71.

③ 徐捷，楚国清．北京市新生代农民工城市融入意愿研究［J］．北京青年政治学院学报，2013（3）：45-52.

出提升新生代农民工就业能力的对策建议①。

新生代农民工心理适应问题也应当引起足够重视。在统筹城乡发展背景下，新生代农民工心理问题引起了社会关注，需要正确认识和处理新生代农民工心理问题，进行科学引导和管理服务，在建设具体路径的基础上建立新生代农民工心理服务体系（曹成刚，2013）②。吴智育（2012）认为，新生代农民工存在成才问题、成长问题、挫折问题、心理疾病、心身疾病和精神病等六个层次的心理问题，应当加强心理健康知识宣传、心理档案管理和心理疏导。牛丽宇（2011）从心理学视角分析了当前新生代农民工存在的主要心理问题，并且探讨了有效干预和调试的具体措施，新生代农民工虽然心理问题严重，但并不愿意接受心理援助。王聚芹等（2013）采用 Logistic 模型验证了受教育水平是影响新生代农民工接受心理援助意愿的主要因素，提出加强农村基础教育和设立企业心理援助机构等建议。陈一敏（2013）采用实证分析方法对新生代农民工心理资本影响因素进行了检验，分析发现领导支持与组织支持对新生代农民工心理资本有正向影响，而家庭支持影响不大，并提出企业帮助新生代农民工改善心理资本的措施和政策建议③。姚植夫等（2012）运用无序多分 logit 回归分析法分析了新生代农民工工作满意度的影响因素，发现心理因素是一个重要因素④。

此外，新生代农民工的思想价值观念也不能忽视。在城镇化大背景下，新生代农民工思想状况呈现出新特点，既有积极方面也有消极方面，而思想政治教育缺失、自身素质低下和制度设计缺失是新生代农民工产生消极思想价值观念的主要原因。随着网络时代的到来与发展，新生代农民工的观念意识也随之更新，需要做好网络环境下的新生代农民工教育引导工作。马铖等（2012）从新生代农民工自我认同、工作发展意识和文化消

---

① 邢美华，胡定金，黄其振．新生代农民工就业意愿分析及对策思考——基于湖北省的实证调查［J］．华中农业大学学报，2012（1）：47-52.

② 曹成刚．新生代农民工心理服务体系建设探析［J］．中州学刊，2013（9）：78-83.

③ 陈一敏．新生代农民工心理资本的影响因素［J］．城市问题，2013（2）：63-67.

④ 姚植夫，张译文．新生代农民工工作满意度影响因素分析——基于西北四省的调查数据［J］．中国农村经济，2012（8）：46-55.

费行为出发，分析了新生代农民工思想观念的形成与发展，在适应城市的同时却对乡土文化带来了冲击和挑战。陈晶（2011）通过对第一代农民工和新生代农民工的政治参与观念、就业观念、城市融入意识、金钱观念和婚姻观念进行对比分析，研究了两代农民工的思想状况差异，为营造适应新生代农民工发展的思想环境提供建议。赖海燕（2012）研究发现，新生代农民工思想道德中存在消极因素具有多方面原因，需要加强共享理念和城市管理，并把新生代农民工思想道德建设纳入所在城市公民道德建设总体规划中。白玉冬（2012）认为，新生代农民工思想政治教育问题的解决需要政府、社会、企业、社区和农民工自身多方面的思想引导，帮助他们树立科学的世界观和人生观，提高思想道德水平。

2.3.2.2 职业化研究

“职业”一词，有着多重含义。《中国大百科全书》（1991）把“职业”定义为“随着社会分工而出现的、并随着社会分工的稳定而构成人们赖以生存的不同工作方式”。“职业化”在经济学意义上是指不同性质、不同内容、不同形式和不同方法的专门劳动岗位，而“化”偏重于转变成某种性质或状态。从人力资源管理角度来看，职业化由内而外至少包括三个层次：一是职业素养，即职业人员应当具备的职业意识、职业道德品质特征与基本素质特征；二是职业技能，指专业技能与专业知识；三是职业过程中的职业行为规范和行为操作标准。虽然二者的研究出发点和侧重点不尽相同，分析方法也存在巨大差异，但总体来看有一些共同点：首先，职业群体必须保持同质性，这种同质性可以有多种呈现形式，如类似的教育背景和职业培训、经济收入方面的均衡性等；其次，职业活动的专业化，正是专业化使某一职业具有相应特殊性、独立性和内部分工的精密性；再次，需要有独立的资格审核机构作为衡量尺度，只有在经过严格审核的情况下才能真正衡量特定群体的职业化水平。以国家与社会的理论为基础，徐晓群（2001）对包括医生、记者等在内的专门职业者团体与国家之间的互动关系进行了考查，认为在职业团体和国家之间，并不只存在矛盾与冲突，在某些方面还有合作关系。曾淮（2008）把职业化特征总结为以下几点：第一，职业化是社会中各个行业从业人员谋生的主要方式；第二，职业化的工作具有相对稳定性；第三，职业化是一个理性追求的动态过程，旨在描述一个职业的专业性质和发展状态所处水平，以社会认同和制度确认为标志。

关于职业化的研究主要集中在对某个具体行业和某个行业从业者职业化的研究，也就是行业职业化和从业者职业化，如司法、教育、体育等行业的职业化，教师、法官、裁判、经理人等从业人员的职业化等。而对于行业和从业者职业化过程来说，有相通之处，但也存在很大差异，正如 Ritzer（1971）指出的，从纯经验和理论方面来看，这两类研究互相渗透，很难加以彻底区分。从从业者职业化角度出发，Beam（1990）指出，当职业化落实到个体时，职业化需遵循一定标准，也就是一系列内化了的专业信念、价值观、行为标准和从业实践的规范。Larson（1977）将职业化定义为“特殊服务的提供者，为他们拥有的专门技术建立市场并加以控制的过程”，某职业的从业者通过市场能力和思维垄断达到保护其经济利益与社会地位的目的①。

2.3.2.3 就业能力研究

与国外关于就业能力的研究相比，国内相关文献相对较少。马云献（2012）通过建立就业能力对农民工城市融入状况的多元回归模型，提出就业能力的个体层面因素、中观因素和宏观政策因素对农民工城市融入均会产生影响②。张红等（2011）通过因子分析等实证方法初步构建了大学生综合就业能力评价体系，并提出提高就业能力的相关建议③。相较于对就业能力本身的探讨，国内很多学者比较关注就业能力因果变量研究。一些学者把就业能力理解为个体在满足组织需要前提下进入和保持职业的特

---

① Larson, M. S. The Rise of Professionalism: A Sociological Analysis [M]. Berkeley: University of California Press, 1977: 5.

② 马云献. 就业能力对农民工城市融入的影响研究 [J]. 统计与决策, 2012 (11): 117-119.

③ 张红, 乔忠. 大学生综合就业能力评价体系构建 [J]. 山东社会科学, 2011 (4): 86-90.

质，具体受到个体所处环境、求职环境和社会经济政治环境的影响，或者说就业能力是指个体在劳动力市场成功找到工作、保持工作以及转换工作时所具有的知识、技能、个性特征和各种条件的组合。在此基础上，对不同劳动力资源就业能力的研究逐渐兴起，尤其是对比较有代表性的就业人群。针对大学生群体，王苑（2006）认为，毕业生就业率、毕业生考研率、毕业生高层次用人单位就业率和毕业生平均起薪水平四个指标可以用来衡量毕业生就业质量，侧面反映就业能力①。廖志成（2005）指出，衡量大学生就业能力的指标应当包括大学生就业率和就业满意度。李颖等（2005）通过研究发现，大学生就业能力包括三个维度：内在素质（包括诚实正直、敬业精神、责任感等六个因素）、处理工作能力（包括判断能力、解决问题能力、适应能力等八个要素）和社交领导能力（包括表达能力、领导能力、组织应聘能力、协调能力等六个要素）。张丽华等（2005）把大学生就业能力概括为五个维度，包括思维能力、自主能力、社会适应能力、社会实践能力和应聘能力。除了对大学生群体的就业能力进行研究之外，许多学者也拓展了研究范围，从国外获取经验和参照对象，通过引入和介绍国外判断职业成功的主客观标准，和以职业能力为基础的职业生涯成功标准，把职业生涯成功标准测量工具应用到中国特定文化背景下，并分析了无边界职业生涯时代职业生涯成功与否的评价标准，其中就业能力被列为最主要的能力之一。

2.3.2.4 农民工职业化研究

农民工职业化是指从事非农产业的农民工经过市场竞争，具备一定的从业技能和职业资格，与出身和地位无关，完全从职业道德角度投入到现代化建设，真正使这一群体成为有知识、有技能、有文化、懂技术的新型农民工的过程。其特征主要有三个：第一，新型农民工已经完全从农业转移到工业化进程之中，成为充分利用市场机制和规则获得报酬，以期实现利润最大化的理性经济人；第二，新型农民工不同于传统农民工，他们掌

---

① 王苑．大学生职业价值观及就业能力与就业绩效关系研究［D］．浙江大学，2006.

握一定的技术，拥有较强的工作能力；第三，新型农民工充分进入市场，并擅长学习先进的科学文化知识，能适应和推动工业现代化的发展，并利用一切可能的选择使报酬最大化。在中国现代化进程中，农民工职业化既不可避免，又必将是一个长期过程。

虽然农民工职业化隶属现代化和农村劳动力转移的重要环节，但有关研究却严重缺乏，仅在对农民职业化的讨论和对“民工荒”的研究中出现过零星论述。杨钧（2012）认为，从本质上看，农民工职业化与农民职业化同属一个过程的两个方面，农民职业化是发展现代农业、建设新农村和培育新型农民的最重要出路之一①。王宇涛等（2008）指出，农民职业化的前提和直接后果之一就是农村剩余劳动力大量转移，农民职业化进程也是转移出去的农民工职业化的过程，只有顺利完成农民工职业化，才可以从根本上避免他们在“候鸟式”就业中产生的诸多问题，完成彻底转移。侯力（2004）认为，农村劳动力的顺利转移需要加大教育和培训投资力度，努力提高劳动力素质。周健（2008）从劳动力梯度转移视角分析了农民工职业化问题。时勘（2006）通过研究发现价值观念改变及基本权益无法得到保障是影响农民工职业化的主要因素。

上述研究虽然突出了农民职业化的地位和意义，但对职业化本身并未进行更深入的探讨，有关农民工职业化的内容更是捎带一笔，只强调了需要加强职业教育，但对职业教育的具体内容和方式并未展开论述。

“民工荒”现象引发了更多对农民工职业化的关注。不同领域的学者从不同角度对“民工荒”的本质、出现原因等进行了大量研究，一般认为，“民工荒”的出现不是偶然，而是诸多因素共同作用的结果。经济学界学者倾向于劳动力梯度转移的分析，社会学界学者则更看重农民工价值观念的改变及基本权益无法得到保障的影响②。不管其研究侧重点有何不同，有一点是众多学者公认的因素，那就是农民工自身的原因，即知识技能

① 杨钧．农民职业化的实现路径分析［J］．农业经济，2012（12）：73-75.

② 孙俪原．我国城镇化过程中农业及农村文明研究——以北京市为例［J］．山东社会科学，2015（5）：34-35.

无法满足企业需求。根据国家统计局发布的《2016年农民工监测调查报告》，2016年全国累计有28171万农民工，受教育程度在高中及以上的比例仅为29.1%，参加过培训的只有32.9%。而对企业的调查显示，高级工程师、技师和高级技师岗位空缺与求职人数的比率分别为2.29、2.19和1.89①，因而需要企业和政府加大培训力度，让农民工成为名副其实的技术工人。

但是职业技能的提升并不是农民工职业化的全部内容。农民工职业化不仅需要农民工自身技能的提升、素质的提高，还需要社会制度的保障和资源的平等分享，而上述研究均未进行探讨。

2.3.3 国内外研究动态述评

通过对上述文献资料的整理和分析可以看出，国内外学者对新生代农民工问题、职业化问题和就业能力问题均给予了广泛关注，但还未曾涉及将三者有机结合、以职业化为切入点对新生代农民工的就业能力进行的研究。

2.3.3.1 西方理论模型与中国实际相结合

相关研究假设以特定时代特征为背景，现研究需结合当代中国实际情况重新考虑农民工问题。国内外关于人口迁移的研究理论与模型对研究人口迁移和流动具有很好的借鉴作用。经济理论的分析既有宏观层面制度分析，又有微观层面迁移人口自身分析，既有定性探讨，也不缺乏定量研究，对研究中国城镇化进程的方方面面具有一定的借鉴意义。随着时代变迁与科技进步，国内外学者也尝试将国外经典理论应用到中国人口迁移与城镇化的相关研究中，取得了一定成就。可是，国外相关理论与模型都是以一元经济体制和市场经济为背景，其研究前提是人口迁移与流动没有制度性障碍，这明显与我国二元经济体制背景不符，也就无法对作为迁移人口的农民工实现其职业化、彻底转移成为城市居民作出合理解释。在这种

① 中华人民共和国人力资源和社会保障部．2016年第一季度全国十大城市岗位需求和求职状况［EB/OL］．http：//www.mohrss.gov.cn/SYrlzyhshbzb/ldbk/jiuye/JYzonghe/201601/t20160126_232541.htm.

情况下，不能照抄照搬，应该有选择性地参考借鉴，把国外理论与我国实际相结合。

2.3.3.2 农民工实现城镇化的职业化需求

已有研究提出了许多农民工城镇化思路，但均未涉及符合这一特殊群体实际情况的具体实现路径。从不同视角出发，已有研究在宏观性和系统性方面不够深入，没有把农民工职业化与城镇化和城镇现代化研究的内在逻辑有机联系，从战略设计层面探讨农民工城镇化实现途径，缺乏对农民工职业化的相关制度研究，更未把其研究提高到建立制度系统的角度，削弱了对农民工职业化进程中具有规律性的趋势、相关制度安排与制度演进的认识。作为一个具有丰富内涵的复杂体系，国内外对职业化的已有研究的侧重点一般都是某个行业或者某个行业的从业人员，仅涉及某个方面或局部问题，缺乏体系，较为零散。而新生代农民工是特殊国情下的特殊人群，其从事的行业不一、素质不同，对这一群体的内涵、特征还没有统一认识，对职业化影响因素和效应等方面的研究尚未形成系统框架。除此之外，既有研究多以纯理论或者经验阐释为主，缺乏实证分析，新生代农民工职业化现状调研资料不足，致使不能全面细致地把握现实状况，研究结论的说服力不强。同时，资料不够全面，多数研究成果局限于对某个城市或某个地区的局部性研究，结论具有片面性。由于我国各个地区发展状况不一，其具体数据必然存在差异，应该在全面资料支撑下得出更具说服力的研究结论。理论的现实应用要以具体国情为基础，进行本土化吸收和改进。

2.3.3.3 农民工职业化问题融合性

发展经济学把正处于转型加速期的中国定性为“后发外生型国家”，我国面对的“三农”问题与其他国家不尽相同。不可否认，已有相关理论对中国城镇化进程中的农民工问题进行了有价值的解释，但对理论的生搬硬套不符合中国新生代农民工城镇化的现实。由于中国时代制度具有特殊性，而作为时代特殊性产物的新生代农民工的职业化问题理所当然涉及政治、经济等深层次问题，国内文献研究尚且不多，国外文献更是未曾提及。对于农民工职业化的命题，国内研究提出比较晚，关于农民工职业化的研究处于起步阶段，仍有大量问题有待深入探讨。职业化的推进是一个呈现不同阶段性的漫长过程，在我国，对职业化的动态性特征缺乏统一的意见，相关研究偏重定性分析，运用数量经济原理和方法对农民工职业化问题进行的定量研究还是一片空白。中国具有不同于其他国家的农业和工业发展历程，与之对应的则是独特的发展方式与路径。因此，对中国新生代农民工职业化问题的研究，需要在考虑方法论适用性的基础上兼顾国外理论的本土化调适和改进。

2.3.3.4 新生代农民工职业化实证研究

对新生代农民工职业化的实证研究仍处于空白。目前，国内外学术界对新生代农民工职业化的实证研究还未有涉猎，没有充分认识到职业化在新生代农民工城市融入方面的重要作用。传统的人口迁移理论和就业能力理论在解释农民工困境和城镇化进程减缓方面的力度不够，其局限性要求对城镇化和现代化进程中新生代农民工问题进行整体性分析和系统性思考，并且有待在理论研究方面进行突破和创新。农民工职业化研究区别于传统的对具体行业或某一行业从业人员的职业化研究，应有其相应的标志、客观标准与评价体系。现有文献尚缺乏对该问题的研究。在此基础上，本研究拟从分析中国新生代农民工城镇化实现的实际问题和理论问题出发，探讨新生代农民工职业化理论与方法，把职业化作为解决新生代农民工城镇化问题及实现“新四化”的重要途径，并设计出新生代农民工职业化的评价体系，提出实现路径，为我国“新四化”的实现提供思路与方法。

2.4 研究方法与思路

2.4.1 研究方法

本研究采用规范分析与实证分析相结合、定性分析与定量分析相结合的方法，用规范分析法对国内外研究进展与研究理论进行综述，用实证分析法对获取的数据进行分析和结论推导。

2.4.1.1　计量分析法

通过对调研数据进行统计分析，获取调查样本的基本信息；对新生代农民工职业化的发展环境与行为方式采用因子分析法和结构方程模型（SEM）进行统计分析，可以较为全面地获得新生代农民工职业化评价指标体系；对新生代农民工职业化意愿影响因素采用层次分析法和逻辑回归（Logistic）的分析方法，将定性分析与定量分析相结合，全面客观地挖掘新生代农民工群体职业化的内在问题。

2.4.1.2　要素分析法

运用要素分析法研究新生代农民工职业化意愿的影响因素和职业化动力机制，也就是新生代农民工职业化在城镇化进程中的贡献。不仅考察了职业化在新生代农民工增收方面的促进效应，还探讨了职业化在提升新生代农民工人力资本、物质资本和社会资本方面的效应，进而更加切实地反映出职业化在新生代农民工城镇化发展中的作用。

2.4.1.3　演绎推理法

对新生代农民工职业化推进模式的研究采用演绎推理的方法，探索以劳动力资源合理就业为基础，以就业稳定性、职业发展、社会对话、工作与专业匹配等就业质量指标为衡量标准的新生代农民工职业化评价体系和推进模式。

2.4.2　研究思路

在对职业化和就业能力等理论进行阐释的基础上，本研究综述农民工迁移等方面的研究动态，在充分界定新生代农民工职业化概念的基础上，提出并系统论述新生代农民工职业化的理论内涵和外延，统计描述新生代农民工职业化现状，研究新生代农民工职业化的发展环境和动力机制，建构新生代农民工职业化评价体系，分析新生代农民工职业化意愿影响因素，总结新生代农民工职业化过程中不同阶段的模式选择，提出新生代农民工职业化的支持路径和政策保障体系（技术路线如图 2-3 所示）。

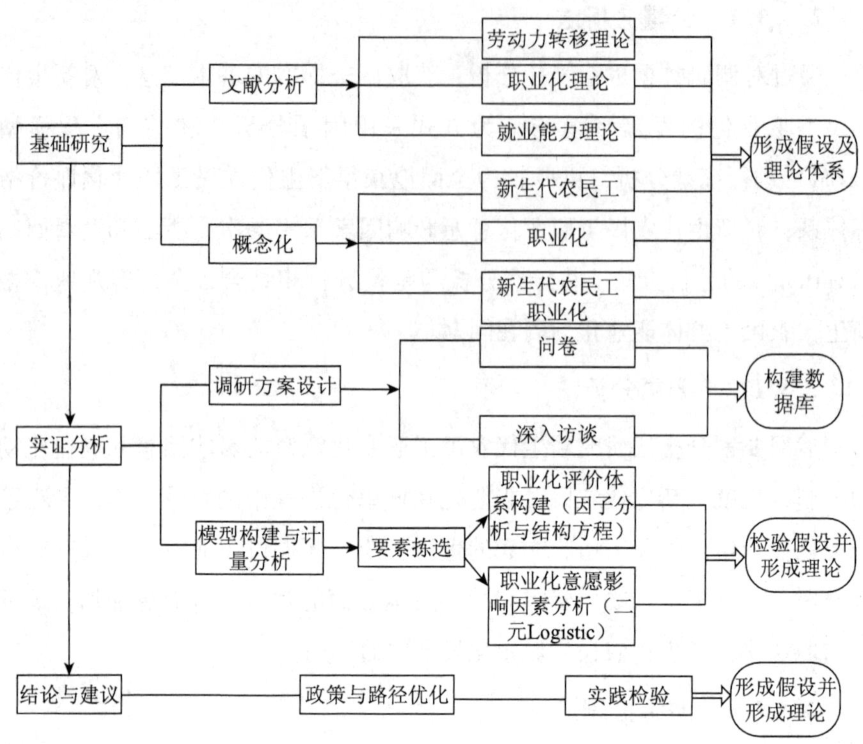

图 2-3 技术路线图

2.4.3 调研情况与数据来源说明

本研究所采用的数据来源于 2015—2017 年对陕西省西安市、宝鸡市，北京市，河北省张家口市、石家庄市，浙江省温岭市、温州市等七个地市的问卷调查。我国幅员辽阔，对新生代农民工全面的数据调查难以实现，故本研究仅有选择性地调研了代表北方地区的河北省和北京市、代表中西部地区的陕西省和代表南部地区的浙江省。同时，由于研究主题是新生代农民工职业化，按照有关学者对这一群体的界定，本调研把年龄介于 16 ~ 35 岁、具有农村户籍且在城市连续工作时间超过一年以上的农民工作为调研对象。具体调研情况将在随后的章节中逐一进行说明。除此之外，本论文所使用的数据来自历年的《中国统计年鉴》《中国农村统计年鉴》《中国劳动统计年鉴》《中国农民工监测调查报告》《中国农业发展报告》以及相关材料。

2.5 本研究创新之处

在新的经济发展条件下，我国新生代农民工城镇化面临着一系列问题。新生代农民工职业化发展是这一现实中的重大课题，需要从理论与实践上进行探索和研究。纵观职业化相关理论，国内外学者从不同角度进行了大量研究，而把新生代农民工纳入研究范围的却是凤毛麟角。针对这一现状，本研究围绕新生代农民工职业化这一主题，从以下四个方面进行了可能性创新研究。

2.5.1 新生代农民工职业化分析框架建构

在系统梳理西方职业化相关理论的基础上，结合中国新生代农民工职业特点和就业能力，本研究构建了新生代农民工职业化分析框架。该分析框架的构建可以为学术界有针对性地深入研究农民工职业化和城市化相关问题提供一定的理论参考，也可以为后续的农村人口实现城市化转移提供思路。因此，本研究视角在理论和实践上具有一定的创新意义。

2.5.2 新生代农民工职业化评价体系建立

基于理论分析和实证检验，本研究构建了新生代农民工职业化评价体系。该指标评价体系的建构有利于对新生代农民工群体的就业能力进行更为准确可靠的判断和认识，进而分层次、有区别地进行动态政策扶持，增强政策实施的针对性。通过应用该指标体系对新生代农民工职业化水平进行测量，有助于准确客观地了解新生代农民工职业化发展状态及其面临的主要问题。

2.5.3 新生代农民工与城镇职工对比分析

本研究通过对新生代农民工职业化与城镇职工职业化进行对比分析，发现两者在职业化发展背景、发展标准和发展目标方面有相似之处，而在初始条件、发展过程和发展动力方面却存在较大差异。以上分析可以为促进新生代农民工实际就业能力的提高提出针对性建议，也为打通农村剩余劳动力资源与城市劳动力市场之间的通道，为我国城镇化的具体实现指明了方向。

2.5.4 新生代农民工职业化模式总结

新生代农民工职业化是一个循序渐进的动态过程，涉及新生代农民工个体层面自身增能与企业层面、国家层面外部赋能的相互结合与良性互动。针对新生代农民工职业化的动态性特征，本研究提出了城镇化进程中新生代农民工职业化的三种推进模式，尝试阐述了三种职业化推进模式的相互联系与各自的适用范围，为相关主体提供参考借鉴。

第三章　新生代农民工职业化研究基础与动力机理

随着改革开放后工业化、城镇化的不断推进，农村剩余劳动力转移现象颇为壮观，也见证了新生代农民工这一特殊群体的产生。作为中国二元经济体制与现代化过程的必然产物，新生代农民工已经成为劳动力市场中不容小觑的生产要素。在经济发展过程中，以新生代农民工职业化相关概念的界定为逻辑起点，研究新生代农民工职业化问题，不仅有利于农村剩余劳动力的顺利转移，有利于促进我国“三农”问题的有效解决，而且有利于现代化的实现与和谐社会的构建。

3.1　相关概念解析

3.1.1　职业化

职业，是指从事一门工作所需要的专业技能。随着社会发展与进步，社会分工逐步细化，职业类别、内部构成和外部关系趋向丰富，职业的界定角度、所涉及的内涵也越来越广泛。职业可以理解为个体为了获取收入所连续从事的具有市场价值的特殊经济活动，这种活动在一定程度上影响着从业者的社会地位，其基本范畴包括技术性、经济性和社会性，也可以诠释为人们可以从中得到利益的一种生活活动或者人们从事相对稳定的、有收入的专门类别的工作，是人们的生活方式、经济状况、文化水平、行为模式、思想情操的综合性反映，是一个人的权利、义务、权力和职责，更是一个人社会地位的一般性表现，也就是说，职业是人的社会角色的一个极其重要的方面（吕建国和孟慧，2000）①。虽然对于职业的解释不尽相同，但不同的诠释却体现出了职业的一些共同特征。首先，职业以专业技能为基础。职业具有一定的标准，一般意义上的工作并不能等同于职业，只有经过一定规范训练和相关资格认证的从业人员，才可以正式成为职业工作者，或者说拥有了这一相关职业。其次，职业具有社会价值。通过提供作为生产要素的人力资本，职业从业者服务于社会，因此职业具有一定的社会地位，是从业者社会价值的体现。再次，职业是自我实现的途径。一个社会职业的存在不能离开其自身的运行规则和体系，也不可能脱离劳动者自身的预期。通过从事相关职业，从业者不仅可以得到物质回报，还可以得到社会认可，实现自身价值，达到自我实现的终极目标。

“化”，放在名词或形容词后作词尾时，表示转变成某种性质或状态（新华字典，2013）。因此，职业化是指把一项工作转变成职业的动态过程。作为从西方发达国家引进的概念，职业化的概念随着生产力的发展和生产方式的变革而兴起和发展。艾洪涛（2007）认为，职业化是指某项工作已成为一种相对固定且为人们所认同的社会职业，从业人员中大多数将终生以此作为介入社会、谋求生活的方式，从而形成一个相对稳定的社会群体。Vollmer 和 Mills（1966）指出，职业化程度高的职业行为通常受内部压力影响，而职业化程度低的职业行为则更多地受外部控制。职业化既是一个历史过程，又是某些人专门从事一种工作这一概念的社会化（Jan 和 Francs，2000）。这是职业化与职业的区分点。成功职业化的标志表现为职业群体与其他相关团体的明确边界建立，无论是在意识形态还是在制度安排方面（Saks，1983）②。职业化赋予从业人员特定的身份认可、普遍的价值观念与共同的行为规则（Macdonald，1995）③。某项工作被职业化了的

① 吕建国，孟慧．职业心理学［M］．大连：东北财经大学出版社，2008：37-40.

② Saks，M. Removing the Blinders? A Critique of Recent Contributions to the Sociology of Professions［J］. The Sociological Review，1983，31（1）：1-21.

③ Macdonald，K. M. Building Respectability［J］. Sociology，1995，23（1）：55-80.

判断标准是在社会大众认同与接受的基础上取得了法律认可（Willmott, 1986）①。职业化的内涵具体包括以“人事相宜”为追求的职业资质优化、以“胜任愉快”为目标的职业体能保持、以“创造绩效”为主导的职业意识开发和以“适应市场”为基点的职业道德修养。作为从业人员，无论是知识、技能，还是观念、思维、态度和心理都必须符合职业规范和标准。俗话说，“无规矩不成方圆”，也就是要求人们把社会或者组织安排的岗位职责，用自身具备的通用就业能力和专业就业能力顺利完成直到最佳，准确扮演好自己的工作角色。职业化的核心内容包括：职业化心态力——职业人的精神食粮、职业化人际力——职业人的事业之基、职业化执行力——职业人的立身之本、职业化时控力——职业人的第二生命、职业化团结力——职业人的发展之道和职业化创新力——职业人的进化动力。综上所述，无论从何种角度定义职业化，既然是“化”，就要体现其核心的运动状态和发展过程。因此，职业化是一种工作制度的标准化、规范化和制度化，即在合适的时间和地点、用合适的方式、说合适的话、做合适的事。

根据马斯洛的需求层次理论，就业的基本目的是为了满足劳动者生存层面的需求，也就是为了满足生理需要和安全需要；在基本目的达成之后，需要考虑劳动者作为个体所向往的归属感和成长阶段，也就是社会需要和尊重需要，甚至达到最高的自我实现需要。实现高层次的自我成长和完善，只停留在就业初级阶段远远不够，应该诉诸更高层次和更高质量的就业，也就是必须把职业化引入职业生涯。更高质量的就业包含宏观和微观两个层面。就宏观层面来讲，主要体现在：一是就业机会更加充分，劳动力资源的供给和需求在总量上趋于均衡；二是就业环境更加优良，劳动者的就业机会增多，更加公平地享有获得劳动报酬、福利等权利；三是就业结构更加良好，劳动者的构成更加全面、协调，劳动力资源的供给结构适应经济社会发展需要；四是劳动者素质进一步提升，就业能力进一步提

① Willmott, H. Ornanising and Profession: A Theoretical and Historical Examination of the Development of the Major Accountancy Bodies in the U. K［J］. Accounting, Organizations and Society, 1986, 11 (6): 555-580

高，更加适应产业结构转型带来的对工作岗位的新要求；五是劳动关系更加和谐，劳动者的报酬、社会保障、休假、劳动保护等得到更好的实现，形成健全的劳资关系调节机制，劳动争议能够通过有效途径得以解决，就业稳定性进一步增强。从微观层面讲，更高质量的就业主要体现在：一是劳动者通过更高质量的就业获取的劳动报酬更趋合理，劳动收入可以更好地满足自身和家庭成员的生活和发展需要；二是有就业能力的劳动者通过就业融入社会，共享经济社会发展成果；三是劳动者通过就业获得自身发展的机会；四是劳动者通过人岗相适的就业岗位而更有尊严，自身的劳动成果得到更好的认可，自身价值得到更好的实现，劳动过程更加愉悦，劳动者的工作满意度得到提高。

3.1.2 就业能力

就业能力的概念最早出现在20世纪初的英国，由英国经济学家贝弗里奇首先提出。他认为就业能力即“可雇用性”，也就是个体获得和保持工作的能力。20世纪80年代后期，美国的一些学者对此概念进行了修订，认为就业能力是一个获得最初就业、维持就业、重新选择和获取新岗位的动态过程，在强调就业者微观就业能力的同时，加入宏观因素，如就业市场和国家经济政策等，更全面地阐释了就业能力的整体概念。2005年，美国教育与就业委员会再次明确提出“就业能力”的概念，即“可雇用性”，是指获得和保持工作的能力。就业能力不仅包括狭义上的找到工作的能力，还包括持续完成工作、实现良好职业生涯发展的能力。

具体来讲，就业能力是从事特定职业所需具备的能力，是劳动力资源在劳动力市场的价值体现，是价值转移和价值创造的载体。就业能力可以分为一般就业能力和特殊就业能力。一般就业能力指从业者具备的世界观、价值观、习惯、自我管理能力等基本能力，也是工作中最能体现协作精神、事业心和责任感的能力。特殊就业能力倾向于特指某个特定职业所需要的、与工作细节息息相关的、与环境相匹配的特殊技能，具有专业性、技巧性和不可复制性。

然而，随着当代中国社会经济高速发展和我国产业结构转型升级，宏观层面的外部环境对职场产生了深远影响，就业能力也被赋予了更多的内涵。首先，社会的发展使得人力资源整体素质大幅提高，就业市场竞争日益激烈。如何赢在职业的起跑点，如何打造适应当代职场特点的就业能力，成为人们关注的热点。其次，全球化进程的加速给职场环境带来了重大变革。身处多元化、国际化的工作环境中，职场人士需要不断提升劳动能力素质，以开阔视野、获取更广阔的发展空间。最后，随着全世界范围内人才测评理论的发展演进，企业越来越重视针对不同的岗位选择不同类型的人才。人力资源管理的核心也从单纯对“事”的管理，即强调工作绩效，转变为对“人”的管理。员工的流动率、工作满意度、职业生涯发展、组织忠诚度等也成为企业人力资源管理中的重要组成部分。

随着我国经济增长阶段的演变，优化存量资源配置，扩大优质增量供给，实现供需动态平衡即将成为发展常态，这也对人力资源就业能力提出了新的要求。人力资源和社会保障部党组书记尹蔚民在回答记者提问时指出，今后一个时期，就业面临着两个方面的矛盾，人社部将大规模开展职业技能培训，来提高劳动者就业的能力和转换岗位的能力。

3.1.3 新生代农民工职业化

对“新生代农民工职业化”的概念进行界定是本研究的逻辑起点。借鉴国外行业从业人员职业化的概念，针对中国新生代农民工自身特点和中国劳动力市场对就业能力的需求，本研究将“新生代农民工职业化”定义为新生代农民工成为产业技术工人的动态过程。通过职业化，企业可以把工人作为符合企业需求的、可以终身使用的熟练劳动力，而工人也可以把职业作为立足城市的终身依托。新生代农民工职业化包含两项基本内容：第一，新生代农民工群体实现从农民向产业工人的全面转型；第二，在实现角色转型的同时，通过外部“赋能”（empowerment）和自身“增能”，适应城市，成为合格的新市民（黄宗智，2000）①。因此，职业化是具有职业和社会身份的新生代农民工在向市民转变过程中拥有一定的就业能力，并以此为基础获得市民的基本资格，适应城市并具备城市市民基本素质的过程。职业化新生代农民工具有以下特征：第一，职业化新生代农民工已经完全从农业转移到工业化进程中，成为充分利用市场机制和规则获得报酬，以期实现利润最大化的理性经济人；第二，职业化新生代农民工不同于传统新生代农民工，他们掌握一定技术，拥有较强的工作能力；第三，职业化新生代农民工充分进入市场，并擅长学习先进的科学文化知识，能适应和推动工业现代化发展，并利用一切可能的选择使报酬最大化。

新生代农民工职业化是现代经济社会发展的必然要求，其程度和状况如何，对整个社会经济发展和现代化实现具有举足轻重的意义。职业化新生代农民工是相对于初级新生代农民工而言的一个概念，是初级新生代农民工职业发展的结果，是在经济层面、社会层面和心理层面都有资格实现城镇化的新生代农民工。相比较而言，初级新生代农民工是指从事没有任何技术含量或者低技术含量的工作的从业人员，如工厂流水线工人、初级销售人员、服务员等。这部分新生代农民工的工资水平较低，没有条件也没有资格融入城市生活。只有通过职业化，初级新生代农民工才可以成为合格的城市产业工人，具备完备的城镇化条件。

新生代农民工职业化不仅是指我国现代化过程中，借助非农化和“新四化”的推动力量，使新生代农民工从身份、地位、生产和生活方式、价值观、应得权利与应尽义务等体现其内在素质和外在资格的方面向城市技术工人转化的社会和经济过程，也是社会变迁的进步过程。从过程的运行状态来看，其特征主要表现为内在与外在的有机统一，不仅在于居住地变化、户籍转变、权益保障、职业转化等“外部特性”，其本质更在于自身职业能力、行为方式、认知观念、社会参与等“内部特征”向市民化的转变，以期与市民无本质差别。

---

① 黄宗智．华北的小农经济与社会变迁［M］．北京：人民出版社，2000：12-14.

3.2 不同视角下新生代农民工职业化的概念解析

任何一个国家在从传统社会向现代社会转型的过程中，必然要经历产业结构转换和城乡结构调整的过程，同时也伴随着传统农业人口向城市人口、农民向市民的转化过程。作为人口转化的过渡，新生代农民工如何顺利实现其身份地位市民化，是不容忽视的问题。如何在非农化、农业现代化和工业现代化视角下诠释新生代农民工职业化，学术界众多学者给予了很多关注。非农化、农业现代化和工业现代化与职业化在其内涵上相互联系，但又存在着本质差别。一方面，几个概念的侧重点不同。非农化概念侧重于社会经济部门及产业结构的变化；农业现代化强调农业装备、科学技术、管理方法与服务体系；工业现代化强调劳动资料、部门结构、职工知识结构和管理现代化；职业化概念侧重于社会成员角色基础上就业能力的发展。另一方面，非农化、农业现代化、工业现代化和职业化之间又是相互联系的。非农化是职业化的基本前提，只有社会经济不断发展、经济结构不断优化、产业结构不断提升，才能使农民有可能发生职业结构方面的转变。农业现代化为职业化提供了现实可能性，工业现代化为职业化提供了发展方向与目标。因此，在非农化、农业现代化与工业现代化进程中，新生代农民工本质上在进行着自身职业化，职业化贯穿于非农化、农业现代化和工业现代化的整个进程。

3.2.1 非农化视角下的新生代农民工职业化

作为以市场、工业产品和服务业为基础的经济发展聚集地，城市的发展带来了社会生产力进步、技术提高和产业结构演变，同时也带来了农业人口非农化的客观要求。非农化，包括土地非农化和农民非农化，本研究特指农民非农化，即农业剩余劳动力非农化。作为一个经济学术语，非农化出现在关于发展中国家城乡人口转移的发展经济学经典理论中，强调传统农民在职业上的地位转型。在社会由传统向现代的转型过程中，产业结构优化和追求农业规模效应导致出现农业剩余劳动力；同时，随着现代工业迅速发展，城市劳动力数量出现缺口，向城市部门转移劳动力成为解决农业和工业问题的有效途径。农业收入作为传统农民的主要生存资源让步于产业工人的工资性收入，农民走出农村，身份转化为新生代农民工，开始走向现代职业体系，成为产业工人的重要组成部分。

从图 3-1 中可以看出，非农就业的人口比例从 2003 年开始逐渐高于农业就业人口的比例，从侧面说明从事农业的人口越来越少，非农化进程不断推进。随着经济发展，农村劳动力向非农业部门转移，农村劳动力数量下降，为以农村地区土地规模化为条件的农业现代化创造了条件。宏观来看，只有在农村剩余劳动力与城市非农产业劳动力缺口相等时，才会实现全国劳动力市场总体平衡。在非农化大背景下，非农就业的农村人口成为新生代农民工后，如何通过非农化使其成为合格的产业工人是一个至关重要的问题，而新生代农民工非农化进程在一定程度上取决于新生代农民工劳动力素质。改革开放见证了第一批农村剩余劳动力向非农业部门的转移，但是随着时间的推移，这些最先转移出去的农民工大部分又回到了农村，再一次成为农村剩余劳动力。究其原因，则是农村劳动力素质偏低导致城市就业岗位选择面狭窄，转移出去的剩余劳动力在城市贡献了自己由强健体力支撑的人力资本后无法留居城市，更无法实现其成为市民的期望。如果想顺利地转移到其他非农部门或行业，农村剩余劳动力必须掌握一定的技能，进一步实现城市就业的职业化。由于自身人力资本积累不足，在城市劳动力市场上与城市工人平等竞争时，新生代农民工不占优势，而人力资源供求平衡不仅需要人员供求总量上的平衡，更重要的是人员素质、类别等供求结构上的平衡（李录堂和丁森林，2008）。所以，城市就业市场对人力资源数量和结构的需求应当与新生代农民工人力资源的有效供给相协调，在均衡状态下完成农业人口非农化。

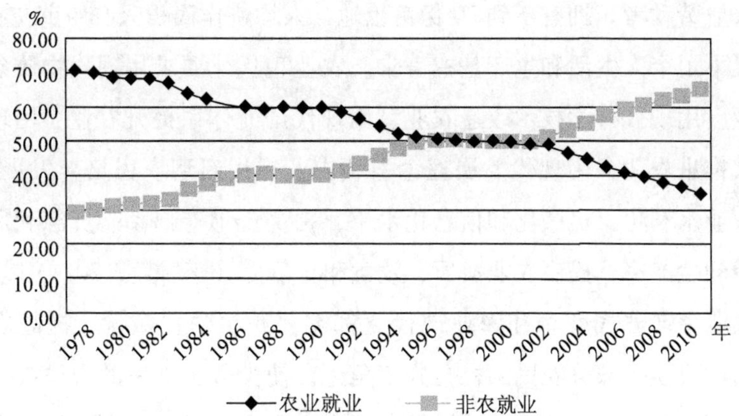

图 3-1 农业就业与非农就业的人口比例数量关系

资料来源：2010 年《中国统计年鉴》。

世界各国的工业化发展都见证了农村劳动力的大规模迁移和农业劳动力占社会总劳动力份额的大幅度下降。随着我国进入工业化发展中期阶段，各地区产业逐渐由劳动密集型转向技术密集型和资本密集型，集约经营、内涵挖掘的产业转换成为经济发展的内在要求，经济效益与生态效益相结合成为经济发展的潜在目标，产业结构向现代产业结构过渡，城市社会逐渐走向信息化、社会化和智能化，以上种种客观情况无不对劳动力质量提出了更高要求。为了适应时代发展和经济要求，作为城市劳动力主力军的新生代农民工的职业化势在必行。

3.2.2 农业现代化视角下的新生代农民工职业化

农业现代化是指在现代工业、科学技术和管理方法指导下的传统农业向现代农业转化的过程，同时也是农业生产力向当代世界先进水平转化的过程。作为一种手段和一个过程，农业现代化涉及的因素很多，规模化土地、职业化农民、现代化管理方法等都必不可少。由于历史原因，中国农民数目庞大，而相对应的土地资源较少，很难实现农村土地规模化生产。在市场经济时代，如此庞大数目的农民仅依赖有限的土地资源是不可行的，会出现大量素质不高的农村剩余劳动力。中国 9 亿农村人口，其中 5

亿是农业劳动者，拥有不到20亿亩土地，人均耕作面积只有4亩左右，远远满足不了个人生活和生产基本需求。农业现代化要求用现代物质条件装备农业、用现代科学技术改造农业、用现代产业体系提升农业、用现代经营形式推进农业、用现代发展理念引领农业、用新型农民培养发展农业，提高农业水利化、机械化和信息化水平，提高土地产出率、资源利用率和农业劳动生产率，提高农业素质、效益和竞争力（李香兰，2011）①。

农业生产方式变革和农业现代化都需要减少农民数量、提高农民收入，通过改换一部分农民的社会分工角色，使少数留下来的农民成为职业农民。而职业化农民培育的前提是实现农村剩余劳动力顺利转移，在土地规模化和资金规模化的基础上实现农业现代化目标，促进农业规模经营和产业化经营，缓解人地不匹配的矛盾，增加农业积累，推动农业生产发展。农业以土地作为最基本的生产要素，农业生产对土地的数量、质量有较高要求，农村剩余劳动力向城市转移的成功与否，直接影响到城乡经济能否发展和社会能否和谐稳定，关系到农业现代化的成败。在农业现代化进程中，需要职业农民，而目前素质偏低的农村劳动力无法胜任现代化任务，唯一的出路就是把资源集中到少部分农民手里，通过培育职业化农民完成农业现代化。与此同时，土地规模化利用需要把土地集中起来，这也需要把多数人的土地集中到少数人手中，把转移出去的新生代农民工的土地转移到少数农民手中，完成土地规模化。以上两个条件的达成都少不了农村剩余劳动力的成功转移。一方面，如果转移不成功，新生代农民工还是会回到农村，土地规模化无法持久，更无法达成农业现代化。在新生代农民工顺利实现城市转移的基础上，农村土地规模化和农民职业化是实现农业现代化的必经之路，而新生代农民工实现真正意义上的顺利转移的基础就是职业化。另一方面，由于转移出去的新生代农民工只是暂时定居在城市，其家庭中的体力不理想者，如妇女、儿童及老人则继续留守农村，造成从事农业的劳动力弱化。如果新生代农民工能够通过职业化顺利实现

---

① 李香兰．对我国工业现代“化”的几点反思［J］．理论研究，2011（5）：36-37.

城镇化，成为城市居民，就会在很大程度上减轻农村土地压力和人口负担，为实现农业现代化提供土地和人口条件。作为国民经济的基础，农业始终处在国家重点发展的地位，但是受从事农业的主体自身素质和现实科技条件制约，通过要素投入实现农业持续增长的可能性越来越小。大量耕地的集中耕种可以使土地规模化运营成本大大降低，农村剩余劳动力的顺利转移可以在节约农业经营进入成本的同时享受规模效应与市场效益。农业不再局限于农村户口簿上的“一亩三分地”，而是逐渐成为一个规模化产业，推动农业现代化不断前进。因此，农业现代化，即从传统农业向现代农业的转变，对新生代农民工职业化提出了一定要求，解决好劳动力转移问题，才可以使农业发展没有后顾之忧，集中发展农业现代化。

新生代农民工职业化，是指进城务工经商的新生代农民工通过自身就业能力和素质的提高逐步向技术工人转化的过程。这个过程不仅包括新生代农民工身份的转变、地域的转换和职业的改变，更重要的是新生代农民工自身工作能力的提高、素质的健全、意识形态的完善以及价值观念、行为方式的市民化过程。新生代农民工职业化的实现条件是在具备相应的就业能力和素质的前提下找到相对稳定的职业，并且所从事职业带来的经济效益和社会地位可以达到新生代农民工的预期，使新生代农民工有能力实现自身经济层面、社会层面与心理层面的城镇化。农业劳动生产率的提高为新生代农民工职业化创造了物质基础，只有以农业现代化发展为前提，新生代农民工才有可能从农民中分流出来，专心成为产业工人。同样，作为国民经济基础的农业也只有发展到一定程度，才能为工业和服务业发展提供足够的高质量生产资料，为新生代农民工创造更多就业岗位，新生代农民工才可能完全脱离农业转入其他非农产业，实现自身的职业转化和地域变更。一方面，由于规模效应，农业现代化的推进为农村剩余劳动力摆脱土地束缚提供了条件；另一方面，农业现代化所引发的机器化大生产逐渐代替了以手工劳动为标志的小农经济，把劳动力解放出来，不仅提高了农业劳动生产率和土地产出率，降低了农业生产对生产力要素的数量需求，同时也加快了剩余劳动力的释放过程。

3.2.3 工业现代化视角下的新生代农民工职业化

随着工业化进程的推进，工业企业对劳动力的需求快速增长，进一步吸引农村剩余劳动力转移到城镇成为产业工人，实现新生代农民工城镇化。同时，工业生产需要大量劳动力，无形中吸引着新生代农民工进入工业生产部门创造价值。陈德铭（2011）指出，我国传统劳动力的比较优势正在削弱，社会就业总量与结构性矛盾并存。新生代农民工是由农业劳动向工业劳动、由农民向工人转变过程中的劳动者形态①。工业现代化具有长期性和转型多样性的特点，工业产值结构与工业人口结构之间又存在着不对称性，工业劳动主体素质较低，在目前由外延式增长向内涵式发展的现代化进程中，作为主要劳动力资源的农民向产业工人转型势在必行。何美金等（2007）认为，劳动主体转型不是一个简单的数量转移问题，而是劳动者主体从量的增长到质的提高的结构转型问题。劳动主体的转型需要与工业现代化产业结构协同，对劳动者素质可持续提升机制提出了要求。工业现代化需要工业劳动主体有与之相适应的较高劳动素质，因此新生代农民工形态应当从以外延扩大为主向以内涵增长为主的模式转变。职业化过程就是人力资源劳动能力提高的过程，也是劳动生产价值实现与增值的动态过程，意味着劳动智能和智能素质的增强。个体劳动价值最大化不仅可以提高劳动生产效率，还可以实现劳动价值积累，提高劳动者生活质量，内化劳动能力的生产和再生产。

工业现代化进程中，新生代农民工流动可以促进产业结构调整、优化和升级。一般而言，产业结构调整往往伴随着就业结构变化。劳动力在产业间的合理流动可以满足产业差异化发展对劳动力数量与质量的差异化需求，为产业发展提供有效的人力资源，实现产业结构优化升级（刘刚和于

① 陈德铭．继往开来 扩大开放——写在加入世贸组织十周年之际［J］．求是，2011（23）：5-7.

晓东，2012)①。改革开放以来，我国工业发展的基本模式依托于新生代农民工工资低的比较优势，然而随着技术不断升级与发展，传统人口红利逐渐消失，低成本劳动力经营模式普遍缺乏创新动力，已经无法使企业获得比较优势。如果要引进国外技术或者效仿国外经营模式，人力资源势必成为改革的首要对象。通过新生代农民工职业化提升企业整体人力资本存量，提升企业自主创新能力势在必行。在现实情况下，新生代农民工只能被定义为廉价劳动力，从长期来看，对廉价劳动力的过分依赖对工业化发展不利。随着劳动力价格不断上涨，我国传统工业赖以生存的低成本优势逐渐丧失，而新的突破点就在于通过提高劳动力素质来提高产品质量和品牌形象。我国新生代农民工群体素质不高、单纯依靠体力劳动、同质性过高的现状是工业现代化发展的主要掣肘因素，因此工业化的顺利实现必须以打破原有发展轨迹为前提，通过提高劳动力素质摆脱低成本导向的人力资源模式，建设职业化劳动资源队伍，完成高素质人才梯队的建设和成长。

随着工业化进程不断推进，对有效劳动力资源需求的快速增长使工业化企业更加依赖合格的人力资源，因此，进一步吸引农村剩余劳动力转移到城镇并成为合格产业工人是工业化的必经之路。新生代农民工流动可以促进我国产业结构调整、优化和升级。在我国目前技术水平下，工业生产仍需要大量的初级劳动力，农村剩余劳动力仍有广阔的市场需求，无形中吸引新生代农民工进入工业生产部门创造价值。但是，工业现代化的实现需要自主创新能力提高与人力资源素质提高相结合，与较高的劳动就业水平协同，需要从劳动人口中获取人力资源作为主要生产要素。我国劳动者整体技能水平不理想、高技能人才缺乏的现状，需要通过职业化来改变。要实现真正意义上的工业现代化，必须打破原有用劳动力数量衡量的发展轨迹，实现发展过程中的质量突破，摆脱低成本导向的人力资源模式，推动高素质人力资本积累，通过新生代农民工职业化实现高素质人才的成长。

---

① 刘刚，于晓东．“三化”视角下的农民工流动问题及其优化对策［J］．北京交通大学学报（社会科学版），2012（3）：98-104.

3.3 新生代农民工职业化动力机理

3.3.1 新生代农民工职业化动因

3.3.1.1 提高就业质量的动因

提高就业质量是一个宽泛的话题，涉及经济、社会、法律、管理、道德等诸多领域，既有宏观层面的要求，又有微观层面的细化，但提高就业质量的最基本层面是就业职业化。就业职业化是指职业的“技术”和“规范”，既包括对从业者的要求，也包括对用工者的规范，是一个社会提高就业质量的必由之路。新生代农民工离开农村向城市流动形成了劳动力迁移。根据刘易斯二元结构模型，我国是典型的城乡二元对立结构，相比较农业来说，城市现代化工业部门的就业收入较高，吸引着传统农业部门中边际报酬为零的剩余劳动力。在此基础上，托达罗引进收入预期进一步说明城乡劳动力的流动和转移。在比较利益的驱动下，农村剩余劳动力形成了向较高收入地区或部门流动的理性经济行为，只要存在相对高收入的就业岗位和就业机会，就会对收入较低、就业不足的劳动力产生持续的拉力效应。同时，迁移成本的计算和预期也是影响劳动力作出迁移决策的重要因素。Smith（1776）的分工理论提出，通过提高劳动熟练程度，分工成为适用于劳动力市场不同职业之间和同一职业不同工作之间的重要原则。在以农业现代化和工业现代化为目标的产业发展背景下，分工理论无疑为现代化的实现指明了方向。所谓传统农民的分工，就是在分工理论指导下，把现在的兼业农民分解，进行职业上的划分，实现农民身份的多种转变。一部分农民由单一的农民转变为农业生产和经营者，成为职业农民；另一部分农民则转变为非农产业生产经营者，转变为职业新生代农民工，从根本上将传统意义上的农民进行分流。经过农村劳动力的职业化分工，可以培育有文化、懂科技、善经营、会管理的新一代职业农民，使从事农业生产的农民具有较高的科学文化素质、专门的职业素养技能、符合时代背景的农业经营能力和高效率的管理能力，在此基础上解决传统农业低效率和生存能力差的困境。在保护农民权益的基础上，职业农民可以实现适度规模化经营，以就业为支撑的职业新生代农民工可以实现市民化。新生代农民工职业化的过程也是从兼业新生代农民工成长为技术工人的过程。所谓技术工人，是指掌握了一定的技术能力、从事相关技术工作的熟练工人。高级技术工人则是指具有高级技师、技师或者高级工等职业技能资格的技术工人，一般称高级技术工人为高级技能人才。作为具有一定技术的人力资源，技术工人充当着生产和服务领域的一线从业者，具备精湛的职业技能，在生产的关键环节发挥着举足轻重的作用，并且能够解决生产操作难题，主要分布于工业和服务业中技能含量较高的岗位上。但是目前我国的兼业新生代农民工整体素质较差，技术能力不能满足企业进行技术改造和采用先进技术生产高科技含量产品的需要，甚至完全不具备进入正规企业工作的基本素质。目前我国正处于工业化快速发展和深化阶段，产品和技术更新日益加快，迫切需要大量的高素质技术工人，并且通过这部分人力资源把高新科学技术转化为高科技产品。劳动力素质直接影响着产品质量与企业竞争力，而技术工人特别是高级技术工人的缺乏，已经逐渐成为制约某些行业或者地区经济发展的瓶颈。随着科技进一步发展，素质不过关的一线工人导致企业损失惨重的案例比比皆是。作为重要的劳动力群体，新生代农民工向技术工人的转化势在必行，其职业化进程的顺利进行不仅可以缓解农村劳动力过剩现象，促进农业集约化经营，还可以为城镇化的顺利实现提供质量过硬的人力资本，顺利实现我国现代化。

新生代农民工职业化的目的是培育专业化的产业工人，进行专业化劳动，为提高全要素生产率作贡献，进而加快工业现代化和产业化进程。作为当前的产业大军，职业化新生代农民工富有改革和开拓精神，充满积极向上的激情与活力，具有较强的风险承受能力，拥有较高的劳动素质，愿意为中国产业化发展进行有益尝试。通过学习先进科学文化知识，掌握先进的经营管理技术，新生代农民工群体的整体素质和能力将得到提高，使这一群体在劳动力市场持有更多话语权，促进整个社会全面发展。

3.3.1.2 支持自我实现的心理动因

所谓自我实现，是指人都需要发挥自己的潜力、表现自己的才能，只有当人的潜力充分发挥并得以表现时，才会得到最大满足。每个人都希望自己可以对生命感到满意、能发挥潜能且具有创造力，不易受到焦虑和恐惧影响，对自己和他人可以抱着喜欢和接纳的态度。不可否认，人也有缺点，但可以接受自己的缺点，对自己感到满意。也就是说，人的自我实现是人生观和价值观的行为表现。

与其他职业群体一样，新生代农民工也存在着马斯洛所提出的五个层次的需求。如果这些需求得不到满足，就会产生情绪波动，加剧心理压力。与城市居民群体相比较，新生代农民工教育经历与教育水平不足的缺陷导致其综合素质欠缺，文化差距引发了心理自卑，往往导致新生代农民工倾诉意愿较低，不能够主动扩大自我社交网络，因此，需要构建新生代农民工群体健全的心理和社会生存（胡宏伟等，2011）①，这也是新生代农民工人力资本缺乏的一个现实表现。作为中国特殊体制下的一个特殊群体，新生代农民工从农村走出来，来到城市从事最艰苦的工作，与城市居民相比，他们生活环境差、工作关系紧张、职业与生活压力大，大多处于被忽略、被漠视的境地，造成他们与城市和城市居民之间存在隔阂，出现焦虑、敌对等情绪，在很大程度上缺乏安定感、幸福感和满足感。而这种对城市归属感和责任感的缺失，无形中导致他们不愿意积极主动地介入城市社会进行全方位互动，也不乐意主动吸纳城市文明，相反，却采取怀疑或者敬而远之的态度，阻止了自身现代化进程，加剧了短期行为和越轨行为。现实中，大多数新生代农民工的就业渠道是靠地缘或者亲缘，这种非正式就业途径导致他们在不同程度上存在“边缘人”的身份认同危机。“边缘人”的定位使新生代农民工缺乏足够的信心扩大交际圈，从另一个

① 胡宏伟，曹杨，吕伟．心理压力、城市适应、倾诉渠道与性别差异［J］．青年研究，2011（3）：76-86.

侧面造成社会资本匮乏。除了人力资本和社会资本，新生代农民工的组织资本同样不容乐观。由于新生代农民工远离家乡，自身人力资本和社会资本存量低，多从事临时性工作，缺乏有效的组织依靠，在权利、地位和社会声望方面处于劣势，几乎没有可利用的稀缺资源或者等价物参与到更广泛的社会交换中，换取自我发展的资源和机会。过客心理阻止了新生代农民工的现代化与城镇化，使得相对落后的小农意识难以得到现代化洗礼，也增加了城市的不安定因素。新生代农民工想要谋求更高的生活质量、保持职业稳定、建立良好人际关系，必须主动参与社会活动、完善自身人格、塑造和谐心灵，而不是采取社交回避与消极应对。

新生代农民工人力资本、社会资本、组织资本和物质资本的缺乏，造成了现实中的一系列问题，例如，不想回农村的意愿与被城市排斥之间的矛盾、渴望被尊重与现实受歧视的矛盾、期望发展与途径缺乏之间的矛盾、希冀融入社会与相对封闭之间的矛盾。赚钱只是新生代农民工进城时所考虑的一个方面，另一个方面是把进城务工作为改变生活状态和人生道路的一种途径。同时，新生代农民工不安于目前的工作状况，其生活方式不够明确，对工资待遇期望值较高，关注个人价值，对公正待遇的诉求强烈，表现出一定的“反叛”精神。社会交往是构成社会关系的基础，新生代农民工的社会交往，也就是所谓的社会资本，构成了新生代农民工工作、生活关系的纽带。新生代农民工在逐渐了解并认识现实的过程中，人生观越来越贴近实际，在发展独立自主性格的同时可以享受私人生活；虽然缺乏能力，但是对生活环境有时时改进的意愿。以上诸多方面无不体现了新生代农民工的自我实现意愿。在自我实现意愿的基础上，通过强化自身工作能力和素质完成自我实现，新生代农民工可以顺利融入城市生活，为城镇化和现代化添砖加瓦。

3.3.1.3 实现现代化的社会动因

党的十八大报告明确提出：“坚持走中国特色新型工业化、信息化、城镇化、农业现代化道路，推动信息化和工业化深度融合、工业化和城镇化良性互动、城镇化和农业现代化相互协调，促进工业化、信息化、城镇化、农业现代化同步发展。”（李克强，2014）① 为了实现“新四化”，作为生产要素之一的劳动力成为关键，而占中国目前劳动力人数1/4的新生代农民工更是不可替代的人力资源。现代经济学研究也表明，现代化就是以传统农业为代表的经济形态向以现代工业为代表的经济形态转变的过程，同时也是以传统农业人口为主的人口形态向以现代工业人口为主的人口形态转变的过程。这个转变赖以实现的现实途径就是劳动力转移，即农村劳动力实现城镇化。一般来说，城镇化水平越高，发展水平也就越高。作为世界上最大也是人口最多的发展中国家，中国的城镇化和现代化发展是一个不可逆转的过程。据国家最新统计，目前中国城镇化率已经超过了50%。城镇化是衡量一个国家现代化水平的重要标志，加快城镇化进程是现代化建设面临的重大任务，城镇化是一个目标，更是一个过程。作为城镇化发展的主体，新生代农民工从农村迁移到城市，完成生产方式和生活方式的双重转向，是城镇化的必然过程，也是衡量一个国家现代化发展程度的重要标志。深度城镇化就是把简单城市常住人口的增加，改变为尽享城市公共服务的市民的增加，换句话说，就是把已经进城的新生代农民工的身份转换为市民（蔡昉，2012）②。改革开放以来，大量农村剩余劳动力离开农村来到城市，从事第二、第三产业以寻求生存和发展，形成了一个规模日益庞大的群体。这个群体需要不断提升自我能力，实现身份、角色、生活方式、行为方式和意识形态的转变，适应并融入城市生活，实现市民化。对于新生代农民工来说，这个转变过程尤为必要。构建和谐社会、实现科学发展，这些目标的达成都需要通过城镇化。作为城镇化发展主体，新生代农民工问题的有效解决成为影响未来发展的关键因素。

2001年，著名诺贝尔经济学奖获得者约瑟夫·斯蒂格利茨提出：“21世纪对世界产生最大影响的有两件事：一是美国的高科技产业发展，二是中国的城镇化。”随着改革开放的进一步深入和经济社会的快速发展，新

① 李克强总理在2014年12月22日召开的中央农村工作会议上的讲话。

② 蔡昉．城镇化与农民工的贡献——后危机时期中国经济增长潜力的思考［J］．中国人口科学，2012（1）：2-9

生代农民工通过市场渠道成为城市产业工人，也逐渐演变成中国社会第三大阶层群体。在城镇化进程中，新生代农民工市民化是必不可少的步骤。面对市民化的社会变迁，由于特殊的二元经济体制以及与其相对应的一系列制度因素，新生代农民工并未经历西方国家模式，即从农民到市民的职业、地域和身份的同步彻底转变，而是经历了中国特色的由农民到新生代农民工、再由新生代农民工到市民的独特演进机制。在此机制的推动下，新生代农民工如何助力城镇化，并不取决于政府，而是每一个新生代农民工从理性出发，全面衡量、比较自己的市民化收益和成本，选择不同的实现路径。虽然2011年政府工作报告已经明确提出"因地制宜，分步推进，把有稳定劳动关系并在城镇居住一定年限的新生代农民工逐步转为城镇居民"，但收效甚微。究其深层次原因，则是新生代农民工经济城镇化进度赶不上人口城镇化。让新生代农民工在城里落户不是难事，但对农民与市民所执行的待遇差异化管理制度而非国民待遇管理制度，是"城乡分治，一国两策"（陆学艺，2000）。新生代农民工虽然在职业、生活和工作地点上发生了一系列转变，但是身份却未发生实质变化，不能像城市工人一样享有相应的市民待遇。市民化的真正含义不仅是非农业户口，最重要的是具备市民化能力，在思想观念、行为规范、价值体系等方面都具备相应实力。改革开放之初，我国工业化率远高于城镇化率，城镇化严重滞后于工业化发展。随着大批新生代农民工进城务工，我国城镇化率也逐渐提高，城镇化水平与经济发展水平总体上相适应。但是我国的城镇化更多侧重于土地城镇化，人口城镇化进程相对缓慢。为了从根本上提高城镇化率，实现真正意义上的城镇化，职业化新生代农民工的培育必须被提上日程。新生代农民工职业化可以从根本意义上加快和促进我国城镇化建设进程。

如果说人口红利造就了中国改革开放30年的辉煌，在现如今传统红利逐渐消失的情况下如何实现我国可持续发展便是一个重大问题。已经和正在形成的人才红利、改革红利可以支撑我国在战略机遇期持续发展，但最大的红利仍集中在人口红利。作为人口红利的接续，人才红利是指人才的规模增长及充分利用所产生的超过同样数量简单劳动力投入所获得的经济利益。通过主体要素由物质资本转向人力资本，新生代农民工职业化会造就一批高素质劳动力队伍，使我国传统劳动力结构发生质的飞跃，一旦得到有效利用，将产生巨大收益，并且可以显著而持久地支撑中国经济转型和国际竞争力提升。

3.3.2 新生代农民工职业化发展存在的问题

3.3.2.1 发展方式问题

2016 年，我国新生代农民工占全体农民工的 49.7%，就业前教育和就业后职业培训成了新生代农民工最便捷、最常用的职业化发展方式。义务教育是政府对公共资源的合理利用，其中包含适龄儿童接受的教育，旨在提高国民基本素质。通过就业前在农村或者随父母在城市就业地接受的义务教育，新生代农民工习得了最基本的与人交往所需的听、说、读、写能力。

在义务教育基础上，新生代农民工就业能力提高的路径和方法主要有在职培训、继续教育、“干中学”等，这些方式实现主体各不相同，但无一例外对于就业主体来讲都是被动接受，并且实施部门与能力提高主体分离，严重制约着就业能力提高的效率与效益，效果不佳。在职培训是进入劳动力市场的劳动力学习特定技能的过程，但这个过程涉及一个很现实的问题，就是培训费用由谁来支付。针对新生代农民工的培训大多具有外部性，对劳动力进行培训的企业可能因为员工向其他企业流动而损失培训成本，因此合理的培训付费机制是必要前提。相比较在职培训，继续教育则是新生代农民工的个人选择，是现实需求导向的现实教育，而不再是公共资源投入问题。由于新生代农民工本身物质资本匮乏，在生活拮据的情况下无法为自身提供有效的专业教育。即使新生代农民工有接受再教育的决心和条件，局限的社会资本导致的信息不对称也使得这一群体无法真正认识到劳动力市场的数量信号和价格信号，更无法掌握自身所需的教育内容和结构。相比较前两种方式，“干中学”应该是最贴近新生代农民工实际的人力资本提升形式。采用师傅带徒弟的方式，新生代农民工可以在不用付费的情况下掌握工作技巧，总结经验。但这种方式也仅适用于技术要求不高的工作，并且深受新生代农民工自身习得水平影响。以上三种就业能力提高方式应该有选择性地相互结合，前提是新生代农民工有职业化的意愿，并且能够清楚意识到职业化的必要性。

3.3.2.2 发展方向问题

近年来，我国城市经济的发展、政府对新生代农民工的政策倾斜使新生代农民工职业化具备了一定的物质基础和政策条件，但是，通过提升新生代农民工就业能力促进其城镇化的现实状况并不理想，职业化作为提升新生代农民工城镇化能力的一种方式并没有得到应有的关注。职业化可以助力新生代农民工就业能力的提升，新生代农民工可以通过“干中学”、培训、自我教育等方式集成自身人力资本，同时，劳动力市场依据新生代农民工自身就业能力实现人职匹配，促进生产力发展。尽管企业和社会有时会开展职业培训或者鼓励自我学习，但新生代农民工就业能力的提高主要来自经验集成，很少有金钱、时间和精力进行自我充电，因为在他们看来，人力资本积累的机会成本太高，远没有兜里有钱来得实际；而企业的职业培训往往又存在不切实际的问题，即使参加培训，新生代农民工的就业能力也难以大幅提高。在培训方面，《2016 年农民工监测调查报告》数据显示，2016 年，在我国新生代农民工群体中，接受过非农职业技能培训的占 30.7%，既没有接受过农业技术培训也没有参加过非农职业技能培训的新生代农民工占比高达 68.8%。同时，外出新生代农民工平均外出从业时间为 10 个月，每个月工作 24.9 天，每天工作 8.5 小时；每周工作超过 44 小时的占 78.4%，每天工作超过 8 小时的占 64.4%。由此可见，受到经济实力和时间精力的限制，新生代农民工在城市工作的主要目的还是获取生活资料，用于提高就业能力的投入并不乐观。职业化的重要性没有得到应有的重视。

3.3.3 新生代农民工职业化集成特征

新公共管理视角下的新生代农民工管理的关键在于新生代农民工职业化，在于构建有效的新生代农民工职业化体系，新公共管理战略显然在其中扮演重要角色。如何构建适应新生代农民工特点的人力资源管理体系是其中的核心问题。新生代农民工职业化体系是基于战略性人力资源管理理念，以新生代农民工能力素质模型为基础，以人力资源管理核心流程为横向体系的整合系统框架，具体如图 3-2 所示。

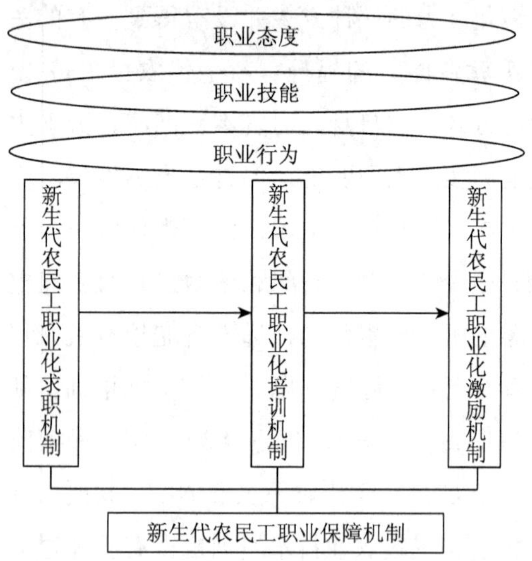

图 3-2 新生代农民工职业化整合系统框架

3.3.3.1 新生代农民工职业化纵向集成特征

新生代农民工职业化的纵向体系是构建新生代农民工能力素质模型。作为新生代农民工职业化体系的基础，成熟有效的新生代农民工能力素质模型理应成为人力资源管理纵向体系的基石，贯穿新生代农民工职业化的整个过程。新生代农民工能力素质研究隶属能力研究范畴。作为人力资源的员工，其职业成功取决于三大要素：态度、技能和行为。态度决定认真工作的意愿问题，技能决定工作所需能力问题，而行为决定工作实施方法问题。

职业态度是职业化中最根本的内容，是指全身心投入到工作中并且力求把事情做到最佳。职场中需要的态度包括主动积极的态度、双赢的态度、学习的态度和主人翁态度。①主动积极的态度。Covey（2004）总结了工作效能比较高的人所具有的七个习惯，而积极主动的心态是最重要的。积极主动就是做事采取主动，依据原则和价值观而不是情绪或外在环境来处理事情。②双赢的态度。人际关系可概括为利人利己、损人利己、损己利人等六大模式。现代企业运作中，庞大的组织结构需要团队合作的支持，只有双赢的态度才可能保证任务顺利完成。③学习的态度。时代在不断发展变化，学习是保证不被市场淘汰的唯一路径。作为人力资源的新生代农民工应该把学习作为终身事业，这是企业发展的关键，更是个人进步的保证。④主人翁态度。企业成功与企业氛围有很大关系，如果员工把自己看作企业的主人，就会在实际工作中将企业的发展作为自我发展的目标，与企业荣辱与共，利益兼顾①。不同于员工作为看客的旁观心态，也不同于对企业事务漠然置之的思想，主人翁态度强调员工以企业主人身份关照企业发展的思维模式。因此，新生代农民工的职业态度主要强调的是在就业企业中应具备的主动积极的态度、双赢的态度、学习的态度和主人翁态度。

职业技能是员工对所从事工作的胜任能力，也就是指企业所雇用的人力资源具备合适的人职匹配的工作能力。职业技能具体包括专业能力和通用管理能力。所谓专业能力，是指从业人员具备的与岗位对应的专业知识和能力。通用能力则是指在组织结构中处于某个环节的员工在与上级、同级和下级等一系列关系组合的上传下达与沟通协作中需要的实际沟通能力；同时，员工还必须善于管理自己的时间、情绪，处理突发事件和压力等。这些通用能力是每一个称职的劳动者在生活和工作中必须具备的能

① Stephen R. Covey. The Seven Habits of Highly Effective People［M］. Simon & Schuster, 2004: 257.

力。通用能力的高低，在一定程度上决定着员工实际工作能力的高低。对新生代农民工而言，职业技能是新生代农民工进入城市后从事某行业工作的具体胜任能力，包括职业资质、职业认证和职业通用管理能力。职业资质和职业认证是新生代农民工所持有的证明自身职业技能的硬件储备，而包括沟通表达能力、学习能力、分析判断能力等在内的通用管理能力属于新生代农民工能力的主体体现，贯穿于新生代农民工工作的方方面面。

职业行为包括职业化语言、职业化动作和职业化形象三个方面。①职业化语言主要体现为符合从业者职业身份的语言，如多使用客观描述性而非主观判断性语言，以求达到职场中的客观和真实。②职业化动作主要指实际工作中思维模式指导下的处事风格。不同行业具有不同的行为模式，例如，教师行业需要严谨、规范，而IT行业则比较自由、宽松。职业化动作也是所在行业核心文化的具体体现。由于文化价值观不同，相对应的核心价值观也会相异，只有遵循大众认可的文化价值观，员工才可能发展出共同组织语言，职业化动作才可以发挥作用，提高组织运作效率。③职业化形象就是从业人员的举手投足是否能够代表企业所在行业的形象。因所处企业与行业不同，职业化形象差异也较大。新生代农民工的职业行为体现为遵守一定的行为规范，行业有行规，每个企业、每个部门都有自身的行为规范，一个职业化程度高的新生代农民工，可以在进入某个企业从事某个具体工作岗位后的较短时间内，适应周围工作环境，严格遵守企业行为规范，使自己无论从思想上还是语言、动作上都与工作身份相符。除此之外，职业行为更多体现在做事情的过程中，是长期工作经验积累形成的，是组织规章制度硬性规定的，也是通过培训、学习习得的。

总之，新生代农民工职业化的纵向集成特征，就是把新生代农民工就业过程中的职业态度、职业技能和职业行为有机联系起来，其实质是从新生代农民工自身出发，通过提升自己各方面的就业能力，把自身人力资本的专用性和多样性统一起来。新生代农民工职业化纵向集成特征可以使我们从更深层次上更好地解释许多现象，如“民工荒”和“民工潮”等。

3.3.3.2 新生代农民工职业化横向集成特征

新生代农民工职业化横向集成特征，主要是指通过新生代农民工职业化的求职机制、培训机制和激励机制三个流程对新生代农民工就业能力加以提升。

从求职机制来看，在城市劳动力供给不足的前提下，新生代农民工固有的农村背景、有限的社会资本导致其进入城市就业的主要渠道是血缘和地缘关系。信息闭塞致使新生代农民工与城市企业信息不对称。在劳动力输出地与输入地之间搭建人力资源市场信息平台，通过准确及时发布劳动力市场供求信息，引导新生代农民工有目的地进入城市劳动力市场。这主要依靠各级政府组织规范新生代农民工劳动力市场中介机构，降低新生代农民工就业的随意性和盲目性，促进新生代农民工合理有序流动。

从培训机制来看，培训已经成为保证新生代农民工职业化的必要条件。新生代农民工群体由于特殊的身份特征，其素质高低不仅取决于已有的教育，更大程度上取决于培训集成。在贯彻落实公共管理理念时，明智的雇主都必须把新生代农民工培训提高到重要的地位加以认真思考和有针对性地付诸实践。对新生代农民工进行培训不仅可以积累新生代农民工人力资本含量，也是提高用工单位劳动效率、造就适合企业发展人力资源的重要保证。以新生代农民工能力素质模型为基础，设置有效实用的培训方式和培训内容，成为构建新生代农民工职业化体系的重要步骤。

从激励机制来看，激励机制是保障新生代农民工职业化实现的重要手段。新生代农民工激励是指通过创设新生代农民工群体需要的一系列主客观条件，激发这一群体工作动机，产生与企业文化、战略相契合的特定行为的过程；新生代农民工激励更加强调运用能够调动新生代农民工自身积极性并对其行为目标的选择起到引导和制约作用的一系列制度性措施。在我国人力资源管理中，激励机制主要通过奖惩、考核、职务升降、工资等环节来实现。由于新生代农民工的特殊身份，除了应有的保障措施外，其激励机制应当因人而异：对于以留城为目标的新生代农民工，在职培训、聘用、职务升降可以激发其工作主动积极性；对于有返乡意愿的新生代农民工，奖惩和工资应当成为主要手段，因为其主要是以市场取向与经济盈利为目的，物质激励可能更加符合他们的工作重心。

随着新生代农民工城镇化问题日渐突出，越来越多的学者开始关注通过提升新生代农民工就业能力来弥补城市劳动力市场供需结构不均衡的局面，通过职业化有效整合新生代农民工人力资本、组织资本和社会资本，进而为农村剩余劳动力顺利转移提供现实路径依据。

3.3.4 新生代农民工职业化作用机理

新生代农民工与职业化相结合是推动经济社会发展、促进产业结构升级的重要手段，同时也是有效配置农村劳动力资源、实现农村剩余劳动力顺利转移、促进新生代农民工增收和农村产业结构调整的必要因素。Sandberg（2000）通过研究发现，工作中的能力与工作概念密切相关，不同的工作概念下员工所展现的能力差异较大，不同层次的观念对员工的能力要求也不同①。相对而言，职业选择是一个终生的决策过程，具体受到三方面因素的影响：最初的职业选择、最初的选择与随后工作经验所给予的反馈以及经济与家庭情况。城市经济发展离不开劳动力资源与科学技术，更离不开两者结合所形成的职业化产业工人，然而职业化新生代农民工能被培育到何种程度却存在较大差异。所谓职业化新生代农民工培育就是通过教育、培训等手段使新生代农民工就业能力提升至符合岗位需求，实现人岗匹配和劳动力市场供需平衡。新增长理论指出，发展中国家的经济发展在很大程度上依赖于对外开放，而国际贸易的新原则落脚在“知识或人力资本原则”，强调劳动分工和专业化经济在经济增长中的作用。专业化分为外生专业化和内生专业化，结合比较优势理论、空间经济学理论和内生增长理论，戴群（2009）提出了内生专业化劳动力增长模型，并以此为基础提出了经济增长动态升级理论框架。此理论框架以比较优势理论为基础，以分工和专业化为必要条件，通过分工深化和专业化劳动力数量与质

① Sandberg, J. Understanding Human Competence at Work: An Interpretative Approach [J]. Academy of Management Journal, 2000, 43 (1): 9-25.

量的协调提升实现经济动态增长。对城市劳动力市场而言，职业化新生代农民工的培育就是对目前新生代农民工城镇化进程中所缺乏的经济、社会和心理城镇化进行有效提升。在实践中，新生代农民工城市融入的效果与期望相距甚远，新生代农民工内在职业水平与环境政策等外在压力成为影响新生代农民工职业化发展的关键。从系统内生能动的因素看，新生代农民工职业化发展水平的差异客观反映了新生代农民工就业过程中职业化意愿、实践、效用等决策和行为能力的不同，而这种能力可以被看作是新生代农民工职业化的集成能力，同时也是新生代农民工城镇化过程中采纳并实施职业化要求，使之与城市第二、第三产业其他生产要素相结合创造价值的能力。现实来讲，集成能力的培育和提升就是促进集成能力从弱到强的演进问题。要提高新生代农民工职业化的应用效果，关键在于提升新生代农民工职业化过程中集成各种经济生产要素的能力（樊海云，2008）①。因此，提高新生代农民工职业化水平成为我国城镇化发展的一项重要任务。现有文献对于新生代农民工就业能力的研究大多集中在定性分析上，对职业化发展演进方面的研究不多见。本节围绕如何提升新生代农民工职业化发展的集成能力，从内外因两方面对其进行剖析，并在此基础上提出培育和发展新生代农民工职业化能力的基本路径。

基于社会学视角，新生代农民工职业化能力集成是一个不断提高社会劳动能力、推动资源要素合理利用和创造高价值的过程。这个过程要求社会和企业把新生代农民工作为潜在产业工人进行工作安排和培训，为他们实现劳动价值建立良好平台，同时，不断调整自身政策规则，通过强化认识和供给能力去培育新生代农民工职业化所需要的环境和激励。由此可见，职业化新生代农民工培育及其就业能力提升已经成为我国人力资源合理开发和经济产业化、规模化发展的关键。

新生代农民工职业化一方面通过提高自身就业能力来提高对经济社会的贡献度；另一方面通过各方面资源整合使得整个劳动力市场乃至整个经

① 樊海云．信息化规划与实践［M］．北京：清华大学出版社，2008：146-148.

济发展处于和谐状态，在劳动力资源供需平衡的前提下适应经济发展需求，以达到我国经济发展提出的更高要求。鉴于以上分析，本研究通过研究新生代农民工职业化集成演进机理，以求促进新生代农民工群体职业化能力的长效发展，为提高新生代农民工城镇化能力提供思路。

3.3.4.1 新生代农民工职业化能力发展内部驱动

$$\sum_{i=1}^{n} U_p \geqslant \sum_{i=1}^{n} U_b (\text{激励相容约束});$$

$$s.t. \sum_{i=1}^{n} U_p > 0,\ \sum_{i=1}^{n} U_b > 0(\text{参与约束}) \tag{3.1}$$

$$\sum_{p=1}^{n} U_p = \sum_{p=1}^{n} [R_p - (C_{p_1} + C_{p_2} + C_{p_3})]$$

$$\sum_{b=1}^{n} U_b = \sum_{b=1}^{n} [R_b - (C_{b_1} + C_{b_2} + C_{b_3})] \tag{3.2}$$

内部驱动是指新生代农民工职业化的自我动力，也就是作为职业化主体的新生代农民工自身的因素和心理状态，通常用效用加以衡量。在上面的模型中，U_p 表示职业化实现后新生代农民工的投资回报；U_b 表示未职业化时的投资回报；R_p 表示职业化实现后新生代农民工城市就业的预期回报；C_{p_1} 表示为实现职业化所耗费的直接成本，包括职业培训费用、自我学习费用等；C_{p_2} 表示为实现职业化所耗费的间接成本，包括为了实现职业化而增加的额外费用；C_{p_3} 表示为实现职业化所耗费的机会成本，也就是为了实现职业化所损失的各种可能性收益；R_b 表示未职业化新生代农民工就业的预期回报；C_{b_1} 表示新生代农民工职业化前在城市劳动的直接成本，包括生活成本、交易成本等；C_{b_2} 表示职业化前的间接成本，包括从农村迁移到城市打工的额外支出；C_{b_3} 表示职业化前的机会成本，也就是信息不对称造成的可能性损失。

要想使新生代农民工有意愿积极实现自身职业化，首先需要保证在一定的资源禀赋下，新生代农民工职业化后的投资回报高于职业化前的投资回报，且职业化前后的投资回报都必须大于零，以保证新生代农民工作为劳动力资源和理性经济人积极参与到职业化进程中。从实践来看，作为农村剩余劳动力的新生代农民工既然选择离乡进城，潜意识中就会认为城市劳动优于农村劳动，城市生活优于农村生活，这才是他们决定迁移的前提条件。如果新生代农民工回流后，人力资本能够获得比在城市就业更高的投资回报，就会增加这一群体逃离城市的现实可能性。而新生代农民工实现自身职业化的最大激励来自于实现职业化后的收益要远大于职业化前的水平。在人口红利式微和市场竞争日趋激烈的现状下，越来越多的新生代农民工开始重视工作能力、技术、经验的积累和集成。要想立足于城市成为真正的市民，势必要通过职业化提升自身城市生活能力。在这种情况下，新生代农民工利用和转换家庭资源和自身资本的能力会在很大程度上影响他们的职业化选择意愿。

3.3.4.2 新生代农民工职业化能力发展外部驱动

$$\sum_{p=1}^{n}(Environment_p + Policy_p + Market_p) > \sum_{b=1}^{m}(Environment_b + Policy_b + Market_b) \tag{3.3}$$

外部驱动主要是指与新生代农民工职业化能力提升相关的环境、政策和市场等方面的外生动力，具体包括新生代农民工家庭环境、从业企业环境、政府宏观政策和市场经济发展状况。在以上描述的模型中，$Environment_p$表示激励新生代农民工职业化能力集成的环境保障体系，具体包括家庭环境体系和企业环境体系；$Environment_b$表示未职业化时的环境保障体系；$Policy_p$表示激励新生代农民工职业化提升的政策支持体系；$Policy_b$表示未职业化时的政策体系；$Market_p$表示激励新生代农民工职业化的市场支撑体系；$Market_b$表示未职业化时的市场支撑体系。

在宏观层面，要全面提升新生代农民工职业化能力，首先需要具备可以激励新生代农民工群体实现职业化的政策支持体系来激发其职业化实现热情，增强职业化信心，降低职业化成本。政府在推动新生代农民工职业化方面，应当构建良好的政策平台，提高资源获取的可及性，逐步推动建立符合新生代农民工劳动力资源特征的合理机制，营造新生代农民工职业化实现的有利环境。与此同时，家庭应当充分意识到人力资本集成对职业化的直接影响，通过合理的投资回报率获得发展权，了解人力资本的融资能力，提升新生代农民工自身人力资本积累。企业是新生代农民工作为劳动力资源创造价值的实践场所，应通过提供合理薪酬和任职匹配机制，消除新生代农民工职业化不确定性，创造积极向上的发展路径。除此之外，劳动力市场供求关系决定着就业和工资水平，作为配置劳动力资源的最基本手段，劳动力市场规制措施的不断完善可以在既定资源禀赋状况下实现劳动力价值的合理利用。在满足现代社会基本价值规范的基础上，积极的劳动力市场政策对新生代农民工职业化能力集成有着重要作用。

3.3.5 新生代农民工职业化的效应

新生代农民工职业化是新生代农民工基于比较利益基础上的理性选择，也是城市劳动力市场基于供需结构基础上的市场选择，以上两种选择的双向作用使新生代农民工职业化的实现不仅有利于增加新生代农民工个人和家庭收入，改变其经济和社会地位，推动其社会权益的实现，还在客观上促进了城市劳动力市场健康发展，为农业、工业和城市社会经济和谐共存创造了条件，有利于新生代农民工个人、工业和城市社会“三赢”格局的最终形成。

3.3.5.1 新生代农民工职业化的个人效应

新生代农民工职业化可以通过增加个人及家庭收入提高其经济和社会地位。新生代农民工职业化，意味着新生代农民工不再是农村的剩余劳动力，也不再是从事社会最底层工作的体力劳动者，而是有技术的产业工人，其自身人力资本积累也随之增加。产出与投入成正比，职业化后的新生代农民工收益有所提高，从而提高了新生代农民工家庭收入水平。由于中国特定二元经济结构以及一系列制度体制，农民和市民之间存在着巨大差异，不仅体现在物质享受方面，更多体现在心理感受和价值观念方面。在农村人看来，城市人的生活方式是他们向往而又不可及的，新生代农民工职业化为农民彻底转变为市民提供了实现路径。新生代农民工群体迁移会导致相关群体间的相互接触和交流，不同群体间的合作又会促进经济与技术发展，彼此影响并逐步同化。面对现代化的城市生活方式，只有拥有合格城市工作生活能力和丰富经验的群体才会与城市环节顺利实现衔接，继而实现城市生活价值。此外，新生代农民工职业化有助于这个群体应得权益的实现，也就是新生代农民工转变为市民并享受平等国民待遇和公民社会权利。权利贫困是农民弱势地位的始作俑者，而处于农民向市民过渡的新生代农民工的权利贫困程度绝对不亚于农民，因为其真实身份仍然是农民。同时，新生代农民工职业化有助于新生代农民工生活方式和价值观念城镇化，有利于其城市融入和自我价值实现。

3.3.5.2 新生代农民工职业化的经济社会效应

新生代农民工职业化推动了城镇化水平的提高。目前中国经济的主要问题还是内需不足，未来推动经济增长的需求因素又越来越依靠国内消费拉动，而影响居民消费的主要原因还是收入水平不高。新生代农民工大量涌入城市，成为名义上的城市人口，但是由于自身就业能力有限，经济状况不乐观，使得作为城市劳动力市场主力军的新生代农民工无法为扩大内需作出贡献。城镇化的完全实现并不停留在城市常住人口的增加，而应该是有资格和权利享受城市公共服务的市民的增加。

新生代农民工职业化减轻了人口对耕地的压力，为农业规模化发展和实现农业现代化创造了条件。现代农业需要专业化的农民生产要素和规模化土地生产要素，这就需要解放一部分劳动力，让其到城市贡献自己的劳动力资本。如果新生代农民工可以顺利实现职业化，进而成功进行城镇化，就会积极选择以传统农村土地福利置换城市公共福利，通过土地承包权和经营权的合理流转机制释放出农村闲置土地资源，建立起新型农民从事农业生产的土地准入机制。这在解放了农村剩余劳动力的同时无形中解除了土地对农民的束缚，提高了留守农村农民的经营水平和农业生产效率，促进了农业的现代化集约经营。

综上所述，新生代农民工职业化不管是对新生代农民工自身，还是对农村、城市以及整个社会的发展，都起到了积极作用，具有正外部性特征。不可否认，新生代农民工职业化会损失某些具体利益，但是辩证地权衡其中利弊，新生代农民工职业化依然势在必行，这也是解决“三农”问题，实现我国农业现代化、工业化和城镇化的必由之路。作为市场经济产物的理性经济人，职业化行为是新生代农民工追求利益最大化和市场双向选择的结果。新生代农民工是否愿意职业化，是新生代农民工在权衡职业化的预期收益与农民实际收入后才能作出的抉择；同样，对社会而言，是否支持新生代农民工职业化取决于职业化给社会带来的净期望综合收益与为职业化提供的投资的大小。只有内部和外部两个条件都具备，新生代农民工职业化才可以顺利进行。

3.4 本章小结

本章的主要目的是试图解析新生代农民工职业化在不同视角下的概念内涵，也就是基于非农化、农业现代化和工业现代化视角下的概念内涵，提出职业化是新生代农民工顺利实现城镇化的重要路径选择。在此基础上，从外围系统分析了新生代农民工职业化的经济动因、社会动因和心理动因，在发展过程中所出现的发展方式和发展方向问题，深入阐述了新生代农民工职业化纵向集成职业态度、职业技能和职业知识，在横向上可以通过新生代农民工雇用机制、培训机制和激励机制加以系统化，并对以上特征进行了认真细致的剖析。同时，围绕新生代农民工职业化这一概念，从理论上总结了新生代农民工职业化能力集成演进机理，深刻分析了新生代农民工职业化的个人效应和社会经济效应，并结合目前我国新生代农民工职业化遇到的困境提出相关思路方法。研究发现，新生代农民工职业化在促使新生代农民工提升就业能力的同时，对改善我国劳动力市场供需结构有着积极作用。

第四章　新生代农民工职业化发展历程、现状及特征

4.1　新生代农民工职业化发展历程

按照 Greenwood（1957）提出的社会职业分布连续谱论，职业化是一个动态的发展过程，社会上各个行业的人力资源都处在这条线性连续谱之中，在连续谱的一端是已经完成职业化的人力资源，而另一端是专业性较低的工人，无形中就形成了一个个工作序列。作为城市劳动力市场不可或缺的劳动力资源，农民工同样要经历从非职业化到职业化的发展历程。根据历年对农民工的调查结果计算，我国农民工数量从 1983 年的 200 万人左右增加到 2016 年的 2.8 亿人，30 多年间人数增长幅度接近 140 倍。从最早的农民工群体进入城市劳动力市场开始算起，新生代农民工职业化已经发展了 20 多年，经历了职业化萌芽、职业化雏形和职业化发展三个阶段。

4.1.1　新生代农民工职业化萌芽阶段

20 世纪 90 年代中期到 21 世纪初为我国新生代农民工职业化萌芽阶段。虽然以效率优先为主题的经济体制改革在 1979 年就已经全面启动，但是由于本研究的主体为新生代农民工，按照时间计算，新生代农民工大约是在 20 世纪 90 年代中期初次进入城市劳动力市场，那时这一群体的年龄在 16 岁左右，已经成为实际意义上的劳动力人口，属于本研究所定义的新

生代农民工。其职业化萌芽阶段从20世纪90年代中期开始一直持续到21世纪初。与此同时，中国城市劳动力市场处于初步建立阶段。在此阶段，新生代农民工的就业质量处于低级水平，状况不容乐观。

始于20世纪70年代末的改革开放使中国步入了以经济建设为中心的全新阶段，效率逐渐成为发展主题。一方面，家庭联产承包责任制的推广使农村农业生产效率得到很大提高，同时也释放了大量剩余劳动力，为新生代农民工离开农村和农业进入城市提供了现实可能性；另一方面，城市第二、第三产业的发展仍然停留在依靠要素投入的数量积累，产业结构矛盾不突出，传统的人口红利发挥着重要作用，对劳动力资源的质量要求不高，新生代农民工进入城市只是实现了基本技能的转换，从单纯的农业生产转向非农业生产，对自身技术要求不高。随着社会经济的不断发展，城市劳动力市场供求主体初步形成，市场机制进入运行阶段，市场配置资源的功能不断完善，城镇化进程也逐步加快。但此时效率的提高只是停留在劳动力资源数量的增加，而不是劳动力资源质量的提高，新生代农民工职业化还只是停留在概念性诠释阶段，只能算是这一群体职业化的萌芽阶段。

新生代农民工职业化萌芽阶段是在这一特殊群体职业化的概念上提出的，其重要性和实现路径还未得到应有的认识和研究，以数量为主的发展模式仍是中国经济的发展主题，对质量的重要性还有待进一步发现和探讨。但有一点可以肯定，社会发展开始关注劳动能力的分化，在培育基础性共用能力的基础上，把专业性技能发展纳入劳动力资源考量范围。

4.1.2 新生代农民工职业化雏形阶段

21世纪初到2008年国际金融危机爆发前是新生代农民工职业化雏形阶段。21世纪初期开始，中国国民经济进入转型期和稳定增长阶段，增速下降但相对稳定。新生代农民工作为城市产业工人的重要组成部分，持续向东部沿海地区和城市第二、第三产业集中，在外向型行业就业的比重明显上升，其就业能力开始对第二、第三产业发展产生影响。在此期间，一方面，为了实现新生代农民工公平就业，各级政府陆续出台政策以消除新生代农民工就业歧视，同时取消了对新生代农民工进城务工的不合理限制，把农民工群体的地位提升至城市劳动力资源的高度，以城市工人的标准来要求新生代农民工，但前提是新生代农民工就业能力的提升。另一方面，由于中国传统二元户籍政策的阻碍，新生代农民工进入城市后无法顺利融入城镇化，贡献了劳动力却无法享受作为城市主人的诸多权利。

这一阶段同时见证了我国城镇化进程的发展，在城市劳动力市场中，城市劳动力资源与新生代农民工劳动力资源的社会分化仍然很突出。大量新生代农民工遭受不公平的生存处境和社会待遇的现象时有发生，使本来二元户籍制度下的社会矛盾转移到了城市内部，也在无形中激化了城市内部的社会分裂。而一部分新生代农民工有着出生和成长于城市的经历，与第一代农民工不同，他们与农村的关系处于事实割裂状态，与农民和农业的关系薄弱，持有更多的平等精神和权利意识，如果这一群体无法顺利实现城市融入，社会问题将更加严峻。面对城市对新生代农民工既欢迎又排斥的状况，社会有关方面开始思考如何使新生代农民工融入城市，最终实现这一群体的城镇化的问题。因此，新生代农民工职业化受到了越来越多的关注和重视，这一群体的职业化发展到了雏形阶段。

4.1.3 新生代农民工职业化发展阶段

从2008年开始，新生代农民工职业化进入发展阶段。2008年国际金融危机促使劳动力市场进入了深刻调整阶段，中国需要重视四大实体经济现象，也就是全球经济低速增长、中国人口结构发生转折性变化以及城镇化成为发展引擎。金融危机引发了较大规模的农民工返乡，一些劳动力需求大省陆续出现了“民工荒”现象。从表面上看是因为中国经济迎来了“刘易斯拐点”，实际上却是因为可以满足城市劳动力市场需求的农民工数量不足，这种欠缺更多表现在质量和结构上，而非绝对数量。虽然这种状况在2009年又较快得以恢复，但就业的地域结构、行业结构、总体供求关系都发生了深刻调整。吴敬琏（2013）指出，中国目前正经历着劳动力从低效产业向高效产业的转移，以获得“人口红利”来说，农村剩余劳动力无限供给的局面正逐步消失，要继续通过农村剩余劳动力向城市转移来提高效率的潜力已经式微，而且，随着劳动力供应趋紧和劳动者工资提高，简单加工业的低工资成本优势也将逐渐消失①。城市劳动力市场的困境不仅表现为劳动力资源结构的弊端，更主要体现为产业结构升级的必要性，而产业的结构调整又需要通过作为生产要素的劳动力资源提高非物质技术效率得以实现，这就为新生代农民工职业化发展提供了现实必要性和可行性。

面对以上经济发展阶段出现的中国经济产业结构调整升级和城镇化发展依赖内需等问题，作为城市劳动力市场人力资源的新生代农民工应当被纳入优势群体。每个国家在不同的发展阶段都会出现不同的人力资源优势，正是这种人力资源优势促进了经济的不断发展。从发展前期过渡到稳定发展阶段，形成新的人口优势至关重要。对新生代农民工来讲，职业化可以实现这一劳动力资源从廉价劳动力向技工、向高级技工和专业人才的发展。在科学技术日新月异的今天，新生代农民工职业化可以有效促进产业结构调整升级和我国经济持续健康发展，而新生代农民工也步入了重要的职业化发展阶段。

4.2 新生代农民工职业化发展现状

4.2.1 自身条件不足

新生代农民工自身条件不足是阻碍其职业发展的主观因素。新生代农民工大多接受过九年义务教育，虽然较上一代农民工而言文化和职业教育水平已有较大提高，但与城市劳动力相比还存在很大差距，知识水平较

① 吴敬琏．城镇化的效率与政策选择［J］．中国农村金融，2013（10）：38-42.

低，主要局限于普通中等教育水平。主要原因在于农村对教育的重视程度不够，当地教学条件和教学水平不理想，学习氛围缺乏竞争性。此外，一般农村家庭的经济收入不高，导致许多农村孩子在初中或者高中阶段辍学。对大多数新生代农民工来讲，虽然对电脑知识和某些服务都有所涉猎，且可以驾驭读书、看报等基本信息获取途径，但是由于其经济条件与社会地位的制约，或者由于社会和家庭子女教育观念的缺失与对教育投资的不足，这一群体接受高层次教育的机会很小。同时，对新生代农民工群体来讲，他们基本不懂农业生产，不具备从事农业生产活动的经验和技能，也不愿意进行“亦工亦农”的兼业发展，而是把目标和希望定位到城市就业，可是自身又缺乏城市劳动力市场需要的各种生产知识与劳动技能，职业化能力不能与城市劳动力市场接轨，满足不了城市劳动力市场的结构性需求，在就业问题上比较被动，职业化进程也变得异常缓慢和艰辛。

与第一代农民工相比，新生代农民工初次务工年龄较低。一项调查显示，在珠三角地区，上一代农民工初次外出务工的平均年龄为26岁，而在新生代农民工中，“80后”的初次外出务工年龄平均为18岁，“90后”平均年龄只有16岁。这意味着新生代农民工基本上是一离开学校就开始外出打工，普遍不具备离开校门后从事农业生产劳动的经历及应有的社会实践。此外，新生代农民工自小生活条件相对充裕，人生经历较平顺，这就使得他们的心理承受能力较弱，抗压、抗挫折能力不足。新生代农民工所具有的人力资本特征如表4-1所示。

从表4-1可以看出，与第一代农民工相比，新生代农民工的文化素质得到了普遍的提升，但是就整个社会经济发展所需要的劳动力来讲，其文化素质还处于较低层次。而接受高等教育和具备较高职业化水平的劳动力进入城市居民行列的可能性更大，速度也会更快。事实证明，目前我国新生代农民工人力资本普遍缺乏，自身条件严重不足。

表 4-1　新生代农民工人力资本特征

人力资本特征	农村从业劳动力	外出农民工		
		合计	第一代农民工	新生代农民工
受教育年限（年）	8.2	9.4	8.8	9.8
文化程度（%）				
不识字	6.6	1.1	2.2	0.4
小学	24.5	10.6	16.7	6.3
初中	52.4	64.8	65.2	64.4
高中	11.2	13.1	12.4	13.5
中专	3.1	6.1	2.1	9.0
大专及以上	2.2	4.3	1.4	6.4
参加职业培训	14.3	28.8	26.5	30.4

数据来源：根据国家统计局《新生代农民工的数量、结构和特点》整理。

4.2.2　社会环境限制

社会环境施加在新生代农民工身上的有形或无形的限制是阻碍这一群体职业发展的客观因素。对于自身条件的欠缺，新生代农民工可以通过努力来克服，而现实社会环境的种种限制却超出了新生代农民工的掌控范围，是新生代农民工无法跨越和克服的。社会环境对新生代农民工职业化有着一定影响，有利的社会环境会促进新生代农民工职业化，相反，不利的社会环境则会在一定程度上对新生代农民工职业化产生负面影响。

一方面，随着生产力的发展和国际经济竞争不断强化，现实社会中就业市场对劳动力资源的教育文化水平、就业能力和素质的要求越来越高，人职匹配成为劳动力市场理想化的模式。新生代农民工由于自身知识、技能的匮乏以及自身素质条件的限制，无法成为具有强竞争力的劳动力，也无法满足劳动力市场对人力资源的结构性要求，在劳动力市场中处于劣势地位，造成主观条件与客观需求相背离的局面。此外，在各地新生代农民工招工中，仍然存在许多地方保护主义的政策规定。一些单位在招聘时，倾向于优先考虑具有本地城市户口的劳动者，把户籍作为招工的一个准入门槛，形成工作与户口相挂钩的局面，无形中削减了新生代农民工城市融入的决定，也损伤了这一群体职业化的积极性，不利于新生代农民工职业化的进行和实现。由于缺乏平等、统一的就业市场，新生代农民工即便有能力，但由于户籍制度的限制和地方保护主义的政策规定，要想谋得一份理想的职业仍然困难重重，这在很大程度上延缓了新生代农民工的职业化进程。

另一方面，在实际待遇上，存在着农民工与城镇劳动者同工不同酬的现象，农民工的劳动报酬极为低下，劳动定额不合理，劳动时间过长。在社会保障、社会福利方面，也存在着对农民工不公正的现象。据统计，在新生代农民工中，约 54.4%的人未与单位或者雇主签订正式劳动合同，此外，在需要防护设施的工作岗位上，防护设施较为齐全的仅占 35%。由于工作强度较大，约一半的新生代农民工需要经常加班，工作压力较大，对工作和城市的满意度也在不断降低。这种工作强度大、社会地位低、生活无保障的状况，使得新生代农民工渐渐丧失了对工作的热情，没有发展出主观为城市服务的意愿，也就不可能有意愿和足够的决心实现自身职业化，在很大程度上影响了新生代农民工的职业化发展。表 4-2 是我国主要行业中新生代农民工社会保障状况。

从表 4-2 可以看出，新生代农民工在从事的各个行业所得到的社会保障情况均不理想，这也从侧面反映了这一群体在城市劳动力市场得不到应有保护的现状，这种环境无法使新生代农民工全身心投入到所从事的城市工作中，对城市生活和工作缺乏信心，就更无意愿谋求职业化发展。

表 4-2　主要行业中新生代农民工社会保障情况　（%）

主要行业	养老保险	工伤保险	医疗保险	失业保险
制造业	7.8	26.9	14.5	3.9
建筑业	2.4	16.1	5.2	1.3
运输、仓储和邮政业	9.6	25.5	14.9	5.8
批发和零售业	6.2	10.1	8.0	3.2
住宿和餐饮业	3.5	11.8	7.0	1.9
居民服务和其他服务业	4.2	13.7	9.0	2.4

数据来源：根据国家统计局《新生代农民工的数量、结构和特点》整理。

4.2.3 心理素质缺失

受时代背景、客观环境与自身条件影响，新生代农民工在身份认同上处于“农民”与“市民”之间的尴尬境地，普遍缺乏幸福感，其精神健康与心理问题也成为阻碍新生代农民工职业化的因素之一。新生代农民工心理素质缺失的首要表现是自我身份认同不清。从传统农业中分离出来从事城市非农产业，新生代农民工普遍认为自己应当是属于城市的，现实却是户籍仍然农民化，也不享有城市居民应得的福利和保障，在城市属于“悬浮层”，游离于农村与城市之间。因此，新生代农民工群体在身份认同上处于无序和混乱状态，其模糊性与不确定性导致新生代农民工职业化概念不明确，也使这一群体内心时常处于矛盾状态，不利于新生代农民工思想素质健康发展。新生代农民工心理素质缺失还表现为这一群体人际关系不理想。虽然处于人际交往的黄金期，对人际沟通有较强需求，可是由于新生代农民工对自己农民身份的自卑感，与城市人隔离，无形中形成了新生代农民工自组织状态。与第一代农民工相比，新生代农民工的社会资本有了一定扩展，但是仍然以老乡、亲戚等为主要交往对象，再加上工作环境的限制，新生代农民工很少有机会有意识地扩大交际范围，逐渐形成封闭心理，缺乏人际交往，引发这一群体内心深层次的强烈的被剥夺感，对这一群体的身心健康产生了负面影响。除了身份认同与人际交往方面的心理素质缺失，新生代农民工还面临着诸多情感困惑。新生代农民工正处于交友、恋爱和结婚的年龄，对情感的需求处于发育整合期，但是由于受到社会文化冲突与自身性格特征的影响，很多情况下都存在着情感困惑。较高的城市期望和自我意识促使新生代农民工在城市挣钱的同时也希望获得爱情、友情，进而实现自己的人生理想。一旦他们的情感需求得不到回应或者满足，往往会寻求其他方式获得自我慰藉，如沉迷网络虚拟世界，这也增加了新生代农民工上当受骗的可能性和情感烦恼，容易引发一些过激行为，形成恶性循环。

4.2.4 缺乏就业指导，就业具有盲目性

虽然新生代农民工在城市就业，城市却未能为其提供相应的就业服务，因此新生代农民工外出就业具有很大的盲目性，成功率也相对较低，这也间接导致了大多数新生代农民工更多地依赖亲缘与地缘关系获得工作机会。与城市多元化信息渠道相比，农村的信息比较闭塞、媒介覆盖面较窄、消息传播不及时，导致新生代农民工就业信息获取较为有限且不及时、就业渠道少，无形中增加了城市劳动力市场就业信息的不对称性，也造成了新生代农民工职业选择和发展的盲目性。虽然较之第一代农民工，新生代农民工拥有较高的文化程度，但是他们在闲暇时间更倾向于玩手机，而不是读书看报，也很少与城市居民或当地有关部门主动联系沟通；而城市居民也不会主动为新生代农民工提供职业信息。以上情况导致新生代农民工在步入城市时处于完全盲目的状态，不论是职业所处行业还是具体工作岗位都存在不同程度的局限性，没有很好的上通下达的信息渠道。针对新生代农民工的信息网络也不健全，政府有关政策和帮扶措施的出台和执行都存在较大困难，无法有效解决新生代农民工在职业方面遇到的真正问题。有些城市可能会有些许所谓的“就业指导”，但也只是停留在表面，而不是以新生代农民工为中心，对目前新生代农民工面临的困境来讲无异于杯水车薪。就业指导不仅需要政策的下达，而且需要很好的贯彻，各部门需要为新生代农民工就业提供全方位服务、咨询和指导，切实了解新生代农民工需要掌握的知识和技能，鼓励这一群体转变不切实际的就业态度和行为，通过提高职业素质和能力把自身技能转化为就业中最积极活跃的因素，充分体现新生代农民工在就业中的主体地位。目前，新生代农民工对就业质量的重视程度不够，没有树立起应有的人才观念和管理观念，其积极性、主动性和创造性远未被激发出来，也没有对所从事岗位以及岗位所需知识、技能和条件进行分析，对企业提出的工作描述和工作规范缺乏热情，人职匹配只是停留在概念阶段，没有得到有效实施。

4.3 新生代农民工职业化发展特征

4.3.1 职业选择体面化

现代信息社会为新生代农民工提供了信息接收的可能性，互联网应用已经能够突破社会阶层与地域范围，农村和农民同样可以享受便捷的信息桥服务。由于新生代农民工普遍具有一定的文化知识水平，对互联网并不陌生，对信息的接受能力和处理能力明显高于第一代农民工，也提高了他们的社会价值判断标准。同时，优于第一代农民工的生活背景和改革开放政策的实施使新生代农民工从小生活条件就比较优越，在无须承担来自家庭的生存压力和责任的前提下，新生代农民工有比较好的客观条件追求自身发展，也使新生代农民工在城市就业期望值较高，往往寻求比较体面、安全和有前途的技术型行业职位。由于普遍具备初中文化水平，新生代农民工对自身价值可以重新定位，不存在信息获取障碍，并且具备习得高级知识的基础，新生代农民工更加倾向于专业化程度较高的工作，择业自主性较强且善于灵活变通。新生代农民工具有强烈的自我意识和丰富的个性，在思维领域和社会生活中愿意进行自我主观认识和选择，在寻求体面职业的同时，在关注工资待遇的前提下，把工作环境、福利待遇与职业发展前景也纳入考量范围，维权意识增强。城市的生活和工作经历使新生代农民工倾向于以自身利益需求为出发点，在认识社会和市场动态需求的前提下，有目的地进行自我设计和发展，以期实现城市的“生活型”转变。新生代农民工职业选择所体现出的效用与偏好函数趋向实效性，为自己赢得了更广阔的职业发展空间和更公平的竞争平台。

由于具备一定的文化水平和培训经历，习得的知识和技能使新生代农民工的职业期望与职业选择更加倾向于体面职业，更加关注轻松且待遇高、能够实现自我发展和价值的职业。较宽的就业领域和工作选择余地使他们不愿意接续上一代的职业历程，而是对职业发展过程中的诸多细节加以关注，如工作待遇、工作条件和工作机遇等。同时，新生代农民工还比较重视享受生活，崇尚自由，追求个性发展，在文化、娱乐等方面的精神需求不断增强，经济投入也较大。强烈的自我意识为新生代农民工渴望自由发展和更广阔的职业发展空间提供了心理支持，使得这一群体不再被工资“绑架”，而是对职业发展的诸多方面提出更高诉求。互联网时代造就了新生代农民工独立的思想与主动积极改变自我状态的可能性，同时也加深了新生代农民工实际现状与角色愿景之间的潜在冲突，这也是新生代农民工追求体面职业的根本原因所在。

4.3.2 职业动机发展化

由于在思想上缺乏与农村的必然联系，新生代农民工的思维方式与行为方式更加倾向于城市居民，其生活与工作以城市为坐标，谋求的不再是在城市挣钱养家、回农村养老，而是更高的职业期望，人生目标更加宏伟和多元化，主张精神需求。新生代农民工对自身就业能力不足有较清晰的认识，对通过继续教育和培训提高职业化水平持有较高积极性，期望通过自身在城市的努力转变先赋性农民定位，实现真正意义上的与农村和土地脱离，依靠智力而不是体力实现自身城镇化，把自我职业发展定位于非农职业发展，职业化也理应是非农职业化过程。城市是新生代农民工谋生挣钱的地方，更是这一群体追求自我价值实现、更广阔的职业发展空间、优于农村的生活品质和公平国民待遇的地方，这里承载了新生代农民工的职业化梦想，也为新生代农民工城镇化提供了条件与机遇。

区别于第一代农民工，新生代农民工的职业发展不再局限于生存层面，而是上升到基于“自我发展理性”的发展层面。相较于就业收入高低，新生代农民工更重视职业对个人未来发展的影响和所从事职业的前途，把在城市就业作为丰富阅历和实现梦想的人生经历，希望通过职业改变人生轨迹，这不仅反映了新生代农民工职业选择和流动的动因，也体现了这一群体对向上流动和融入城市的期望。在选择进入城市通过自身职业发展获取城市生活资格的过程中，新生代农民工更加看重城市所蕴含的职业发展机会，希望可以通过自身职业努力成为真正意义上的市民，摆脱“农民工”身份的尴尬境地和漂浮现状，逐渐演变成了新生代农民工城市就业的行动逻辑，同时也彰显了这一群体对职业化深层次的自我期待。

为了实现真正意义上的城镇化，新生代农民工在谋求职业发展的过程中也采取了不同的路径。一方面，在脱离农村的过程中，新生代农民工深深理解社会资本的重要性，所以他们逐渐摆脱第一代农民工中普遍存在的以亲缘和地缘为基础的交往圈子，有意识地发展城市关系网络，规避不利于自身职业发展的农村关系。不可否认，城市社会网络为新生代农民工提供了更为便捷有效的人际网络与实际价值。另一方面，新生代农民工普遍都具有利用网络的能力，互联网的快速发展促进了新生代农民工初期社会化过程，为这一群体提供了一个有力平台。通过互联网，新生代农民工可以快速实现就业信息的获取，并通过比较筛选出适合自己职业发展的信息，结合自身发展需要选择效用最大化的职业。在职业定位和发展方面，新生代农民工更加倾向于将希望寄托在“自我实现”上，呈现出独特的主体性特征，把发展作为城镇化的现实途径，把职业化作为实现自己目标必须的发展过程。

4.3.3 职业观念现代化

与第一代农民工相比，新生代农民工普遍具有较好的成长环境，他们没有发展出对艰苦生活的耐受力，把城市生活作为自己生活满意程度的参照系，缺乏对现实生活的满足感，同时也衍生出新生代农民工自身维权意识的提升。较高的文化程度赋予新生代农民工政策理解能力和法律常识，也使这一群体更容易接受新事物，更有信心要求自身权益得到充分保障和公平对待。一旦遇到侵犯自身权益的事件，新生代农民工不会忍气吞声，而会在强烈主体意识的指导下为谋求自身公平待遇进行抗争，这可以在沿海地区新生代农民工“用脚投票”中窥见一斑。新生代农民工对职业发展的想法已经不再局限于经验式的量的积累，而是会选择继续学习或者更加有效的质的提高方式。他们普遍拥有强烈的继续学习的愿望，但是在选择以何种方式提高自身人力资本之前，新生代农民工会全面考量自身条件的优劣，摒弃盲目的被动参与，权衡何种方式最适合自己。在较高的发展目标和精神需求的基础上，新生代农民工也切身体会到提升职业目标的必要性。新生代农民工要满足理想中的职业化指导下的城镇化需求，必须选择附加值较高的职业，而中国经济产业的发展现状却明确了对高层次人才的需求，而不是对基本劳动力的数量需求。因此，在自身人力资本储量不高的现实条件下，新生代农民工的物质目标和精神期望无法得到满足，也警醒新生代农民工应当把职业发展作为在城市立足的首要选择，通过职业化实现自己的城镇化。

除了认识到自我职业发展观念需要更新，新生代农民工职业发展观念同样也延伸到了对子女教育的重视上。虽然较之第一代农民工来说，新生代农民工具有较高的综合素质，但是与城市社会较高的素质需求还是不相匹配，某些方面仍然落后于国家产业结构调整和城市劳动力市场对人力资源的结构性需求，无法胜任科技含量高的工作岗位，也无法通过职业规划实现有针对性的职业积累，形成了新生代农民工职业素质与社会需求间的供需矛盾，无形中阻碍了新生代农民工在城市中的职业长远发展与稳定就业。为了规避自身就业能力不足对城市融入的副作用，新生代农民工对子女的文化教育十分重视，也具有较高的期望值。

4.3.4 职业身份工人化

Linton（1936）认为，身份是在特定社会结构类型中所占据的一个位置，其建立在生活方式、教育水平和声望的基础上①。而职业身份则是个体的社会地位、经济能力、自身素质的体现，影响着人们对职业的认知、评价、归属和意义（康红梅和杨文健，2012）②。作为城市劳动力市场中劳

① Ralph Linton. The Study of Man [M]. D. Appleton-Century Company, 1936: 287.

② 康红梅，杨文健．底层社会中个体职业身份建构类型研究——以南京市环卫业农民工为例 [J]. 西北人口，2012 (2): 68-78.

动力资源的一部分，新生代农民工职业身份的建构主要是以这个群体对所从事职业的认知和评价为基础，其中社会认同心理发挥着非常大的作用。新生代农民工在离开校园后直接进入城市非农环境中，他们对城市的认同远胜于对农村的薄弱感情，更谈不上对农村和土地的依赖。在城市融入过程中，新生代农民工总是在不停地寻找着同类群体的生存轨迹，借以满足自身的情感需求和生存价值，然后根据社会和职业要求来规范自己并内化为自身的新环境特征。可以说，新生代农民工把职业身份当作自己城市立足的第一步，通过城市职业类化机制进行积极探索和融合。新生代农民工愿意把自己当作城市真正的主人而不是城市劳动力市场的打工者或者城市社会的过客，同时他们拒绝农民身份，希望通过自我职业发展寻求更有效的融入城市的发展机会，彻底摆脱农民身份。由于新生代农民工进入城市后从事的是第二、第三产业，其职业身份已经摆脱了农民，这个群体的社会认同感和城市融入状况将会对城市劳动力市场产生重要影响。职业身份是新生代农民工群体在城市最突出的身份，也正是职业身份使新生代农民工成了一个群体概念，并附加在这个群体的社会身份之上。

受到户籍制度约束下农民身份的限制，新生代农民工虽然实现了城市就业身份的转换，但就业多为“非正规就业”，未取得相应的就业身份和稳定就业地位，所在单位性质多为民营企业，社会保障福利与城市正式职工存在差异。虽然职业身份实现了农民向工人的顺利转换，但户籍身份却阻碍了这一群体职业化的进程。与此同时，新生代农民工职业身份的构建过程也充斥着社会排斥，如“农民工”的称呼就体现了新生代农民工职业身份的尴尬境地。尽管面对一系列不乐观的职业身份认同矛盾与阻碍，新生代农民工还是倾向于积极融入城市职业，把工人身份作为自己职业的标签，在对工人与职业的认知与判断方面，较为积极肯定，虽然有着不同维度间的张力和冲突，其方向大体保持正向积极，在主观态度上职业身份工人化。

4.4 新生代农民工职业化与城镇职工职业化的异同

4.4.1 新生代农民工职业化与城镇职工职业化的相同之处

4.4.1.1 发展背景一致

职业化的作用主要体现在工作价值的实现上，职业化程度与工作价值之间是成正比的关系。如果人力资源的职业化程度很高，其能力和价值就可以得到充分而稳定的发挥，就可以使非物质技术效率产生乘数效应。通过工作状态标准化、规范化和制度化，职业化可以促进人力资源专业地完成工作任务，实现真正意义上的“人事相宜”和“创造绩效”。

对新生代农民工和城镇职工来讲，日新月异的科学技术将新技术新设备引入价值创造过程中，与之相对应的活生产要素也应当随之成长为具备现代高科技特质的技术工人。社会分工大背景要求根据资源禀赋把各个产业的人力资源进行社会划分并使其独立发展，以期达到人职匹配，让擅长的人做擅长的事，利用最短时间实现价值创造最大化，通过提供优质劳动产品获取高利润和实现高价值，实现社会分工细化的最终目的。同时，以产出增加为标志的经济增长还需要新的经济发展要素，索洛残差把经济贡献率进行了划分，城镇工人和新生代农民工一样都是人力资本的重要载体，两个群体的职业化会带动经济实现量的攀升和质的跨越，也是开启中国新人口红利的钥匙。随着经济发展与科技进步，传统依靠量的增加实现经济增长的时代已经过去，取而代之的是依靠质的提升阶段。以活劳动消耗为标志的劳动密集型生产方式和以资本投入为标志的资本密集型生产方式已经无法适应环境要求，应当转向以高科技为标志的技术型生产方式。如果缺乏职业技能，就会导致产业结构与产业发展不协调，无法适应社会发展需求与和谐社会环境。此外，现代化的顺利实现依赖人口数量与质量的统一，人口结构匹配度在一定程度上影响着人的经济行为，而人口质量又是以劳动力素质为核心。随着中国老龄化程度的加深，适龄劳动力人口比重势必逐渐减少，因此经济发展转型势在必行。职业化是开启中国人口红利的主要手段，通过把廉价劳动力发展为高级技术工人，培植科技竞争力。面对我国现代化对人力资源的现实需求，无论是城镇职工还是新生代农民工，都需要从自身就业能力角度出发，努力提高工作技能和能力，通过完成自身职业化实现劳动力市场的最优配置，为经济发展贡献力量，也通过职业化的形式实现自我价值，实现社会和谐进步。

4.4.1.2 发展标准一致

职业化就是工作状态的标准化、制度化与规范化，也就是在合适的时间和地点，合适的人以合适的方式完成合适工作的过程。虽然存在工作和家庭背景差异，新生代农民工和城镇职工都需要通过职业化来进行自我完善和进步，继而实现自己的人生理想和社会价值。职业化就是成为技术产业工人的动态过程，通过职业化，企业可以把工人作为符合企业需求的可以长期使用的熟练劳动力，而工人也可以把职业作为立足城市的终身依托。衡量新生代农民工职业化与否的标准在于这一群体是否从人力资源转变为企业必不可少的人力资本，是否发展成为充分利用市场机制实现利益最大化的经济人，是否实现了职业道德、职业意识和职业心态等职业素质的积累，是否可以在所在组织提供的发展条件和社会环境提供的支持条件下，通过自我发展和完善实现通用工作能力和专业工作能力的提升，满足组织发展和社会进步的需求。

无论对于哪个社会阶层或者社会群体，职业化的标准具有一致性，那就是专业地完成组织设定的岗位职责，扮演好自己的社会和工作角色，具体体现为：以“人事相宜”为追求，通过职业化优化人力资源的职业资质，达到经济社会和组织岗位具体要求；以“胜任愉快”为目标，无论从事何种职业、职业发展到何种程度，只有愉快的心境才可以提高职业的积极性，进而保持劳动力的职业体能，以最优的身体和精神面貌建构职业需求，发展和完善自我；以“创造绩效”为主导的职业化方向，绩效是组织中劳动力资源工作行为的测量性结果，也是用来预计该人力资源在未来特定时间内所可能取得的工作绩效的标准；以“适应市场”为基点的职业化追求，市场是创造价值的地方，任何劳动的价值都是通过市场这个媒介来评价和实现的，职业化是否有价值同样需要经过市场验证。无论是对于新生代农民工还是城镇职工，职业化是他们从人力资源向人力资本发展的重要途径，而对于这两个不同的群体，职业化成功与否的判定标准具有一致性，那就是人力资源在一定的职业意识与职业道德规范下，通过职业资质的获取和职业体能的贡献在经济市场中实现自我价值最大化，促进经济增长，实现我国现代化发展目标。

4.4.1.3 发展目标一致

知识经济时代的到来和信息社会的构建，需要终身教育理念与学习型社会观念，并不断把之应用到实践探索中，这就需要高级技术工人作为人力资源投入经济和社会发展过程中。技术工人是指具有一定产业领域的专业知识，掌握一定的工艺和技术，可以独立使用工具、设备进行操作或生产加工的熟练工人。而高级技术工人则是人才资源的重要组成部分，特指在生产和服务领域中具备精湛的职业技能，在生产的关键环节发挥举足轻重的作用，可以解决具体实践中的难题的人才（樊文有等，2006）。高级技术工人也称高技能人才，是企业真正竞争力的体现，主要分布于技能含量较高的岗位。作为城市劳动力市场的主要生产要素，新生代农民工只能算是初级工人，主要分布于次级劳动力市场，而城镇职工可以算是技术工人，这两个群体职业化的目标都是成为高级技术工人。目前我国技术工人的就业能力不能胜任经济发展实体进行技术改造的任务，更不可能帮助企业实现高科技产品的研发和生产。而处于工业化快速发展和深化阶段的中国经济对产品和技术提出了全面要求，如何从代加工大国发展为自主研发的高科技大国，重点途径还在于培养大量高素质的技术工人。高级技术工人可以把高新科学技术转化为实际生产力，这一人力资本群体的素质直接影响着产品的质量与效益，也影响着产业的整体竞争力。

我国经济发展的现状是高级技术工人数量短缺，不能有效满足经济发展需求，成为制约产业和行业发展的瓶颈，导致高级技术工人在劳动力市场供不应求。随着我国对外开放的进一步扩大、经济社会的深入发展，对高级技术工人的需求也会呈现日益强劲的势头。目前我国各个产业人力资源的现状是技术工人数量虽然较多，但都停留在较低层次，整体素质不高，无法契合经济发展的现代化需求。对新生代农民工来讲，其城市发展目标首先是成为产业工人，在城市立足，同时，又不能满足于产业工人身份，因为这只是融入城市的第一步，而不是最终目标。新生代农民工离开农村进入城市发展的最终目标应当是和城镇工人一样，通过职业化能力的提高成为经济发展的人力资本引擎，以高级技术工人的身份见证自己城镇化道路选择的正确性。对新生代农民工来讲，经济层面的城镇化不能满足这一群体的主要需求，社会层面与心理层面的城镇化才是价值观的终极体现，也是对美好城市生活的向往所在。同样，城镇职工虽然生活在城市，不需要经历新生代农民工向技术工人过渡的阶段，可是作为人力资源的一部分，城镇职工同样需要满足自己的社会需求和心理需求，以实现人生价值作为最终目标。因此，无论是对于新生代农民工还是城镇职工，通过职业化把自身发展为高级技术工人、实现自己的人生价值是一个统一的发展目标。

4.4.2 新生代农民工职业化与城镇职工职业化的不同之处

4.4.2.1 初始条件差异

新生代农民工是从农村走向城市的工人，其原始物质资本和社会资本积累立足于农村而非城市，造成了新生代农民工与城市职工职业化发展初始条件之间的巨大差异。

目前，以住房为标志的城镇化怪现象是体现新生代农民工与城镇职工职业化初始条件差异的主要方面。由于新生代农民工迁移的特征，住房成为其进入劳动力市场后存在的主要问题，而城市职工却不用担心住房问题。新生代农民工收入普遍不高，可用于住房消费的支出比例很低，造成居住环境不理想、面积较小、生活设施不配套和众多安全隐患。而城市现有住房体系和市场化的分配模式，如商品房贷款、租赁、安居房等在很大程度上不把新生代农民工作为受众群，这在无形中剥夺了新生代农民工在城镇化进程中作为合法公民所应享有的基本权益。据调查，近四成外出新生代农民工的雇主或单位不提供住宿也没有住房补贴，对这部分新生代农民工来说，每人月均居住支出金额为 335 元，占其月均收入的 16.0%。可以说，在中国现有国情和以房为家的传统观念下，住房问题成为困扰新生代农民工城镇化的大问题。由表 4-3 可以看出，2012—2016 年，我国新生代农民工住宿情况不容乐观。

表 4-3　外出农民工住宿情况　（%）

年份	2012	2013	2014	2015	2016
单位或雇主提供	48.8	13.4	45.5	14.1	46.3
租赁私房	33.2	62.4	36.9	64.8	36.7
自购房	0.6	17.8	1	17.3	0.9
其他	3.6	6.4	3.5	3.8	3.1

数据来源：2012—2016 年《全国农民工监测调查报告》。

同样，由于农村相对闭塞的现实，新生代农民工的社会网络主要集中在农民工自组织中，也就是基于血缘和地缘的乡村社会资本，这在很大程度上限制了新生代农民工的职业化发展，也使其需要很长一段时间来适应城市社会。相比较而言，城镇职工的社会资本主要建立在以法制关系、契约观念和市场信用为标志的城市社会网络之上，把城市生活和就业作为习惯，不需要经历适应过程，也就会更加容易在职业发展过程中实现职业化。社会资本不仅意味着资源，同样也意味着权利。合适的社会资本可以为人力资源提供支配资源的权利，这是新生代农民工区别于城镇职工的一个主要方面，也是职业化发展的一个重要初始条件差异。新生代农民工来自农村，其主要的社会关系建立在以地缘、亲缘和方言为基础的农村社会网络之上，而城市虽然是个熔炉，但是也有其自身的社会网络，这个网络与农村网络在性质上和内容上都存在着巨大差异。同时，拮据的物质条件使新生代农民工的居住环境通常聚集在“城中村”或者廉价房，使得这一群体与城市居民之间形成了无形的隔离；文化水平较低、法律意识淡薄、期望与现实存在差距等因素也给新生代农民工带来了诸多犯罪和社会问题，使当地居民产生了恐惧心理，不愿意接触这个外来群体；缺失的公民权利使新生代农民工无法参与当地政治生活，更无法获得应得的社区和企业主支持，在就业市场中处于劣势地位；新生代农民工社会支持网络较狭窄，其特点为规模小、密度高、趋同性强和异质性低（王毅杰和童星，2004）。新生代农民工在原始社会资本向新型社会资本转变的道路上任重而道远。

4.4.2.2 发展过程差异

除了初始条件差异外，新生代农民工与城镇职工职业化的差异同样表现在职业化发展过程中。中国典型的二元分割劳动力市场使新生代农民工和城市职工在就业方面得到的对待截然不同，甚至某些城市还颁布了针对新生代农民工就业的管理政策。相较于城市居民，新生代农民工就业层次不高，通常分布于制造业、服务业的中小型私营企业中，在国有企业、事业单位就业的概率较低。如果农村居民可以得到与城市居民相同的待遇，据估算将有超过6%的新生代农民工可以找到白领工作，而约22%的原城市白领将被淘汰，不得不从事蓝领工作。同样，城市劳动力市场充斥着同工不同酬的就业歧视。与城市劳动力工资水平相比，新生代农民工的收入较低。《2016年度人力资源和社会保障事业发展统计公报》显示，2016年，全国城市非私营单位在岗职工年平均工资为67569元，而全国城市私营单位就业人员年平均工资为42833元；相比较而言，外出农民工人均月收入仅为3275元，与城市私营单位就业人员平均工资基本持平，与城市非私营单位在岗职工年平均工资相去甚远。即便能够与城市私营单位就业人员年平均工资持平，可这种工资水平的大致持平却建立在工作时间延长的基础上。据《中国劳动统计年鉴》公布的数据，城市新生代农民工每周工作时间超过44小时的高达84.5%，而国家规定一周最长工作时长为40小时。

在社会保障方面，新生代农民工进城就业后所面临的传统农业社会的社会风险转变为工业社会的社会风险，主要包括失业、养老、工伤、疾病、公共卫生等。由于在收入上与城市职工存在较大差距，新生代农民工抵抗社会风险的能力明显减弱，公共卫生服务状况不容乐观，职业卫生形势严峻，职业安全权益得不到有效保障。同时，由经济地位决定的社会保障性政策落实不到实处或者不适合新生代农民工实际情况，一方面城市居民可及性资源拥堵、效率低下，另一方面新生代农民工资源缺乏、无法有效落实。新生代农民工与城镇职工在职业化发展过程中社会保障的差异导致了新生代农民工群体职业化意愿消减，进而减缓了这个群体的城镇化进程，不利于我国经济发展和社会和谐。

4.4.2.3 发展动力差异

动力是对工作、事业等的前进和发展起促进和推动作用的力量，具体包括物质动力、精神动力和信息动力。对新生代农民工来讲，由于其社会背景不优越，其进入城市发展的目的就是脱离农村生活环境和方式，成为真正意义上的城市居民，是经济、文化和自然环境等因素共同作用的结果。对于这一群体，物质动力是其职业化发展的主要参照系，也就是说新生代农民工更加注重物质刺激和经济效果。经济发展推动了就业空间的扩张和农民流动的可能性，同时也促使比农业回报高的职业大量涌现，这在无形中推动了新生代农民工群体向城市流动，也增加了这一群体职业化的可能性和现实性。中国经济发展地区间的不平衡导致了发达地区和不发达地区的界限划分，而农村通常被界定为不发达地区。基于生存理性的考量，新生代农民工选择从收入较低的农业生产部门向收益较高的非农业生产部门流动，这是为寻求生存而追求利润最大化的博弈结果，也是基于效用基础的家庭决策。包括生活环境、福利待遇等在内的城乡结构性差别同样是新生代农民工选择城镇化和职业化的因素，在一定程度上也成为新生代农民工进入城市的动力。

对城镇职工来讲，其城市背景赋予了这一群体相对乐观的物质基础，职业发展的侧重点就不再停留在物质层面，而是更倾向于心理层面，或者说精神动力是城镇职工职业化的主要发展动力。通过补偿物质动力的缺陷，精神动力本身就具有人生观和价值观实现的追求，在特定情况下，精神动力可以成为决定性动力。人的发展是自然与社会内涵辩证统一的历史过程，体现为自我认知和感受。在任何时候人都不可以自我满足，应该随时意识到自身在物质或精神上的匮乏，在维持生存的基础上实现自我发展。心理学表明，需求产生动机，对城镇职工来讲，物质满足不是全部需求，精神层面的实现才是行动的主要动力。为了满足精神层面的发展需求，城镇职工需要通过职业化不断提高自己的素质和能力，通过创造高等级、高质量的物质产品和精神产品实现自我的全面发展。同时，城镇职工的物质水平也存在参差不齐的状况，作为社会化的人不可能脱离社会生活，而客观的社会实践正是推动自我完善和发展的动力所在。在既定的社会制度、社会生产力发展水平和社会文化参照下，职业化的能力可以有效帮助城镇职工完成自我跨越和实现既定目标，达成自我理性与感性的高度融合，提高自己的生活满意度，增加生存价值。

4.5 本章小结

本章的主要目的是概括新生代农民工职业化发展历程，在分析新生代农民工职业化现状的基础上总结新生代农民工职业化特征，比较新生代农民工职业化与城镇职工职业化的异同。本章首先从历史角度概括了新生代农民工职业化发展历程，认为到目前为止，新生代农民工职业化发展经历了三个阶段，分别是职业化萌芽阶段、职业化雏形阶段和职业化发展阶段。在对新生代农民工职业化发展阶段进行划分后，本章对新生代农民工职业化现状进行了分析，主要表现为新生代农民工职业化主体自身条件不足、职业规划不明确、就业具有盲目性和受到社会环境限制。在现状分析基础上，本章总结了新生代农民工职业化的一系列相关特征，具体包括职业选择体面化、职业动机发展化、职业观念现代化和职业身份工人化。最后，本章对新生代农民工职业化与城镇职工职业化发展的异同进行了比较，发现在发展背景、发展特征与发展目标方面两个劳动力资源群体存在共性，而在初始条件、发展过程和发展动力方面存在差异。

第五章　新生代农民工职业化意愿影响因素分析

本章对新生代农民工职业化现状和特征进行了分析，在现状分析的基础上，考虑这一特殊群体的职业化意愿及影响因素，以便为评价职业化可能性提供群体心理支持，并且对中国新生代农民工劳动竞争力的未来趋势作出有效判断，为提高劳动力资源整体就业能力提供参考。分析具有不同资源禀赋的新生代农民工对职业化的认知与行为，可以拓展职业化的应用空间，为提升新生代农民工就业能力找到更实际的突破口，使其在实现自身城镇化进程中更加有的放矢。作为多维度要素的集合与构建，职业化的实现受到与新生代农民工相关的多方面因素影响。本章应用统计数据和特定研究方法，分别从新生代农民工微观个体、中观环境和宏观政策三方面对新生代农民工职业化意愿影响因素进行分析，以期通过深入的内在机制探讨验证前期构建的理论分析框架，并对前面的研究进行适当的补充说明、拓展和深化。新生代农民工进入城市劳动力市场后，能否取得高于农村的收益，个体的迁移动力和意愿至关重要。

5.1　新生代农民工职业化意愿影响因素问题的提出

新生代农民工职业化意愿指新生代农民工进入城市劳动力市场后，愿意为自身职业化付出的资本，是新生代农民工在考虑机会成本的前提下对职业化预期的个人估价，带有强烈的主观评价成分。现有研究中，学者们对新生代农民工城市融入的影响因素已经进行了大量研究，研究视角大体可以总结为现代性视角、社会化视角和社会资本视角。从现代性视角出发，江立华等把新生代农民工自身素质是否可以满足现代城市性的需求作为其能否实现城市融入的主要因素（江立华，2003；王兴周和张文宏，2008；陈世伟，2008）。社会化视角强调新生代农民工城市融入的三个层面，具体为经济层面、社会层面和文化心理层面（田凯，1995；王春光，2001；朱力，2002）；蔡禾等（2007）在描述人口特征和经济特征的基础上，加入了新生代农民工的主观社会心理因素，如心理受歧视感等。社会资本视角则是从新生代农民工社会网络规模、质量和拥有数量出发，探索其对这一群体城市融入的决定性作用（刘传江，2004；钟水映和李魁，2007）。以上研究均对新生代农民工城市融入进行了一定有益的探索，其中主要涉及新生代农民工的社会资本对其城市融入的重要影响，然而新生代农民工的职业化并未得到重视。职业化过程涉及多方面的影响因素和内容，如国家政策体制、市场机制、组织环境、人才素质等。如何分析和定位职业化过程中的政策因素、机制因素、人事制度、职业化认知等动力因素和阻碍因素，是本研究即将探讨的问题。

5.2 理论分析框架

5.2.1 影响新生代农民工职业化意愿的微观个体因素

5.2.1.1 人力资本因素

人力资本的概念可以追溯到经济学创始之初，无论是在威廉·配第关于“土地是财富之母，劳动是财富之父”的论述中，还是亚当·斯密所认为的“一个国家全体居民后天获得的有用能力是资本的重要组成部分”，甚至是19世纪马歇尔等秉持的“对人本身的投资是所有投资中最有价值的”的观点，都从不同侧面肯定了人力资本的存在和重要性。到20世纪60年代中期，贝克尔、舒尔茨等的深入研究形成了比较完整的人力资本理论，而罗默和卢卡斯等的新古典经济增长理论也把人力资本纳入研究范围，将其视为经济增长不可或缺的因素。人力资本的形成主要依赖于对人的投资。舒尔茨（1990）指出，人力资本是指具体体现在人身上的、可以被用来提供未来收入的一种资本，是人类自身在经济活动中获得利益并不断增值的能力，是投资的产物①。人力资本理论具体包括：①不同于人力资源所关注的存量问题，作为经济学核心问题的人力资本理论关注收益问题；②人力资本对经济增长的贡献率大于物质资本，且增长速度较快；③人力资本的形成主要依靠教育，其核心是提高人口质量、关注人的可持续发展；④人力资本蕴含于劳动者的各种生产知识、劳动与管理技能和健康素质中。随着时间的推移，人们越来越意识到社会发展不仅体现为经济增长，同时也体现为人的全面发展，而人力资本恰恰很好地体现了人的发展。不论是作为发展的手段还是发展的目标，合理的人力资本积累方式都需要从劳动力市场上的人力资本投资开始。

5.2.1.2 社会资本因素

社会资本的概念首先由法国社会学家皮埃尔·布迪厄正式提出，他把社会资本界定为“实际或潜在资源的集合，这些资源与由相互默认或承认的关系所组成的持久网络有关，而且这些关系或多或少是制度化的”。社会资本既包括真实的社会资源，也包括虚拟的资源，对个人来讲，所拥有的社会网络是通过自然积累获得的。在布迪厄提出社会资本概念之后，美国社会学家科尔曼和普特南对这一概念进行了较为系统的论述。在科尔曼看来，社会资本是个人拥有的、表现为社会结构资源的、主要存在于人际关系和结构中的资本财产，具有不可转让性和公共物品性。之后，众多学者对社会资本进行了研究，普遍认为社会资本是一种对行动有利的资源，与社会网络和社会结构关系密切，同时又受到组织、制度意义上价值文化的影响。在涉及新生代农民工的问题上，西方劳动力迁移理论注意到了影

① 舒尔茨．论人力资本投资［M］．吴珠华，译．北京：北京经济学院出版社，1990：87-89.

响这一群体的非经济因素，其中之一就是社会联系。

5.2.2 影响新生代农民工职业化意愿的中观环境因素

5.2.2.1 家庭环境

家庭环境包括家庭软环境和家庭硬环境。所谓家庭软环境，是指笼罩在特定场合的特殊气氛或氛围，它诉诸人的内在情绪和感受，对人起着潜移默化的作用，是家庭生活中人与人之间相互联系时所形成的一种气氛；家庭硬环境是指特定的物质条件，它是人得以发展的基础条件。每个人从出生起就受到家庭环境的影响，这种影响既是多方面的，也是深远的。软环境主要包括家庭结构和教养方式，硬环境主要是指家庭资源、父母文化水平和职业状况，而家庭资源在很大程度上表现为家庭物质资本。对新生代农民工而言，这一群体之所以从农民转化为新生代农民工，首要原因就是家庭物质资本匮乏。作为中国传统产业的农业，由于其在工业化进程中的弱势地位，从事这一基础产业的从业人员也处于弱势地位。这种弱势地位不仅体现在国家一系列规章制度的规定上，也表现在各种福利的具体实施上。党的十九大报告提出："巩固和完善农村基本经营制度，深化农村土地制度改革，完善承包地'三权'分置制度。保持土地承包关系稳定并长久不变，第二轮土地承包到期后再延长三十年。"① 这样一来，盘活了农村土地流转，新生代农民工的物质资本得以增加，但也不可否认其存在一定的风险。土地是农民赖以生存的根本，是否愿意流转承包土地需要权衡土地流转后能否解决生计问题，也就是土地流转后的预期收益是否乐观。虽然新生代农民工大部分时间都在城市，但农村土地在一定程度上是他们的养老依托。在这种情况下，土地流转是否可以顺利进行，在很大程度上依赖于新生代农民工在城市的实际融入情况是否理想。只有实现真正意义上的城镇化，也就是新生代农民工通过职业化完成职业的根本转变，在经

---

① 中华人民共和国中央人民政府．习近平：决胜全面建成小康社会 夺取新时代中国特色社会主义伟大胜利——在中国共产党第十九次全国代表大会上的报告［EB/OL］．［2017-10-27］．http：//www. gov. cn/zhuanti/2017-10/27/content_ 5234876. htm.

济层面满足城市劳动力市场需求，才可以使新生代农民工放心大胆地参加土地流转进程，彻底从农村土地福利保障转变为城市公共福利保障，使城镇化与土地流转相辅相成、事半功倍。

5.2.2.2 企业环境

企业环境是指一个由相互依存、相互制约、不断变化的各种因素组成的系统，是影响企业管理决策和生产经营活动的现实因素集合。企业环境是企业外部环境与内部环境的统一。所谓企业外部环境，主要包括产业环境和宏观外部环境，即企业在进行战略管理时必须全面、客观地分析和掌握的信息，以此为基础和出发点才能制定企业的战略目标和实现目标的战略。企业内部环境，主要是指财务状况、产品线及竞争地位、设备状况、市场营销能力、研究与开发能力、人员的数量和质量、组织结构、企业过去确定的目标和曾经采用过的战略等。对新生代农民工来讲，主要涉及的是企业内部环境。工资已经不再是新生代农民工唯一的考虑因素，取而代之的是企业的综合环境，包括食宿环境、工作环境、基本工资与周边配套设施等。

工作环境不仅包括新生代农民工工作所在地的城市环境，还包括工作中面临的人际关系、饮食住宿情况以及工作之余的生活状况等。一个好的工作环境极其重要，它可以为新生代农民工提供愉悦的工作经历、良好的工作状态以及满意的工作效率。调查发现，大多数新生代农民工日工作时间很长，并且没有节假日。卫生环境方面也不容乐观，由于大部分新生代农民工进入城市后所从事的都是脏、累、差的工作，相对应地，工作地点的卫生环境状况堪忧。食宿方面，通过体力劳动获取收入的新生代农民工理应得到伙食条件与住宿条件的改善。娱乐设施方面，大部分新生代农民工觉得娱乐不包括在他们的生活当中。对于工作环境的改进，新生代农民工普遍觉得有必要缩短工作时间、休息日可以获得放松、食宿条件能够得以改善。相比较而言，精神生活和卫生条件也需要改进。究其原因，新生代农民工的现实就业能力使他们不得不远离高待遇、高福利的工作，而对劳动密集型企业来说，缩短新生代农民工的工作时间必然会降低相应的工作报酬。相较良好的工作环境，新生代农民工宁愿选择报酬较高的工作，因为赚钱才是他们进入城市工作的最主要目的。造成新生代农民工工作环境不理想的原因是多方面的。一是政府对城市企业的监督力度不够，片面追求经济增长和财政收入增加，没有权衡好投入与支出的合理比例，对新生代农民工群体权益重视度不够；二是由于缺乏在工作城市的选举权与被选举权，新生代农民工找不到便利渠道表达自己的合理诉求；三是用工企业通过压低工人工资水平和延长工作时间来实现企业利润最大化。

5.2.3 影响新生代农民工职业化意愿的宏观政策因素

新生代农民工职业化受到宏观政策因素的影响，包括国家相关政策和国内市场需求。

5.2.3.1 公共政策

国家宏观政策具体包括财政政策、货币政策、投资政策、消费政策、外贸政策、价格政策、农村政策、就业政策、区域政策和经济改革政策（国家信息中心，2008）。其中，与新生代农民工息息相关的包括户籍制度、就业制度与教育制度。1985 年，全国人大颁布《中华人民共和国居民身份证条例》，标志着我国身份证管理制度的一个突破，新生代农民工可以自由流动，不再受户口簿的制约。但是身份证也只能作为新生代农民工流动和就业的凭证，其身份还是农业人口，虽然在城市就业，却无法获得相应的市民身份，也无法取得与城市居民同样的最低生活保障、住房和社会保险等权利保障，人为制造了等级和利益差别。在户籍制度的局限下，新生代农民工在城市无法谋求公平的就业机会和待遇，同时也不得不游离在城市政治生活之外，利益诉求无法得到满足，表达渠道不通畅。

就业制度方面，虽然在市场经济体制下，我国就业制度进行了改革，但是农村劳动者在城市求职、就业和管理方面仍然遭遇着不平等对待。主要表现为由于组织化程度低，新生代农民工进城就业机会有限，即使进入城市，也主要以非正规就业为主。除此之外，新生代农民工处于就业服务援助制度覆盖范围之内，但诸如就业信息的建立与发布、就业免费服务和培训、就业与再就业扶持政策等却都把新生代农民工排除在外。劳动用工管理也存在不规范现象，许多用人单位仅把新生代农民工作为临时工使用，不与他们签订劳动合同，新生代农民工面临随时被解雇的危险；即使有签订劳动合同的也通常存在合同期限短、内容不规范等问题。新生代农民工劳动超时现象比较普遍，城乡劳动者同工不同酬现象比较严重，缺乏正常的工资增长机制。新生代农民工的就业权、休息权、报酬获取权等得不到有效保障，相关部门维权力度不够。

教育作为国家公共产品中最重要的一个类型，主要依靠政府主导发展，而对于劳动力市场主力军和重要税收来源的新生代农民工，政府有责任改变这一特殊群体的现状。教育关乎国民素质，也关系着新生代农民工的人力资本积累状况，从全局和长远的视角认识并解决新生代农民工的教育问题应是国家政策的重要关注点。目前，对于在农村接受教育的新生代农民工，农村教育经费严重不足；而对于在城市接受教育的新生代农民工，虽然作为上一代农民工的子女期望融入当地教育制度安排中，并且有着强烈的教育需求，但是城市公办学校教育资源欠缺，而高中教育仍然未被纳入义务教育范围，造成许多新生代农民工初中毕业后选择辍学或者回农村老家完成高中学业。

5.2.3.2 权益保障

作为劳动经济学研究范式之一，供需分析的一个重要方面就是劳动力的客观需求水平，即劳动力数量与劳动力质量的有效统一。只有在了解劳动力市场供需差距的前提下，才能有针对性地实施相关措施，确保达到理想状况。劳动力市场分割理论认为，劳动力市场可以划分为一级市场和二级市场，其中，一级市场的主要特征是工资高、工作环境优越、就业稳定、升迁机会多等；二级市场则是除去一级市场的其他市场，主要表现为工资低、就业环境差、管理过程不规范、升迁机会缺失等。在中国目前的大环境下，新生代农民工由于人力资本积累状况和各方面社会资本限制，几乎都集中在二级市场。在目前中国劳动力市场中，新生代农民工所扮演的角色基本局限在初级劳动力，仅能满足劳动密集型企业的招工需求。新生代农民工的自然生理情况符合企业对体力的要求，即工作时间较长、工作强度较大，同时由于自身条件有限，通常可以做到吃苦耐劳。随着产业结构调整和技术更新换代，传统的劳动密集型生产方式已经不能适应日益进步的科学技术，技术密集型和知识密集型生产方式也就被提上日程。随着产业结构的不断调整，把体力作为主要禀赋的新生代农民工已经不能契合劳动力市场的真实需求，因而这部分人群应当具备更加高级的就业能力，就是通过职业化在工作中获得进步，顺利应对劳动力市场的各种变化。

为了提高国际市场地位和竞争力，中国沿海经济发达地区寄希望于产业结构升级，将重点放在发展低耗能、高环保、优科技的产业，并且把经济发展重心转移到第三产业，注重效率推动型发展。与之相对应的劳动力素质自然也要相应提高。而新生代农民工自身人力资本和社会资本的不足导致了供需矛盾，也就是市场有需求，劳动力市场有供给，但是这种需求与供给之间不匹配，导致市场需求得不到满足，劳动力市场无法提供有效供给。在以上背景下，帮助就业集中在低端建筑业、制造业和服务业的新生代农民工应对产业结构转型的任务也就相应提上日程。产业结构的顺利升级有赖于大量高素质劳动力，而作为劳动力主体的新生代农民工职业化水平的高低直接决定着转型的成功与否，并且市场对高素质劳动力的需求是动态化不断提高的。技工不只限定为城市已有产业工人，新生代农民工这个特殊群体也应该逐步从普工发展到技工。新生代农民工流动就业为我国工业化和城镇化作出了巨大贡献，已成为支持我国经济持续发展的重要因素，而农民离开农村进入城市就业并最终实现完全迁移是中国城镇化的根本实现途径。金融危机后，依靠转变经济增长方式和扩大内需来实现经济增长已经成为经济发展的必经之路，传统的依赖投资和出口拉动的模式不符合目前的中国国情，中国必须加快改革，依赖新的人口红利、资源红利和制度红利，创造新的优势，形成中国经济新的发展动力。

5.3 研究假设与指标选择

5.3.1 研究假设

假设1：微观个体因素正向影响新生代农民工职业化意愿。作为工作技能的拥有者和工作能力的体现者，新生代农民工自身特征对其城市融入意愿产生影响。本研究将新生代农民工自身特征设定为新生代农民工的文化程度、年龄、性别、身体健康状况和职业技术级别，这些因素可能会对新生代农民工城市融入产生影响。

假设 2：中观环境因素正向影响新生代农民工职业化意愿。新生代农民工城市融入除了受到自身特征影响外，还会受到所处环境的影响。本研究将环境因素设定为家庭环境和企业环境两个方面。本研究预期，家庭环境代表着一个新生代农民工的工作后盾，家庭经济负担越轻，新生代农民工越有可能融入城市。企业是新生代农民工体现个人价值的地方，故本研究预期，企业环境对新生代农民工城市融入有正向影响。

假设 3：宏观政策中的户籍制度因素负向影响新生代农民工职业化意愿。公共政策执行理论表明，作为公共政策受惠者的新生代农民工职业化意愿会受到宏观政策的影响。本研究将国家政策设定为包括户籍制度和土地制度在内的公共政策和社会保障。本研究预期，国家和社会对新生代农民工的相关支持政策对新生代农民工城市融入意愿有正向影响，而现行的户籍制度、就业制度和教育制度对新生代农民工城市融入意愿有负向影响。

5.3.2 指标选择

本研究采用德尔菲法。德尔菲法又称专家意见法，是一种采用通信方式分别将所需解决问题单独发到各个专家手中征询意见，然后回收汇总所有意见，并整理出综合意见，反复多次最终取得比较一致的预测结果。其首要任务是根据研究目的选择有资质的评议专家，所挑选的专家应该具有一定的代表性和权威性，其经验、学识、品德等对评价结果的客观公正具有很大影响。因此，对评议专家的资质具有较高要求。根据所研究的内容，本书认为所选择评议专家应具备以下资质：①受过专门的专业教育与培训，熟悉管理学、社会学、人口学等学科对新生代农民工的研究；②熟悉新生代农民工的发展历程，了解新生代农民工的基本情况 ；③熟知管理方面相关制度的内容，可以根据评议标准作出客观有效的判断 ；④具备丰富的专业经验和相关领域工作经历，具有相应领域相关专业的职业资格证书；⑤品德端正，实事求是，能够以公正的态度对待科学研究。在计算新生代农民工职业化水平指数时，专家意见法的主要目的是通过多次筛选所选择专家填写的判断矩阵，综合得到最终判断矩阵的数据。

在选择评议专家后，要明确所研究问题的层次结构，即建立层次结构模型。通过掌握足够的所需解决问题的信息，厘清问题的目标、边界、因素以及因素间的相互关系，并在此基础上确定目标层、准则层和方案层。如果某一层次包含因素过多，要考虑将该层次划分为若干子层次。具体层次结构模型如图 5-1 所示。

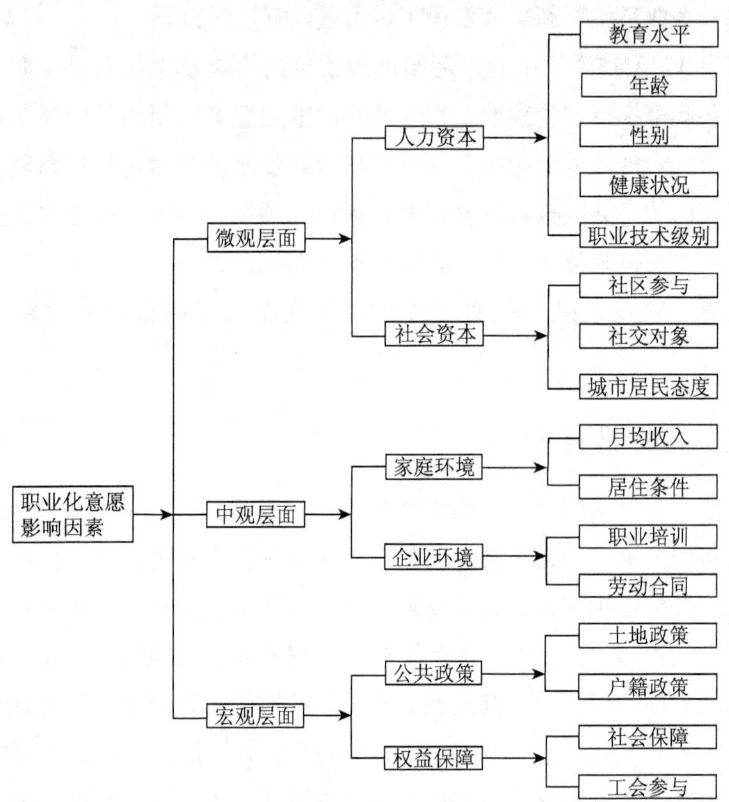

图 5-1　新生代农民工职业化意愿影响因素层次结构模型

5.4 模型、方法与数据

5.4.1 模型选择与变量处理

新生代农民工职业化的意愿有两种情况，一是愿意，二是不愿意，显然因变量是一个二分变量，所以本研究采用 Logistic 回归模型进行分析。

$$\ln[\frac{p}{1-p}] = \alpha + \sum_{i=1}^{m} \beta_i x_i \tag{5.1}$$

式中，α 为常数项，m 为自变量的个数，β_i 为自变量的系数，表示自变量 x_i 每变化一个单位，新生代农民工愿不愿意职业化的自然对数值的该变量。模型解释变量选择及处理如表 5-1 所示。

表 5-1　模型解释变量选择及处理说明

变量名称	变量定义	平均值	标准差
年龄（x_1）	18 岁以下=1；18~33 岁=2；33 岁以上=3	2.31	0.503
文化程度（x_2）	小学及以下=1；初中=2；高中及中专=3；大专及以上=4	2.50	0.906
性别（x_3）	女=0；男=1	0.58	0.494
健康状况（x_4）	身体不好=1；还可以=2；很好=3	2.05	0.514
月平均收入（x_5）	1000 元以下=1；1000~2000 元=2；2000~3000 元=3；3000 元以上=4	2.88	0.792
劳动合同（x_6）	无任何合同=1；只有口头协议=2；有书面合同=3	2.09	0.777
社交对象（x_7）	老乡和亲戚=1；同事和雇主=2；城里人=3	1.93	0.689
职业技术级别（x_8）	无=1；初级=2；中级=3；高级=4	2.35	0.880
城市居民态度（x_9）	不好=1；一般=2；好=3	1.81	0.560
居住条件（x_{10}）	单位宿舍=1；租房=2；自买房=3	1.61	0.753

续表

变量名称	变量定义	平均值	标准差
社区参与情况（x_{11}）	从不参与=1；偶尔参与=2；经常参与=3	1.69	0.536
职业培训（x_{12}）	未参加过职业培训=1；参加过职业培训=2	1.63	0.484
社会保险（x_{13}）	无任何社会保险=1；有至少一项社会保险=2	0.51	0.501
户籍政策（x_{14}）	反对=1；没有想法=2；赞成=3	1.27	0.533
土地政策（x_{15}）	反对=1；没有想法=2；赞成=3	1.88	0.777

5.4.2 数据

5.4.2.1 数据来源

根据经济学和社会学相结合的方法，借鉴以往对新生代农民工城市融入和就业能力相关影响因素的研究，再结合对新生代农民工进行实际调查的情况，根据新生代农民工现实工作中的微观个体、中观环境和宏观政策状况，初步将待分析因素划分为三种不同类型，并据此进行了问卷调查和实地访谈。

本研究关于新生代农民工职业化意愿的调研是与职业化评价调研一起进行的，调研地点包括北京市，陕西省西安市、宝鸡市，河北省张家口市、石家庄市，浙江省温岭市、温州市等七个地市，共发放问卷600份，获得有效问卷498份，有效回收率为83.00%。问卷根据本研究研究目的和以往相关研究设计，主要围绕以下内容展开：被调查者的性别、年龄、文化程度、身体健康状况、职业类型、来源地、职业技术等级、收入状况、工作年限、职业培训、社会保险、社区参与、对现职工作态度、定居地点倾向、娱乐方式等。影响新生代农民工城市融入的因素主要涉及3类10项，分别是微观个体层面（新生代农民工文化程度、年龄、性别、身体健康状况、收入状况）、中观环境层面（是否签订劳动合同、社会交往对象、职业技术等级、居住环境、社区参与）和宏观政策层面（培训支持、保险参与、户籍政策和农村土地政策）。

5.4.2.2 数据特征

表5-2中调查样本的基本情况显示，大部分新生代农民工文化水平偏低，说明新生代农民工这一群体文化素质比较低；大部分新生代农民工月平均收入在1000~2000元，处于中低收入水平；新生代农民工签订正式书面劳动合同的比例较低，反映出新生代农民工在求职和就业过程中处于被动地位或者自身维权意识淡薄；一半以上的新生代农民工居住在城市的出租房，以所在城市的居民为交往对象的偏少，且社区参与度较低。

表5-2 调查样本基本情况

变量			无职业化意愿		有职业化意愿		Chi^2
			人数（人）	比例（%）	人数（人）	比例（%）	
微观个体因素	年龄	15~18岁	6	3.8	4	0.9	8.256
		18~33岁	78	50.0	246	71.9	
		33岁以上	72	46.2	94	27.2	
	性别	女	66	42.3	142	41.2	0.017
		男	90	57.7	202	58.8	
	教育程度	小学及以下	40	25.0	18	11.4	24.400
		初中	84	53.8	136	44.0	
		高中及中专	28	17.3	112	27.7	
		大专及以上	6	3.8	78	16.9	
	健康状况	不好	24	15.4	30	8.8	1.631
		一般	108	69.2	258	75.4	
		好	24	15.4	54	15.8	
	月平均收入	1000元以下	10	5.8	0	0	63.275
		1000~2000元	112	71.2	52	14.9	
		2000~3000元	30	19.2	178	51.8	
		3000元以上	6	3.8	114	33.3	

续表

变量			无职业化意愿		有职业化意愿		Chi²
			人数（人）	比例（%）	人数（人）	比例（%）	
中观环境因素	劳动合同签订情况	无任何合同	54	34.6	76	21.9	10.495
		口头合同	76	48.1	120	35.1	
		书面合同	28	17.3	148	43.0	
	社交对象	老乡和亲戚	94	59.6	42	12.3	41.180
		同事和雇主	52	32.7	210	61.4	
		城里人	12	7.7	90	26.3	
	职业技术级别	无	82	51.9	10	2.6	68.756
		初级	60	38.5	130	37.7	
		中级	16	9.6	160	46.5	
		高级	0	0	46	13.2	
	城市居民态度	不好	42	26.9	130	37.7	8.781
		一般	100	63.5	210	61.4	
		好	16	9.6	4	0.9	
	居住条件	单位宿舍	36	23.1	100	28.9	1.297
		租房	112	71.2	214	62.3	
		自购房	10	5.8	30	8.8	
	社区活动参与状况	从不参与	126	80.8	150	50	20.428
		偶尔参与	24	15.4	118	34.2	
		经常参与	6	3.8	10	21.9	
宏观政策因素	职业培训	未参加过	102	65.4	82	23.7	26.718
		参加过	54	34.6	262	76.3	
	社会保险参与情况	无任何保险	70	44.2	178	51.8	0.809
		有至少一项	88	55.8	166	48.2	
	户籍政策态度	反对	54	34.6	330	96.5	77.900
		无意见	82	51.9	12	3.5	
		支持	22	13.5	0	0	
	土地政策态度	反对	34	21.2	150	43.9	8.103
		无意见	72	46.2	120	35.1	
		支持	52	32.7	72	21.1	

5.5 实证结果分析

5.5.1 参数估计与结果分析

本研究使用 SPSS 17.0 统计软件对样本进行 Logistic 回归处理，结果如表 5-3 所示。

5.5.2 模型检验与结果分析

5.5.2.1 模型检验

（1）从表 5-3 可以看出，模型的似然比卡方统计值是 171.881，说明预测值和观测值之间差别不显著，模型与数据拟合较好。自由度 df 是 15，对应的 p 值是 0.000，说明在 1%的显著性水平下，该模型具有整体显著性。

（2）-2 Log likehood 统计量的取值越小，说明模型具有越高的拟合优度，模型中 35.517 的值属于比较理想的结果。除此之外，Cox & Snell R^2 统计量和 Nagel Kerke R^2统计量分别为 0.645 和 0.906，意味着揭示了解释变量一定程度的变动。因此判断该模型整体预测结果较理想。

表 5-3　模型整体显著性结果

	χ^2	自由度（df）	p 值
步骤（step）	171.881	15	0.000
块（block）	171.881	15	0.000
模型（model）	171.881	15	0.000

5.5.2.2 结果分析

从表 5-4 的显著性检验结果来看，在 10%的显著性水平下，年龄、文化程度、月平均收入、劳动合同、社交对象、职业技术级别、城市居民态度、居住条件、社区参与情况、职业培训和户籍政策通过了显著性检验。其中，文化程度和社区参与情况表现尤为显著，月平均收入、劳动合同、社交对象、职业技术级别和户籍政策比较显著，其余显著性水平较低。

（1）文化程度。该变量回归系数为正，且统计检验的显著性水平小于1%，说明其他条件一定的情况下，新生代农民工文化程度对其职业化意愿的影响显著，且新生代农民工文化程度对职业化意愿有正向影响：文化程度越高的新生代农民工，表现出越强的职业化意愿。这是因为，新生代农民工文化水平越高，其人力资本积累相对越高，在人力资源市场上的竞争优势就越明显，也就越容易适应城市生活，而文化水平低下使得许多新生代农民工对职业化望而却步，不能真正理解人力资本投资的长期效用，甚至有些新生代农民工认为对自身职业化进行投资就是浪费，还不如即期消费划算。从影响路径来看，新生代农民工的文化程度直接影响着这一群体的即期收入与消费水平，进而影响到城市和农村之间的收支均衡状况，在收入的基础上决定着这一群体的城市生存经济能力和市民化实现程度。在衡量以上过程的基础上，新生代农民工会理性判断是否要实现自身职业化，以及实现职业化的机会成本与预期收益之间存在何种关系。因此，文化程度在很大程度上影响着新生代农民工的职业化意愿。

（2）社区参与情况。从回归系数来看，新生代农民工的社区参与情况对其职业化意愿有显著的正向影响。这说明，新生代农民工越积极参与社区活动，就越愿意参与城镇化和职业化；相反，新生代农民工对社区参与的积极性越低，就越不愿意实现其职业化。由于受到先赋性因素的影响，相较于农村，城市更加倾向于依靠社会出身来配置社会地位、财富和权力等资源，而这也恰恰是导致农村与城市起点与机会不公平的根源。社区是城市社会成员的公共利用空间，应充分发挥社区服务的重要作用，把新生代农民工纳入服务和管理平台，建设开放、实用和多功能的融合性社区，鼓励新生代农民工主动积极参与社区活动，增强作为社区成员的主观意识，提高社区管理水平，增强新生代农民工在社区的自我管理和发展。在制度认同危机背景下，新生代农民工的社区参与情况在很大程度上反映了这一群体适应环境的能力，也就是以城市社区组织一体化为载体，在再社会化过程中主动超越国家制度设计缺陷，积极实现社会融合。把社区作为城市融入的场域，是新生代农民工实现职业化意愿的主要考虑因素，也是这一群体应对社会冲突、满足自身需求的低成本路径选择。

（3）月平均收入。该回归变量系数为正值且通过了5%水平的显著性检验，表明在其他条件不变的情况下，新生代农民工月均收入越高，其职业化意愿就越强。这是因为，对高收入的新生代农民工来说，他们有多余的资本，并且也愿意对自身进行职业化投资；而对低收入的新生代农民工来说，其收入来源具有极大的不确定性和不稳定性，且大部分用来支付日常开支和寄回老家，在很大程度上限制了其投资能力。

（4）职业技术级别和劳动合同。职业技术级别和劳动合同两个变量在5%的水平上显著，对新生代农民工职业化意愿具有正向影响。新生代农民工的职业技术级别越高，就越有意愿实现自身的职业化；与用人单位签订合同的新生代农民工职业化意愿较强。

（5）社交对象、居住条件和城市居民态度。社交对象、居住条件和城市居民态度三个变量都通过了10%的显著性水平检验，对新生代农民工职业化意愿具有正向的影响。可见，新生代农民工和城市居民交往的频度和亲密度越高，群际之间的相互影响就越广泛深刻，在无形中推动了新生代农民工的意识形态和生活方式逐步向城市居民靠拢，并有意实现职业化，以求尽快融入城市生活中；居住条件既是新生代农民工职业化的物质基础，也是新生代农民工融入城市生活的重要门槛，居住条件越满意，新生代农民工越愿意实现职业化；城市居民态度是新生代农民工感受城市生活氛围的窗口，城市居民态度越好，新生代农民工通过职业化融入城市的信心越足。

（6）户籍政策。在5%的水平上通过显著性检验的户籍政策因素，对新生代农民工职业化意愿具有负向影响，表明目前的二元户籍政策体制阻碍了新生代农民工职业化。城市户籍的准入门槛越高，新生代农民工职业化意愿越低。由于我国特定的基本国情，由二元户籍制度衍生的公共政策建立在社会身份地位基础上，与新生代农民工身份相对应的社会资源分配标准缺乏政策公允性。虽然新生代农民工在城市贡献劳动力，职业实现了转化，但社会身份仍是农民，这种职业身份与社会身份的错位导致了城市中新生代农民工的艰难处境，进而影响了其职业化意愿。随着我国城乡统筹事业的不断发展和持续深入，基于户籍的基本公共服务和社会管理项目正在逐渐减少，表面上看户籍制度对新生代农民工城市融入的影响逐渐模糊，但是隐藏于表面现象下的隐形差异依然存在，仍然是城乡互通道路上的主要障碍。除此之外，户籍政策对新生代农民工的影响还表现在就业层面上。一般来讲，新生代农民工比城市工人更具有敬业精神，但同工不同酬的现象依然存在，其标准不是劳动质量差异，而是户籍差异，无形中加剧了附着在户籍制度上的隐性就业歧视，严重妨碍了新生代农民工群体职业化的意愿，也推迟了新生代农民工职业化发展与城镇化进程。

（7）职业培训。从回归系数来看，新生代农民工参加职业培训对其职业化意愿具有正向影响。新生代农民工接受公司、社会和政府的培训支持力度越大，其公民权的享有程度越高，就越有意愿实现职业化。

表 5-4　回归参数估计值及其显著性检验结果

自变量	β	Wald 值	Exp（β）
年龄（x_1）	-2.379*	2.757	0.093
文化程度（x_2）	2.375***	7.508	10.747
性别	-2.975	2.294	0.051
健康状况	-0.482	0.100	0.617
月平均收入（x_3）	4.065**	4.830	58.275
劳动合同（x_4）	1.717**	4.561	5.570
社交对象（x_5）	4.556**	5.967	95.182
职业技术级别（x_6）	2.671**	5.123	14.451
城市居民态度（x_7）	2.244*	2.902	3.106
居住条件（x_8）	1.537*	2.937	6.029
社区参与情况（x_9）	6.916***	6.856	1007.822
职业培训（x_{10}）	2.007*	2.858	7.441
社会保险	-0.586	0.215	0.557
户籍政策（x_{11}）	-4.228**	4.982	0.015

续表

自变量	β	Wald 值	Exp（β）
土地政策（x_{12}）	-0.512	0.537	0.463
常量	-19.970	4.520	0.000
-2 Log likelihood	35.517		
Cox & Snell R^2	0.645		
Negel Kerke R^2	0.906		

注：*、**、*** 分别表示在 10%、5%和 1%的水平上显著。

5.5.2.3 结果评价

（1）新生代农民工自身条件对职业化意愿的影响。受家庭背景和教育经历的影响，新生代农民工群体的人力资本、物质资本及社会资本均比较缺乏，导致其在城市劳动力市场处于绝对弱势地位，议价能力欠缺。从数据结果分析，文化水平、健康状况和职业技术级别对职业化意愿的影响为正，这充分说明了新生代农民工自身因素，即文化水平、身体状况和职业技术级别情况越理想，他们就越重视自身工作能力的提高，就会投入更多精力和感情到现职工作，职业化意愿就越强烈。扎实的基础知识、熟练的基本技能、高尚的从业道德都可以从不同方面助力新生代农民工的职业化和职业成功。

（2）环境因素对新生代农民工职业化的影响。环境因素主要分为社会对新生代农民工群体的态度、家庭经济状况和农民工维护自身权益的可及性等方面，各个方面对职业化意愿的影响与预期一致。现有环境因素使得新生代农民工对自身在城市劳动力市场中的社会地位有了初步认识，也初步决定了他们是否愿意完成自身职业化。

（3）宏观政策因素对新生代农民工职业化意愿的影响。由于我国特定的基本国情，由二元户籍制度衍生的公共政策建立在社会身份地位的基础上，与新生代农民工身份相对应的社会资源分配标准缺乏政策公允性。新生代农民工虽然在城市劳动，实现了职业的转化，但社会身份仍是农民，这种职业身份与社会身份错位的现状导致了城市中新生代农民工的艰难处境，继而影响了其职业化意愿。

5.6 本章小结

本章利用调研问卷数据与二元回归方法，分析了微观个体因素、中观环境因素和宏观政策因素对新生代农民工职业化意愿的影响，主要结论如下。

5.6.1 新生代农民工职业化意愿影响因素较多

影响新生代农民工职业化意愿的因素是多元的，包括微观个体、中观环境和宏观政策各层面的因素。在微观个体层面，新生代农民工低存量的人力资本、物质资本和社会资本在很大程度上影响了这一群体职业化的意愿。文化水平不高、工作技能层次低、职业培训结果不理想、健康问题突出、工资收入低、家庭负担重、社会关系单一等都对其职业化意愿产生了影响。在中观环境层面，家庭环境和企业环境对职业化意愿均产生了较大影响。家庭负担给新生代农民工带来的经济和心理上的负担使他们没有足够的经济能力和精力发展职业化；而企业方面虽然提供了些许就业培训，但这些培训往往与个体职业发展脱节；同时，他们又不得不面对有形和无形资源的双重匮乏。在宏观政策层面，劳动力市场状况与国家政策对新生代农民工职业化意愿产生了影响。由于新生代农民工在城市劳动力市场的定位局限于次级劳动力市场，导致其职业发展处于“低水平”状态，从事脏、乱、差的职业，在人力资源供给和需求方面结构不均衡。为了使新生代农民工尽快实现职业化，企业和家庭应当在正确认识新生代农民工群体的基础上凝聚力量、达成共识，对新生代农民工形成全面、客观、公正的认识，为其营造良好的中观环境。除此之外，国家赋能性公共政策对新生代农民工存在较强的排斥，导致这一群体自身职业化意愿缺失。户籍制度的隐形障碍难以突破、就业渠道不通畅、依附于户籍制度的旧价值观念缺乏更新与发展对新生代农民工影响深刻，致使新生代农民工的价值取向倾向于消极应付和悲观对抗。如果不消除宏观层面制度障碍，弥漫于新生代农民工群体的消极情绪对城镇化未来发展可能产生不可估量的负面影响，对社会稳定和经济发展的影响也将很难消除。

5.6.2　新生代农民工职业化意愿各因素的影响程度不同

在一定的时间和客观条件下，各因素在不同程度上影响着新生代农民工职业化意愿。受家庭背景和教育经历的影响，新生代农民工群体的人力资本、物质资本及社会资本均比较缺乏，在城市劳动力市场处于绝对弱势地位，议价能力欠缺。从数据结果分析，文化水平、健康状况和职业技术级别对职业化意愿有正效用，充分说明了新生代农民工自身因素，即文化水平、身体状况和职业技术级别情况越理想，他们就会越重视自身工作能力的提高，投入更多精力到现职工作，其职业化意愿就越强烈。环境因素主要是家庭环境和企业环境，各个方面对职业化意愿的影响与预期一致。现有环境因素使得新生代农民工对自身在城市劳动力市场中的社会地位有了初步认识，也初步决定了他们是否愿意完成自身职业化。扎实的基础知识、熟练的基本技能、高尚的从业道德都可以从不同方面助力新生代农民工的职业化，进而使他们获得职业成功。由于我国特定的基本国情，由二元户籍制度衍生的公共政策建立在社会身份地位的基础上，与新生代农民工身份相对应的社会资源分配标准缺乏政策公允性。新生代农民工虽然在城市工作生活，职业身份实现了转化，但是社会身份仍标记为农民，这种职业身份与社会身份错位的现状导致了城市中新生代农民工的艰难处境，进而影响了其职业化意愿。

5.6.3　新生代农民工职业化意愿的影响因素不断变化

新生代农民工离开农村融入城市的过程中具有特定的目标，随着城市融入的进一步深入，影响因素处在不断变化的过程中，应当动态地看待问题。城乡一体化实现过程中解决新生代农民工城镇化问题是当务之急，而要从实际意义上使新生代农民工融入城市，就业是生存之本，实现新生代农民工职业化是其在城市就业和发展的必要前提，通过发现和挖掘新生代农民工潜在的工作能力，可以在一定程度上改变这个群体面临的被动现状。当然，新生代农民工职业化的顺利实现不可能一蹴而就，需要经历长期而系统的动态发展过程，也需要政府、企业和新生代农民工自身各个环节的相互配合与共同努力。

第六章　新生代农民工职业化评价

6.1　新生代农民工职业化评价问题的提出

廖泉文（2002）认为，异质性人力资本是学习者在学习劳动过程中通过创造形成，且具有劳动报酬递增性质的人力资本，其供给稀缺，而需求充分。对新生代农民工来说，自身人力资本存量不足导致的频繁职业流动把这一群体的就业机会限定在最基层、最耗费体力而报酬又不理想的工作上，这种不利的工作条件无形中损害了新生代农民工的工作责任心和敬业精神，在企业与新生代农民工人力资源之间形成了恶性循环，对职业发展并无好处。

6.1.1　新生代农民工职业化评价的理论基础

新生代农民工职业化是新生代农民工从非职业化到职业化、由初级职业化到高级职业化的动态发展过程，关于新生代农民工职业化的研究主要涉及新生代农民工各个发展阶段。职业化的本质是新生代农民工职业化能力素质体系的建立态势，因此对新生代农民工职业化进行评价就是在构建新生代农民工职业化能力素质体系的基础上对其进行评价。类似于人力资源开发与管理中的能力素质体系，新生代农民工职业化过程需要从多角度去探讨研究。因此，关于新生代农民工职业化评价指标体系的研究很有必要。通过采用科学方法，收集被评价对象在特定活动过程中的表征信息，进行量化判断，为新生代农民工的雇佣、培训及激励提供可靠、客观的依据，是进行新生代农民工这一特殊群体的人力资源开发的重要手段。新生代农民工职业化评价内容，除了一般人力资源评价内容之外，还包括针对新生代农民工特有素质的评价，具体表现为职业素养、职业技能和职业行为等。在实际操作中，新生代农民工从事工作所要求的相关能力素质不尽相同，分辨出行业与职业的特殊性与共性具有重要意义，因此，新生代农民工素质评价的客体应为包含多种因素的综合素质（synthesized quality）。

针对新生代农民工在现代经济生活中特殊而重要的作用，以及新生代农民工自身身份与生存状态的矛盾性，用科学的综合评价方法构建新生代农民工职业化评价指标体系，进而探讨新生代农民工城市融入行为，对从真正意义上实现城镇化有着深远的现实意义。作为内含于人体的心理品质，能力素质的体现形式不具备实物形态，其测度具有主观性；然而作为社会存在物，人的心理活动又会具体表现为对各种社会存在的反应。心理学认为人的心理品质可以通过人的行为得以体现，而人所从事的活动就是观察媒介。素质具有的基础性、相对稳定性和必然表现性等特征，为对其进行测量和统计提供了可能性，所有这些都为对新生代农民工职业化水平的定量评价提供了理论基础，同时也为新生代农民工职业化评价体系建构提供了理论依据。

就业能力的相关研究起源于100多年以前，经过20世纪50年代心理学、社会学和管理学等学科的深入探讨，逐渐在人力资源管理和促进社会就业等领域得到了广泛应用。由于研究对象与研究视角存在差异，当前理论界对就业能力的定义还未达成一致。从劳动力供给层面，Fugate 和 Kinicki（2008）认为就业能力是工作特有的一种积极适应性，这种能力使从业人员对现实职业机会加以识别，促进组织之间与组织内部的信息流动，包括社会资本、人力资本、职业认知和个体适应性四个维度①，通过胜任力的优化配置，可以使从业者实现、保持并创造就业。结合劳动力供给与需求层面，Hillage 和 Pollard（1999）认为就业能力是通过从业人员在

① Fugate, M. & Kinicki, A. J. A Dispositional Approach to Employability: Development of a Measure and Test of Implications for Employee Reactions to Organizational Change [J]. Journal of Occupational and Organizational Psychology, 2008, 81 (3): 503-527.

劳动力市场内的充分流动实现的劳动力资源潜在能力，这种能力具体体现为基本素养、个体展示能力、运筹能力和环境因素，这一内涵在关注个体层面操作的基础之上隐含着供给层面因素。在劳动力供给面与需求面的互动层次上，Gazier（1999）倾向于把就业能力理解为劳动者、其他行为者和劳动力市场之间的互动作用①。Evans 等（1999）建议就业能力的内涵应当结合供给层面和需求层面，即内在成分和外部因素②。内在成分包括技能转换程度、工作寻找动机、个体流动程度、信息和网络支持可及性；外部因素包括雇主态度、培训和教育供给数量与质量、针对弱势群体救助的可及性以及城市适合工作的供给。Sanders 和 Grip（2004）认为就业能力是个体在内部和外部劳动力市场获得就业的机会，并且把就业能力概念模型作了新的维度划分，即劳动力市场处境、个体流动资本、流动难度、环境、转化和流动意愿等。在以上各层面研究的基础之上，McQuaid 和 Lindsay（2005）提出了"全面就业能力"概念，认为就业能力评价应该兼顾个体、个人环境和外部因素三个层面。

6.1.2 新生代农民工职业化评价的现实意义

构建一套具有系统性、逻辑性的指标体系是对新生代农民工职业化进行评价的核心。以构建的新生代农民工职业化评价体系为标准，社会与企业可以实现对新生代农民工这一特殊群体的有效评估和实际了解。一方面，通过构建职业化评价体系，新生代农民工可以了解到自身真实的就业水平，能为融入城市劳动力市场提供基础，也有助于相关企业与部门评估新生代农民工政策实施效果。另一方面，新生代农民工职业化是我国完成城镇化、解决农业剩余人口具有前瞻性的战略举措，具有重要的理论意义与实践价值。

---

① Gazier, B. Employability: An Evolutionary Notion, an Interactive Concept［M］// Bernard Gazier. Employability: Concepts and Policies. Berlin: Institute for Applied Socio-Economics, 1999: 37-67.

② Evans, C., Nathan, M. & Simmonds, D. Employability through Work［M］. Manchester: Centre for Local Economic Strategies, 1999: 236.

通过新生代农民工职业化评价体系的构建，新生代农民工群体可以实现既定目标下的自我管理。新生代农民工职业化水平的测评指标体系有较强的导向性和实用性，农民工可以根据该评价体系展开自我就业能力测评，了解自身真正人力资本水平，找到差距，进而完善所缺乏的能力素质以提升自身职业化水平。

新生代农民工职业化评价系统的构建，有助于新生代农民工群体的动态管理。作为一个动态过程，新生代农民工职业化秉承着从低级向高级过渡的成长规律，这个过程可能积极发展，也可能停滞不前。因此，构建新生代农民工职业化评价系统不但有助于对新生代农民工整体就业水平进行动态测度和相应调整，而且为新生代农民工市民化提供了标杆、明确了目标，使得这个群体知道自己所要努力的方向。

6.2 新生代农民工职业化评价体系构建

6.2.1 职业化指标体系构建原则

鉴于新生代农民工职业化具有复杂、动态的特点，在进行评价指标设计时应遵循以下原则：

6.2.1.1 系统性和层次性原则

新生代农民工职业化是涉及诸多要素的复杂系统，各要素间既相互联系，又互为条件。同时，隶属同一系统内部的各要素的排列组合方式又具有一定的逻辑性，不是简单的堆砌相加。因此，系统性和层次性在评价指标体系构建中要得到充分反映。

6.2.1.2 导向性原则

指标体系不仅要反映新生代农民工职业化的现实状况，而且要反映职业化的未来发展趋势。要充分发挥所设置指标的导向性作用，引导全社会科学有效地促进新生代农民工职业化水平。

6.2.1.3 实用性原则

指标体系需要能够科学地反映新生代农民工职业化的实际情况，便于操作和实施。指标体系过大、层次过于繁杂、指标过细会导致整个体系缺乏整体性；如果指标体系过小、层次过于简化、指标过粗就会降低评价效度，不能有效反映职业化的实际水平。同时，指标体系的设置应考虑数据可得性和样本灵活性，便于有关部门根据自身情况合理运用。

6.2.1.4 定性分析与定量分析相结合的原则

定量分析有助于排除定性分析中主观因素的影响，而定性分析则适用于难以量化的指标。定性分析与定量分析各有所长，在指标设定实际操作中，必须将两者有机结合。

6.2.2 评价指标

6.2.2.1 显性职业化指标

显性职业化指标在职业化评价体系中是指完成工作所需具备的外显能力。具体包括职业化知识、职业化技能和职业化行为。

（1）职业化知识。知识是来自于社会实践的认识成果，包括初级形态的经验知识和高级形态的系统科学理论。职业化知识则是个体通过与工作环境的相互作用获得的信息。对新生代农民工来说，最主要的知识包括企业战略知识、工作专业知识、公司业务流程知识、公司组织结构知识和公司产品知识。

（2）职业化技能。技能是通过学习、重复和反省而习得掌握并能够运用专门技术的能力，从业人员的技能提高是永无止境的。事实上，不同工作职位对于工作技能的要求不尽相同，针对新生代农民工，就其技能来讲，主要是寻找更有效的工作方法、主动迎接挑战、平衡不同意见和实现自我目标的技能。

（3）职业化行为。行为是个体适应环境变化的、受思想支配而表现出来的外表活动。根据新生代农民工职业化评价特点，把职业化行为划分为以身作则、把握机遇、注重个人形象和爱护公共设施四个方面。

6.2.2.2 隐性职业化指标

（1）职业化态度。Dubins 和 Freedman（1966）认为态度是个体对某一特定事物、观念或他人稳固的，由认知、情感和行为倾向三个成分组成的心理倾向，强调态度的组成和特性①。对新生代农民工来说，最主要的态度包括岗位知识学习态度、自我价值实现态度、业务水平提高态度、使命感和与企业联系态度五个方面。

（2）职业化素质。素质是个体在先天特质的基础上，通过后天的环境影响和教育训练形成的、顺利从事某种活动的基本品质或者基础条件。简而言之，素质就是先天天赋与后天习得的综合体。对新生代农民工来讲，主要的素质包括工作中敢作敢为、对待工作热情周到和发现工作乐趣。

6.2.3 评价模型

新生代农民工职业化评价模型的设计就是为实现这一群体就业能力目标，根据现实城市工作岗位的任职需要，制定适当的评价规范和评价制度。根据人岗匹配原则，从人力资源管理起点——工作分析出发，按照工作职责和人物特点，分析工作需要从业者具备什么样的就业能力和条件。此外，还可以从已经获得成功的某个岗位就业人员出发，分析总结工作成功的关键行为和所具备的素质特点，进而在结合人力资源管理和组织行为学理论的前提下对从业人员的职业化水平进行评价。从实际出发，在实践的基础上实现人岗动态匹配，做到人尽其才，把个人利益与组织利益相结合，以实现人力资源的最优配置，达到价值创造最大化效果。职业化评价是个系统工程，需要用发展和系统的眼光来对待。根据新生代农民工的特

① L. Dubins & D. Freedman. Invariant Probabilities for Certain Markov Processes [J]. Annals of Mathematical Statistics, 1966, 37 (4): 837-844.

点，在分析就业能力、任职资格等因素的基础上，结合有关能力分析理论和人才胜任力模型理论的相关研究，本书给出了如图 6-1 所示的新生代农民工职业化评价模型。

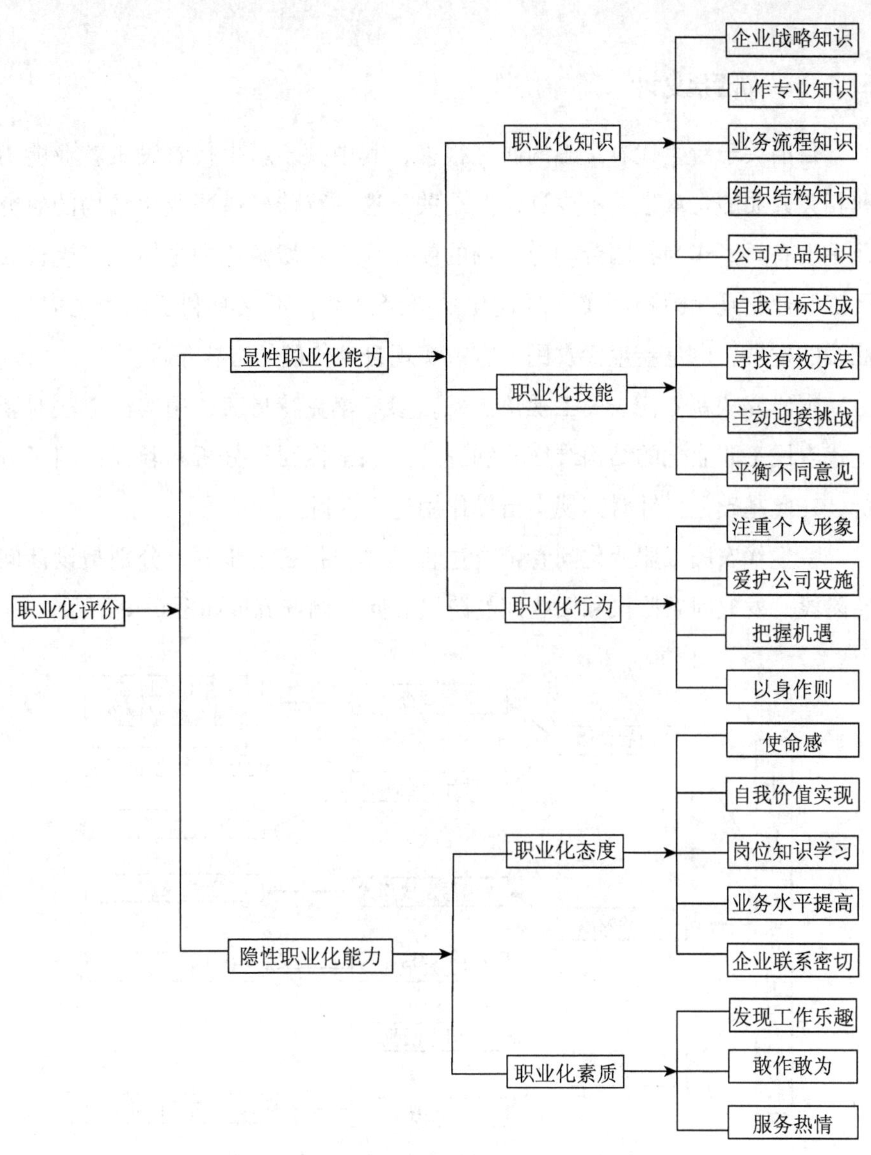

图 6-1　新生代农民工职业化评价模型

6.3 新生代农民工职业化结构模型构建与水平测度

6.3.1 研究设计

目前关于新生代农民工的研究很多，其中关于新生代农民工就业能力和相关素质的文章也并不少见，但是关于这一特殊群体职业化结构的研究几乎没有。而作为我国劳动力市场的就业大军和城镇化的主体，新生代农民工职业化是我国顺利实现现代化的必经之路，不仅有利于国家的安定、社会的发展，也是新生代农民工有效实现自身价值的必要条件。

本研究从新生代农民工视角出发，参考李克特量表，用实证方法对新生代农民工职业化的结构维度分别进行了探索性因子分析和验证性因子分析，在此基础上，针对其现实指导作用进行探讨。

新生代农民工职业化问卷调查过程具体包括三个步骤，分别是设计问卷阶段、发放问卷阶段和回收问卷阶段。问卷调查流程如图 6-2 所示。

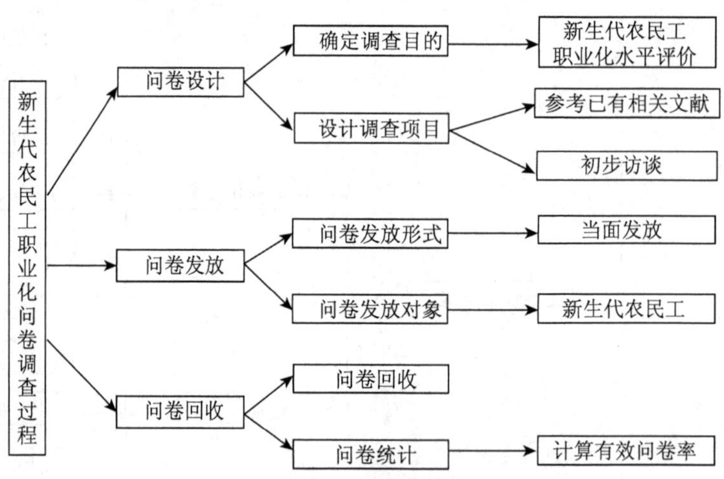

图 6-2 新生代农民工职业化问卷调查流程

6.3.2 问卷编制

调查问卷是调查者以问题的形式系统记载调查内容的数据收集方法，其设计的合理性直接影响到最终研究结果的准确性与真实性。

首先，文献研究。问卷编制首先参考了现有文献的概念体系和研究命题。由于新生代农民工是中国特定时期出现的特殊群体，与西方的迁移人口存在本质差异，因此在参考国外研究体系的同时，更加注重中国的现状及相关研究成果，重点参考了《新生代农民工的就业能力模型研究》《新生代农民工的就业能力研究》《人力资源经理的职业化和胜任力》《大学生职业化能力培养体系的构建与实施》等文献的研究成果，在收集、提取、综合反映新生代农民工职业化的具体项目和内容的基础上进行分类汇总。

其次，访谈。对 3 家民营企业的 6 位相关管理负责人和 24 位新生代农民工进行访谈，主题为“新生代农民工需要具备哪些能力才可以把现有工作发展为事业”，调查内容包括“您认为企业在招聘新生代农民工过程中最看重对方哪些职业能力”“您认为现在的新生代农民工最缺乏哪些职业能力”等。此外，收集企业的《公司规章制度》和《录用积分表》为编制问卷提供参考。

再次，汇总与归类。经过文献研究和访谈，对职业化内容进行汇总和归类，具体如表 6-1 所示。

表 6-1 新生代农民工职业化调查项目汇总

类别	能力
职业化知识	企业战略知识
	行业知识
	工作专业知识
	业务流程知识
	公司组织结构知识
	公司产品知识

续表

类别	能力
职业化技能	努力达成目标
	寻求高效率
	迎接挑战
	平衡不同意见
职业化行为	个人形象
	把握机遇
	以身作则
	爱护公司设施
职业化态度	事业心
	自我价值实现
	知识学习意愿
	业务水平提高意愿
	自身发展意愿
职业化素质	发现工作乐趣
	敢作敢为
	服务热情周到

最后，编制并修改初始问卷。根据表 6-1 所列内容，邀请 20 位新生代农民工、4 位企业人事经理和 7 位相关管理人员（班长、组长）对不同职业化内容的重要性进行排序，并按照重要性排序结果计算不同项目的出现频次，在此基础上设计问卷项目，编制初始问卷。然后邀请 3 位企业管理者对项目适用性和问卷合理性进行评定，修改初始问卷，最终得到包含 36 个题项的新生代农民工职业化预调研问卷。调查问卷由包含 36 个题项的新生代农民工职业化量表以及包含 7 个项目的基本信息构成，由新生代农民工以李克特五点量表自陈回答。其中，“1”表示非常不符合，“2”表示不符合，“3”表示不确定，“4”表示比较符合，“5”表示非常符合。

6.3.3 调查问卷的基本信息及样本分布

本研究用预调查问卷调查了陕西省西安市、宝鸡市，北京市，河北省张家口市、石家庄市，浙江省温岭市、温州市等七个地市中年龄介于16～35岁的600位新生代农民工，回收有效问卷498份，问卷有效率达83.00%。问卷发放与回收的总体情况如表6-2所示。

表6-2 新生代农民工职业化调查问卷发放和回收情况

发放份数	回收份数	有效份数	问卷回收率（%）	问卷有效率（%）
600	512	498	85.33	83.00

注：问卷回收率=问卷回收数量÷问卷发放数量×100%；问卷有效率=有效问卷数量÷问卷发放数量×100%。

6.3.3.1 调查样本的基本信息

本研究调查样本的基本特征，如表6-3所示。

表6-3 新生代农民工职业化调查样本特征分布

样本特征	特征分布	频数（次）	占比（%）
性别	男	289	58.1
	女	209	41.9
受教育程度	高中或中专以下	201	40.4
	大专	191	38.3
	本科	106	21.3
	硕士（含）以上	0	0
家庭经济状况	贫穷	212	42.6
	中等	275	55.3
	富裕	11	2.1
所从事行业	建筑业	136	27.4
	制造业	215	43.1
	服务业	21	4.3
	餐饮住宿业	88	17.7
	批发零售业	32	6.4
	其他	6	1.1
婚姻状况	已婚	275	55.3
	未婚	223	44.7

6.3.3.2 调查样本的描述性统计分析

在对调查问卷进行分析之前，有必要对数据进行描述性统计分析，通过描述性统计分析可以初步发现数据的内在规律，进而选择合适的分析方法。描述性统计分析就是对调查变量的相关数据进行统计性描述，主要包括数据的集中趋势分析、数据的离散程度分析和数据的分布。

（1）数据的集中趋势分析。数据的集中趋势是指在大量测评数据分布中，测评数据向某点集中的情况，用来反映数据所处的一般水平，常用的指标包括平均值、中位数和众数等。本研究采用均值作为数据集中趋势的分析工具。

（2）数据的离散程度分析。数据的离散程度是指观测数据各个取值之间的差异程度，通过数据之间的差异来反映分布中心的指标对各个观测变量的代表性，常用指标有极差、平均差和标准差。本研究采用标准差作为分析工具。

（3）数据的分布。鉴于统计分析需要，通常假设样本属于正态分布，用偏度和峰度两个指标进行检查。偏度是指次数分布非对称的偏态方向程度，用来衡量样本分布的偏斜方向和程度，是一个无量纲的数值，是以标准差为单位的算术平均数与众数的离差。偏度的绝对值越大说明分布偏斜程度越大。而峰度是指次数分布曲线顶峰的尖平程度，通常表现为三种形态：尖顶峰度、平顶峰度和标准峰度。通过分析不同样本数的偏度和峰度值的置信区间，可以判断出样本是否服从正态分布。

采用 SPSS 17. 0 对回收的新生代农民工职业化调研问卷进行描述性统计，如表 6-4 所示。变量均值的最小值为 2. 06，最大值是 3. 95，新生代农民工职业化的变量均值集中在 2~4。

表 6-4　观测变量的描述性统计分析

测度项目	样本数	均值	标准差	峰度	偏度	最小值	最大值
主动积极完成工作（X_1）	498	2. 67	1. 561	−1. 438	0. 366	1	5
敢作敢为（X_2）	498	2. 57	0. 598	3. 973	−1. 592	2	5
发现工作乐趣（X_3）	498	2. 55	0. 751	1. 530	−1. 558	2	5
设定工作目标（X_4）	498	3. 56	1. 142	0. 158	−0. 821	1	5
重视团队精神（X_5）	498	3. 32	1. 052	−1. 050	−0. 161	1	5
自我价值实现（X_6）	498	3. 30	0. 882	4. 163	−1. 781	1	5

续表

测度项目	样本数	均值	标准差	峰度	偏度	最小值	最大值
与员工关系良好（X_7）	498	3.25	0.819	1.716	-1.111	1	5
知识和经验学习（X_8）	498	2.27	0.863	3.361	-1.646	1	5
业务水平提高（X_9）	498	3.37	0.945	1.560	-1.442	1	5
使命感（X_{10}）	498	3.23	0.821	0.568	-1.191	2	5
主动迎接挑战（X_{11}）	498	3.94	1.023	-0.949	-0.507	2	5
与企业目标一致（X_{12}）	498	3.92	0.816	-0.618	-0.644	2	5
企业忠诚度（X_{13}）	498	3.05	0.962	0.366	-0.837	1	5
语言文明（X_{14}）	498	3.03	1.082	-0.401	-0.817	1	5
有效沟通（X_{15}）	498	3.88	1.040	0.522	-0.895	1	5
尊重客户（X_{16}）	498	3.13	0.845	-0.575	-0.574	2	5
爱护公司设施（X_{17}）	498	3.92	1.117	0.533	-1.050	1	5
严于律己（X_{18}）	498	2.40	0.673	-0.633	-0.672	3	5
勇于承担责任（X_{19}）	498	2.41	0.681	-0.618	-0.716	3	5
注重个人形象（X_{20}）	498	3.13	1.025	2.074	-1.441	1	5
言行一致（X_{21}）	498	2.06	1.081	0.751	-1.098	1	5
公平公正（X_{22}）	498	3.30	0.673	-0.781	-0.451	3	5
善于把握机遇（X_{23}）	498	3.05	1.088	1.086	-1.203	1	5
寻求更有效方法（X_{24}）	498	3.91	1.013	-0.093	-0.705	1	5
平衡协调不同意见（X_{25}）	498	3.05	0.709	3.361	-1.018	3	5
了解企业文化（X_{26}）	498	3.95	0.738	-1.151	0.073	1	5
了解企业战略（X_{27}）	498	2.82	0.866	-1.252	0.141	1	5
了解公司组织结构（X_{28}）	498	3.42	1.067	-0.214	-0.414	1	5
了解公司产品（X_{29}）	498	2.52	1.072	-0.079	-0.442	3	5
了解行业地位（X_{30}）	498	3.90	1.067	0.957	-1.113	2	5
了解公司业务流程（X_{31}）	498	3.53	1.147	-0.054	-0.619	1	5
掌握工作专业知识（X_{32}）	498	3.64	1.019	0.000	-0.547	1	5
熟悉劳动法律法规（X_{33}）	498	3.42	1.074	-0.254	-0.322	1	5
了解行业知识（X_{34}）	498	3.60	1.041	0.237	-0.665	1	5
了解公司整体运作（X_{35}）	498	3.29	0.807	0.694	0.223	1	5
了解人力资源需求（X_{36}）	498	3.39	0.937	-0.154	-0.265	1	5

6.3.3.3 信度分析

调查问卷的设计主要是通过设计一些具体问题对较为抽象的或者不容易量化的内容进行测度，如能力、状态等。为了保证问卷调查结果的科学性和准确性，对其进行信度和效度检验尤为重要。

信度反映的是检验结果是否具有一致性、稳定性和可靠性，并不在乎结果正确与否；效度则是根据调查目的，侧重描述所测量结果反映所想要考查内容的程度。两者所涉及的误差不同，信度主要受随机误差影响，而效度则主要受系统误差影响。相比较而言，信度是效度的必要非充分条件。如果信度低，效度不可能满意；如果信度高，效度也未必满意。可是如果效度高，则问卷的信度必然也高。

利用 SPSS 17.0 对调查问卷进行了信度分析，结果如下：

信度的本质是采用相同方法对同一研究对象进行重复测验，看所得结果是否一致。信度系数越高表明该测验的结果越稳定可靠，而随机误差可能会使信度降低。

本研究采用 Cronbach's α 来测量各问题项信度。Cronbach's α 值的范围一般介于 0~1，0 表示测量完全不可信，1 表示测量完全可信。在 0~1 区间内，总量表的信度系数如果在 0.8 以上，表示信度很高；0.7~0.8 表示可以接受；分量表的信度系数最好在 0.7 以上，0.6~0.7 表示还可以接受，如果小于 0.6 则需要考虑重新编制问卷。

分析结果显示，调查问卷整体的 Cronbach's α 值高达 0.907，表 6-5 反映的是将各问题项删除后的整体 Cronbach's α 值的变化状况，结果表明分别删除不同问题项后不仅没有使整体信度提高，反而有所降低，并且分别删除各问题项后 Cronbach's α 值都明显高于 0.7，所以应当保留各问题项，调查问卷通过了信度检验，且信度较高。

表 6-5　新生代农民工职业化调查问卷信度分析

题项	删除此项后 Cronbach's α 值	整体 Cronbach's α 值
主动积极完成工作（X_1）	0.905	0.907
敢作敢为（X_2）	0.906	
发现工作乐趣（X_3）	0.904	
设定工作目标（X_4）	0.903	
重视团队精神（X_5）	0.905	
自我价值实现（X_6）	0.907	

续表

题项	删除此项后 Cronbach's α	整体 Cronbach's α
与员工关系良好（X_7）	0.904	0.907
知识学习意愿（X_8）	0.906	
业务提高意愿（X_9）	0.905	
自身发展意愿（X_{10}）	0.906	
主动迎接挑战（X_{11}）	0.906	
寻求高效率（X_{12}）	0.903	
平衡不同意见（X_{13}）	0.905	
语言文明（X_{14}）	0.903	
有效沟通（X_{15}）	0.904	
服务热情周到（X_{16}）	0.905	
爱护公司设施（X_{17}）	0.902	
严于律己（X_{18}）	0.905	
勇于承担责任（X_{19}）	0.905	
注重个人形象（X_{20}）	0.902	
以身作则（X_{21}）	0.904	
公平公正（X_{22}）	0.904	
善于把握机遇（X_{23}）	0.902	
事业心（X_{24}）	0.903	
平衡协调不同意见（X_{25}）	0.905	
了解企业文化（X_{26}）	0.906	
了解企业战略（X_{27}）	0.904	
了解公司组织结构（X_{28}）	0.903	
了解公司产品（X_{29}）	0.902	
了解行业地位（X_{30}）	0.901	
了解公司业务流程（X_{31}）	0.901	
了解企业战略（X_{27}）	0.902	
了解公司组织结构（X_{28}）	0.903	
了解公司产品（X_{29}）	0.905	
了解行业地位（X_{30}）	0.906	
了解公司业务流程（X_{31}）	0.903	
熟悉劳动法律法规（X_{32}）	0.902	

续表

题项	删除此项后 Cronbach's α	整体 Cronbach's α
掌握工作专业知识（X_{33}）	0.903	0.907
了解行业知识（X_{34}）	0.905	
了解公司整体运作（X_{35}）	0.904	
了解人力资源需求（X_{36}）	0.903	

6.3.4 数据分析

通过运用 SPSS 17.0 对调研问卷数据进行项目分析和探索性因子分析提取有效题项，然后运用 AMOS 软件进行验证性因子分析验证模型拟合度，对量表的信度和效度进行进一步检验。

因子分析法是对调查问卷进行效度测度的常用方法。通常来讲，判断问卷结构效度的标准有两个，分别是：（1）公共因素的累积方差贡献率应大于 40%；（2）每个因素在其中一个公共因子上有较高载荷，而在其他公共因子的载荷较低，如果一个因素在所有公共因子上载荷都比较低，说明此题项意义不明确，应该予以删除。本研究采用因子分析法对问卷进行效度分析，在结果分析的基础上删除了几个效度不高的题项，具体过程在探索性因子分析中给出。

6.3.4.1 项目分析

项目分析主要是根据被试的测试结果分别计算出每一题目的鉴别力和区分度，具体包括难度分析和区分度分析。在难度分析中，只要已知正确回答该题项的人数与参加测验的总人数，就会得到难度系数。所以，本研究项目分析主要进行了区分度分析。区分度分析主要就是求出问卷每一个题项的 CR（critical ratio）值，将 CR 值未达到显著性水平的题项进行删除或修改。具体方法为：分别求出每个被试量表所得总分，接着取上下 27% 为高低分组，各题项进行独立样本 t 检验来检测每题项平均数的差异情况，如果试题的 CR 值达到 0.05 的显著性水平，表明本题项可鉴别出不同被试的反应程度，该题项保留，反之，则需要删除或者修改题项，以提高问卷质量。

通过对回收问卷中的36个题项进行分析和计算，经过皮尔逊相关检验和观察ROC曲线检验，发现第35个题项与总分的相关度只有0.176，因此去掉此题项。最终我们选取决断值达到0.05显著水平，且区分度在0.27以上的35道题目组成新生代农民工职业化水平量表，并进行探索性因子分析。

6.3.4.2 同源误差检验

同源误差是指由同样的数据来源或者评分者、测量环境、项目语境以及项目本身特征所造成的预测变量与校标变量之间的人为共变性，是源于测量方法而非结构概念的一种变异，属于系统误差。本研究采用Harman单因素检验对调查问卷进行同源误差检验。其基本假设是如果存在大量变异，那么在进行探索性因子分析时可能出现两种情况：一是一个因素被单独析出；二是一个公共因子解释了大部分变量变异。如果出现一个因素被单独析出，或者某个公共因子解释力过大，就可以判定此问卷存在严重的同源误差。针对以上标准，本研究接下来进行了探索性因子分析，计算出了解释力最强的公共因子解释的总变异量的百分比，同时并未发现单一因素被析出的情况，因此认为此调查问卷同源误差状况不严重，此问卷合格。

6.3.4.3 探索性因子分析

(1) 因子分析原理

在研究实际问题时，为了对研究问题有全面完整的把握，需要收集尽可能多的相关变量。收集的变量数目过多会导致分析过程中计算工作量加重，不可能所有变量都参与数据建模。同时，在所收集到的众多变量之间不可避免地会出现相关性问题，而高度相关会造成统计过程中的诸多不便。为解决以上可能出现的问题，最简单和最直接的方法就是消减变量个数。因子分析法在减少参与数据建模变量个数的同时又不会造成信息的大量丢失，应用广泛。作为一种数据简化的技术，因子分析法通过对众多变量间内部关系的研究，获得观测数据的内在结构，并用少数几个假想变量来表示。这几个假想变量能够反映原来众多变量的主要信息。原始的变量是可观测的显性变量，而假想变量是不可观测的潜在变量，也被称为因子。因子具有以下特点：一是因子个数要远少于原有变量的个数；二是因子可以概括原有变量的大部分信息；三是各因子之间不存在共线性或者共线性不显著；四是因子可以得到解释命名。

（2）因子分析数学模型

因子分析的核心是用较少的独立因子反映变量的大部分信息，这一思想可以通过数学模型表示出来。设原有 p 个变量，分别为 x_1，x_2，…，x_p，每个变量的均值是 0，标准差是 1。现在将每个原有变量用 k（$k<p$）个因子 f_1，f_2，f_3，…，f_k 的线性组合来表示，即有

$$X_1 = a_{11}f_1 + a_{12}f_2 + a_{13}f_3 + \cdots + a_{1k}f_k + \varepsilon_1$$

$$X_2 = a_{21}f_1 + a_{22}f_2 + a_{23}f_3 + \cdots + a_{2k}f_k + \varepsilon_2$$

$$X_3 = a_{31}f_1 + a_{32}f_2 + a_{33}f_3 + \cdots + a_{3k}f_k + \varepsilon_3$$

…

$$X_p = a_{p1}f_1 + a_{p2}f_2 + a_{p3}f_3 + \cdots + a_{pk}f_k + \varepsilon_p$$

以上数学模型也可以用矩阵表示为 $\boldsymbol{X} = \boldsymbol{AF} + \boldsymbol{\varepsilon}$。其中 $\boldsymbol{F}$ 称为公共因子，因为它们出现在每个原有变量的线性表达式中。$\boldsymbol{A}$ 称为因子载荷矩阵，a_{pk} 称为因子载荷，是第 p 个原有变量在第 k 个因子上的负荷。$\boldsymbol{\varepsilon}$ 是特殊因子，表示原有变量不能被因子解释的部分，其均值为 0，相当于多元线性回归模型中的残差。

（3）职业化问卷的探索性因子分析

利用 SPSS 17.0 对 498 份有效样本进行探索性因子分析。检验结果显示，量表的 KMO 值为 0.729，巴特利特球形度检验值为 3044.678，Sig. = 0.000<0.01。综合两个因素说明样本数据适合作主成分分析，样本充足度足够，并且显著，可以在此基础上进行因子分析。

所得结果进行如下处理：①对于在多个因子上均有负荷的题目，直接删除；②对于在两个因子上都有载荷，但各载荷值小于 0.4 的题目，直接

删除；③在两个因子上有载荷，其中一个在 0.4 以上，与另一个相差 0.2 以上的题项予以保留。采用主成分分析法对新生代农民工职业化水平抽取特征根大于 1 的因子，并对因素进行最大方差旋转，初步得到职业化水平的结构。经过第一次探索性因子分析，考查旋转后的成分矩阵，发现 5、7、13、14、15、18、19、22、26、30、36 题项在至少两个因子的载荷相近，将其删除，保留剩下的 24 个题项；接着，用保留的 24 个题项进行第二次探索性因子分析，得到各因子载荷矩阵，发现 1、32、34 三题项在两个因子的载荷相近，将其删除；最后，只有 21 个题项被保留。此时分析数据结果显示，量表的 KMO 值为 0.720，巴特利特球形检验值为 3301.838，Sig. =0.000<0.01。采用主成分分析法抽取特征跟大于 1 的因子，并同时观察碎石图，如图 6-3 所示。

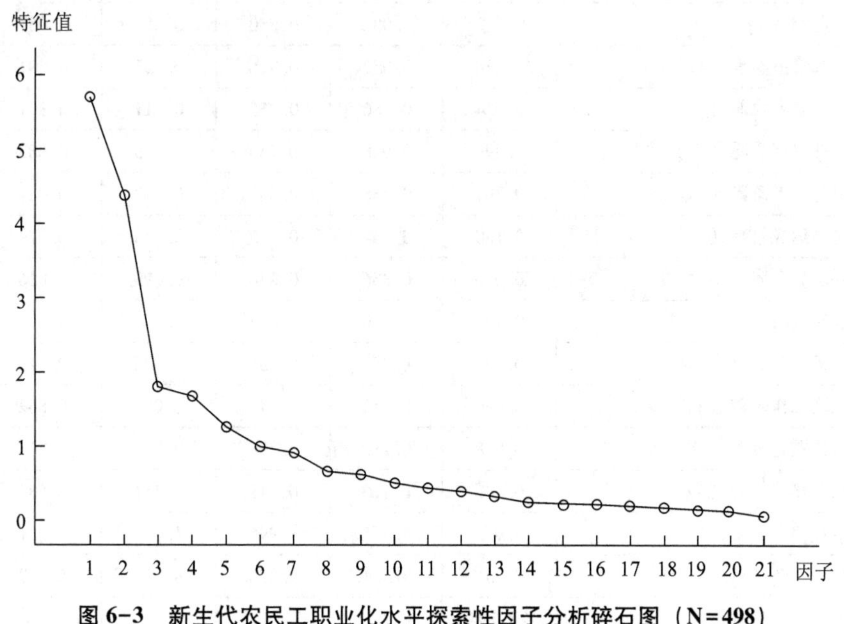

图 6-3　新生代农民工职业化水平探索性因子分析碎石图（N=498）

由图 6-3 可见，碎石图在第 5 个因子处出现拐点，此后坡度趋于平缓。前 5 个因子的特征根为 1.251，提取 5 个因子可以解释总方差的 69.774%。用保留的 21 个题项再次进行因子分析，得到各因子载荷矩阵如

表 6-6 所示。

表 6-6　新生代农民工职业化水平探索性因子分析旋转成分矩阵（N=498）

因子	旋转成分矩阵				
	1	2	3	4	5
企业战略知识（X_{27}）	0.827	0.206	0.086	0.298	0.040
工作专业知识（X_{32}）	0.758	0.382	0.088	0.007	0.030
业务流程知识（X_{31}）	0.754	0.257	0.069	0.204	0.153
组织结构知识（X_{28}）	0.714	0.391	0.027	0.149	0.012
公司产品知识（X_{29}）	0.660	0.454	0.077	0.038	0.043
个人形象（X_{20}）	0.134	0.904	0.205	0.084	0.046
把握机遇（X_{23}）	0.216	0.819	0.015	0.284	0.008
以身作则（X_{21}）	0.232	0.752	0.065	0.069	0.104
爱护公司设施（X_{17}）	0.323	0.743	0.092	0.274	0.042
事业心（X_{24}）	0.012	0.082	0.850	0.053	0.060
自我价值实现（X_6）	0.120	0.052	0.816	0.037	0.201
知识学习意愿（X_8）	0.024	0.086	0.755	0.111	0.391
业务提高意愿（X_9）	0.099	0.088	0.735	0.273	0.087
自身发展意愿（X_{10}）	0.391	0.168	0.587	0.172	0.081
努力达成目标（X_4）	0.160	0.164	0.195	0.748	0.019
寻求高效率（X_{12}）	0.076	0.386	0.048	0.699	0.086
迎接挑战（X_{11}）	0.124	0.170	0.093	0.606	0.428
平衡不同意见（X_{13}）	0.046	0.051	0.436	0.576	0.028
发现工作乐趣（X_3）	0.020	0.052	0.141	0.034	0.862
敢作敢为（X_2）	0.058	0.182	0.296	0.096	0.716
服务热情周到（X_6）	0.148	0.120	0.215	0.481	0.583
特征根	5.963	4.365	1.995	1.776	1.251
各因子负荷量	27.105	19.842	9.068	8.071	5.687
累积负荷量	27.105	46.947	56.015	64.087	69.774

由此发现，21 个变量提取 5 个公共因子后，公共因子解释了变量的大部分变异，5 个公共因子累积解释了数据总方差的 69.774%，每个变量都在其中的一个公共因子上有大于 0.55 的较高载荷值，而对其他公共因子的

载荷值相对较低。通过对各因子所包含的变量指标进行分析，发现该模型与实际情况相符合，获得理论支撑并且具有一定实际指导意义。

（4）因子的命名和解释

因子1：包括5个变量指标，分别是企业战略知识、工作专业知识、业务流程知识、组织结构知识和公司产品知识。这5个指标综合反映了新生代农民工的知识结构层次和掌握程度，可以解释和命名为“职业化知识”。

因子2：包括个人形象、把握机遇、以身作则和爱护公司设施4个变量指标。这些指标都涉及新生代农民工在工作中的具体表现，也是用人单位比较重视的，可以解释和命名为“职业化行为”。

因子3：包括事业心、自我价值实现、知识学习意愿、业务提高意愿和自身发展意愿，共5个变量。这些指标反映了新生代农民工的职业意愿，在一定程度上可以预期该就业主体在工作中是否可以很好地自我发展，适应社会的不断变化，因此可以解释和命名为“职业化态度”。

因子4：包括努力达成目标、寻求高效率、迎接挑战和平衡不同意见，共4个指标。这些指标从不同方面反映了新生代农民工工作中的不同技能禀赋，可以解释和命名为“职业化技能”。

因子5：包括发现工作乐趣、敢作敢为和服务热情周到，共3个指标变量。这些指标反映了新生代农民工在工作中的情商表现，可以解释和命名为“职业化素质”。

6.3.4.4 验证性因子分析及模型检验

探索性因子分析结果显示，新生代农民工职业化水平由职业化知识、职业化行为、职业化态度、职业化技能和职业化素质五个维度构成。此结构是否可靠、有效，需用验证性因子分析加以检验。检验包括两方面内容：一是模型验证，通过模型验证检验五维度模型是否可以得到所有样本的支持；二是模型比较，通过与可能包含的四因素模型和五因素模型进行比较，确定在现有样本下五因素模型是否为最优。其中，四因素模型是本研究的备选模型，包含四个维度，在按照要求设置模型参数后，用调研数据对四因子模型进行检验。

由图 6-4 可知，五因子模型与观测数据拟合较好，可以说五因子模型得到了现实调查样本的有力支持。在用 AMOS 软件进行验证性因子分析后，其模型验证至关重要。除了 χ^2/df 这个重要指标需要越小越好、通常小于 4 以外，GFI 、CFI 、NFI 和 RMSEA 也是需要采用的评价模型拟合度的指数。其中，前三个指标大于 0. 90 表示可以接受，而 RMSEA 的值则需要在 0. 08 以下。经分析可得，各指数指标都在建议值范围内，可知模型拟合程度较好，具体分析结果见表 6-7。

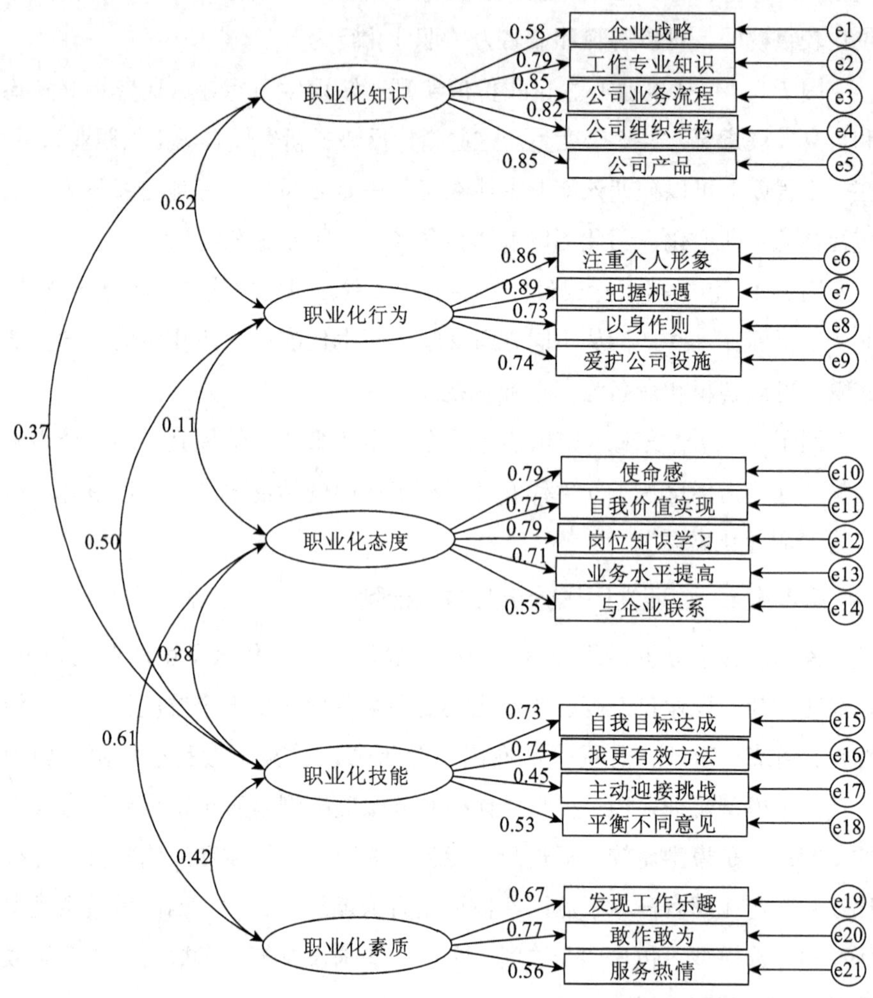

图 6-4　新生代农民工职业化验证性因子分析结构模型

表 6-7 模型拟合指数

拟合指数	具体指标	建议值	结构方程模型估计值
绝对拟合指数	χ^2/df	>0.90	2.984
	GFI	>0.90	0.92
	RMSEA	<0.08	0.069
	NFI	>0.90	0.89
相对拟合指数	CFI	>0.90	0.93
信息指数	AIC	越小越好	121.4

为了得到最佳验证模型，本研究将五因子模型中相关度分别为 0.61 和 0.62 的两个因子合并形成两个四因子模型作为参照，分别与五因子模型进行对比。通过对上述 3 个可能模型进行对比，发现五因子模型各项拟合指数最为理想。具体比较结果见表 6-8。

表 6-8 新生代农民工职业化水平问卷验证性因子分析参照模型拟合指标

拟合指标	χ^2	*df*	χ^2/df	*GFI*	*CFI*	*NFI*	*RMSEA*
五因子模型	543.088	182	2.984	0.92	0.93	0.84	0.069
四因子模型 1	549.458	182	3.019	0.90	0.84	0.82	0.072
四因子模型 2	605.696	182	3.328	0.87	0.88	0.81	0.078

6.3.5 新生代农民工职业化水平测度

根据表 6-4 观测变量的描述性统计分析中 21 个因素的均值与表 6-6 新生代农民工职业化水平探索性因子分析旋转成分矩阵（N=498）中的因子载荷，可以分别计算出 5 个因子的具体值。

$$F_i = \sum_{i=1}^{n} a_i X_i \tag{6.1}$$

其中，F_i为各个因子的值，a_i代表每个调查项在第 i 个因子上的载荷，X_i是每个调查项的均值。具体计算结果如下所示：

$$F_1 = 0.827X_1 + 0.758X_2 + 0.754X_3 + 0.714X_4 + 0.660X_5 + 0.134X_6 + 0.216X_7 + 0.232X_8 + 0.323X_9 + 0.012X_{10} + 0.120X_{11} + 0.024X_{12} + 0.099X_{13} + 0.391X_{14} + 0.160X_{15} + 0.076X_{16} + 0.124X_{17} + 0.046X_{18} + 0.020X_{19} +$$

$0.058X_{20}+0.148X_{21}=18.93$

$$F_2 = 0.206X_1 + 0.382X_2 + 0.257X_3 + 0.391X_4 + 0.454X_5 + 0.904X_6 + 0.819X_7 + 0.752X_8 + 0.743X_9 + 0.082X_{10} + 0.052X_{11} + 0.086X_{12} + 0.088X_{13} + 0.168X_{14} + 0.164X_{15} + 0.386X_{16} + 0.170X_{17} + 0.051X_{18} + 0.052X_{19} + 0.182X_{20} + 0.120X_{21} = 20.56$$

$$F_3 = 0.086X_1 + 0.088X_2 + 0.069X_3 + 0.027X_4 + 0.077X_5 + 0.205X_6 + 0.015X_7 + 0.065X_8 + 0.092X_9 + 0.850X_{10} + 0.816X_{11} + 0.755X_{12} + 0.735X_{13} + 0.587X_{14} + 0.195X_{15} + 0.048X_{16} + 0.093X_{17} + 0.436X_{18} + 0.141X_{19} + 0.296X_{20} + 0.215X_{21} = 18.70$$

$$F_4 = 0.298X_1 + 0.007X_2 + 0.204X_3 + 0.149X_4 + 0.038X_5 + 0.084X_6 + 0.284X_7 + 0.069X_8 + 0.274X_9 + 0.053X_{10} + 0.037X_{11} + 0.111X_{12} + 0.273X_{13} + 0.172X_{14} + 0.748X_{15} + 0.699X_{16} + 0.606X_{17} + 0.576X_{18} + 0.034X_{19} + 0.096X_{20} + 0.481X_{21} = 18.31$$

$$F_5 = 0.040X_1 + 0.030X_2 + 0.153X_3 + 0.012X_4 + 0.043X_5 + 0.046X_6 + 0.008X_7 + 0.104X_8 + 0.042X_9 + 0.060X_{10} + 0.201X_{11} + 0.391X_{12} + 0.087X_{13} + 0.081X_{14} + 0.019X_{15} + 0.086X_{16} + 0.428X_{17} + 0.028X_{18} + 0.862X_{19} + 0.716X_{20} + 0.583X_{21} = 12.42$$

经过运算，得出新生代农民工职业化评价体系中的 5 个因子的值分别为 18. 93、20. 56、18. 70、18. 31 和 12. 42。要想计算出新生代农民工职业化现实水平，还需要将 5 个因子值与因子负荷量联系起来，得出新生代农民工职业化水平值。

$$F = \sum_{i=1}^{m} A_i F_i \tag{6.2}$$

其中，F 是新生代农民工职业化水平值，A_i 代表各个因子载荷值与累积负荷值的之比，F_i 代表上面已经计算出的因子具体值。经计算，

$$F = A_1F_1 + A_2F_2 + A_3F_3 + A_4F_4 + A_5F_5 = (27.105/69.774) \times 18.93 + (19.842/69.774) \times 20.56 + (9.068/69.774) \times 18.70 + (8.071/69.774) \times 18.31 + (5.687/69.774) \times 12.42$$

=7. 35+5. 85+2. 43+2. 12+1. 01

=18. 76

计算结果显示，新生代农民工职业化水平值较低，仅为18. 76。

通过以上新生代农民工职业化水平测度结果，不难看出，目前新生代农民工群体整体职业化状况不理想，处于较低水平。与我国超过50%的城镇化率相比，作为城市就业主体的新生代农民工的职业化水平远不能与城镇化水平相匹配，我国城市中第二、第三产业的人力资源配置存在很大压力，尤其是结构不合理，这也在一定程度上解释了我国城市劳动力市场中“民工荒 ”与“民工潮”并存的悖论。新生代农民工的职业技能虽然较之第一代农民工有了一定的提高，可是仍然停留在量多质低的阶段，不能有效地满足企业使用先进技术和生产高技术含量产品的需求，较低的就业能力使得新生代农民工无法达到劳动力市场人职匹配的要求，也就不可能完全融入城市劳动力市场，不利于新生代农民工的城镇化进程。

6. 4　本章小结

科学、客观的职业化水平评估是从业人员制定和执行就业政策的重要保障，也是及时发现和纠正偏差、为不同就业能力层次群体个性化匹配政策的前提条件。对于新生代农民工就业问题，近年来，国家给予了越来越多的重视，政府也相继出台了许多针对新生代农民工的优惠政策，但是较少关注这一群体自身职业发展和职业化，在新生代农民工职业化评价方面的理论研究和实践比较少。本章作为全文的重点，是在第三章对于新生代农民工职业化现状进行分析的基础上，收集数据，利用结构方程方法，建立模型并进行分析。本章的主要目的是构建合理的新生代农民工职业化评价体系，为这一群体的职业化和城镇化寻找最优途径。通过参考国内外相关文献，采取开放式调查的方式，本研究编制了新生代农民工职业化的初始调查问卷。在对问卷进行整理后，应用 SPSS 和 AMOS 软件分别对调研数据进行了项目分析、探索性因子分析和验证性因子分析，进而构建了新生代农民工职业化的五维度模型，具体包括职业化知识、职业化行为、职业化态度、职业化技能和职业化素质，以上五因子之间也存在一定联系。经过检验，该模型拟合度有效且可信，可用于新生代农民工职业化水平的测度。在新生代农民工职业化评价模型建立的基础上，本研究运用模型计算了新生代农民工职业化水平，发现现阶段新生代农民工职业化处于较低水平，不能与城镇化进程相协调。新生代农民工职业化水平的研究对新生代农民工个体、用人企业单位和国家政策都有一定的指导意义和应用价值。

第七章　新生代农民工职业化模式划分和推进策略

7.1　新生代农民工职业化模式划分

根据发展动力原理，新生代农民工不可能满足于上一代农民工的追求目标，而是更加倾向于通过寻找新方式来满足自身的新欲望，也正是这种欲望的更迭使新生代农民工具有了不同于上一代农民工的特征。在原有的欲望得到满足、新的欲望不断产生的过程中会产生新的行为动力，进而推动人力资源的不断发展。按照布登波洛克式的发展动力模式，本研究把新生代农民工职业化的模式也依次进行了划分，分别是强调金钱追求的生存型职业化、强调社会地位追求的维持型职业化和强调精神生活追求的发展型职业化。

7.1.1　生存型职业化

对于刚从农村进入城市或者即将开始打工旅程的、上一代打工族子女的新生代农民工，他们初步接触了较为先进的思想观念，受到了现代生产方式的洗礼，增强了组织能力和协调各种关系的能力，也学会了怎样依法保护自己的合法权益，并能够更容易地将自己的利益要求转化为政策要求。虽然具有融入城市生活的强烈愿望，且具有一定市场竞争意识，但是由于其特定的弱者身份和心理脆弱性，以及不容乐观的物质资本与人力资本，跨入城市生活的第一步就是从农民转变为初级新生代农民工。刚进入城市，新生代农民工福利水平的绝对程度较低。迫于生存的压力，其往往将在城市立足作为自己的目标，即所挣的钱够在城市生活开支，而将文化的、社会的和政治的需求看作是生存需求的自然延伸和补充，远非生活另一个新领域、另一种新意义空间的开拓（王小章，2009）①。此时新生代农民工的城市适应行为是在比较成本与收益后作出的理性行为和必然选择，也是有形城镇化的部分体现，即实现了农村人口向城市的集中，包括职业的转换和居住场所的转换。同时，由于中国传统的二元经济体制与相应的户籍政策，新生代农民工的户籍未发生变化，仍保留农业户口。

此时的新生代农民工只是处于职业化的初始阶段，也就是只具备了职业化的可能性，即生存型职业化。作为人力资源，却不具有代表竞争力的“不能完全模仿和不能代替的资源”，而只是作为有劳动能力的人口进入劳动力市场，成为必不可少的劳动力生产要素。在这种情况下，其首要目的是在城市谋求生存，而所能供给的也只是限于体力劳动。提高新生代农民工技能素质，可以使其更能适应城乡统筹发展对人力资源的新要求，更能适应经济发展方式转变对技能素质的要求，完成经济层面的初步城市融入。

7.1.2 维持型职业化

随着行为主体在城市就业过程中的动机、目标和行动策略等的不断调整，新生代农民工群体逐渐分化出不同的特征。再加上群体当中成员初始禀赋不完全相同并在进入城市后进一步分化，其追求出现差异。一部分新生代农民工适应了城市生活节奏，选择留在城市，通过自我提高进一步融入城市；另一部分则选择离开城市回到农村。留下来的那部分，则需要从体力型劳动力向技能型劳动力转变，其职业化也要相应地从生存型向维持

① 王小章．从“生存”到“承认”：公民权视野下的农民工问题［J］．社会学研究，2009（1）：121-138.

型发展，此时所需的就业能力不仅是体力和经验，还有知识与技能的进一步匹配。经过生存职业化的基础积累，部分新生代农民工已经可以在城市初步立足。这时，其绝对性福利水平有所提高，超越“生存”层面而过渡到“生活”层面，即发展层面。虽然福利水平有一定提高，但是由于新生代农民工所考虑的不仅仅局限于在城市如何立足的问题，还有如何在城市生活的问题，因此他们的职业规划也就被提上日程，关注自身在城市社会中的身份地位，以及与其他社会主体之间的关系。职业生涯规划要求新生代农民工对自己的志趣爱好、自己所置身的主客观条件等有理性认识，综合考虑自己的所长、所爱、所需，做到切实、可行和可持续。

合理的知识结构是新生代农民工胜任现代社会职业岗位的必要条件，这就要求这一群体在维持型职业化阶段掌握专业知识、城市生活知识和人文知识，而普及劳动法等法律知识及职业安全卫生知识是新生代农民工知识结构重塑的重点。同时，职业发展能力是能力结构中的核心因素，职业技能培养是个连续的过程，新生代农民工必须重视培养职业发展的自我管理能力，有长远的职业目标规划，做到社会层面的城镇融入。

7.1.3 发展型职业化

经过生存型职业化的体力检验和维持型职业化的技能积累，新生代农民工已经跨越了城市门槛，进入无形城镇化阶段。随着城市现代化不断发展，新生代农民工的生存方式、生活方式、生活质量、文化素质和价值观念都会产生质的飞跃，进而成长为精英新生代农民工，职业化也跨越到了发展型职业化阶段。所谓精英新生代农民工，是指拥有较高技术或处于管理中高层的新生代农民工，初级新生代农民工通过不断增强自身就业能力，逐步成长为技术人员或管理人员，在得到其他新生代农民工认可的基础上，发现自身价值并找到适当地位，拥有一定权威性。精英新生代农民工在城市谋求与城市居民同等的应享权利，经历了向产业工人转化、向市民角色转化的过程，其道德素养、思想素养和语言行为素养等都要按照新的社会角色要求发生改变，顺利实现人的全面发展。发展型职业化主要体现出以下导向特征：一是更加凸显新生代农民工的主体地位，着眼于新生代农民工的自身成长发展，根据不同的情况和发展需要实施职业化，既遵循人力资本积累的发展规律，又充分尊重新生代农民工自身的特点和意愿，使新生代农民工在平等、自愿、自主的情况下实现职业化，获得理解和尊重，充分体现职业化过程中的人文关怀；二是职业化形式更加多样化。经过发展型职业化的新生代农民工开始重视生命的意义、培养自我意识，建立起科学、健康的生理素质观念，在经济层面、社会层面完成城镇化的基础上真正实现心理层面的融入，彻底完成了城镇化进程。

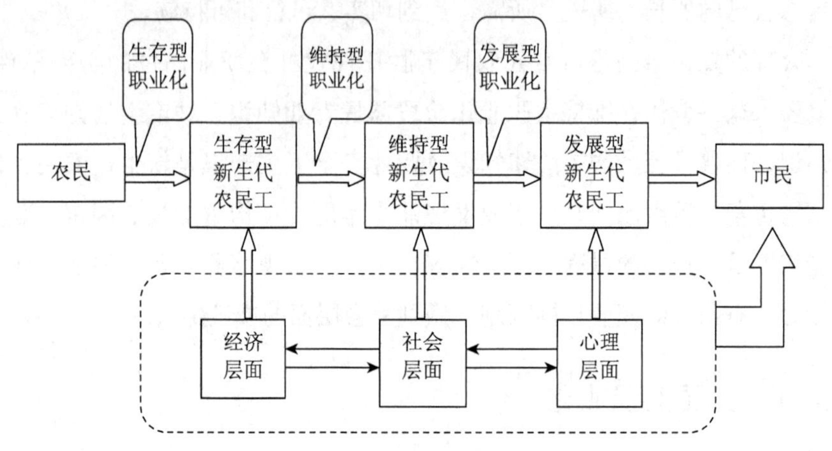

图 7-1　农村劳动力转移阶段划分

7.2　新生代农民工职业化推进策略

新生代农民工人口城镇化的实现实际上是一个社会化的过程，必须具备三个方面的基本条件或者经历三个阶段的发展：首先，是必须拥有一份稳定的职业，积累一定的物质资本；其次，是从事职业所带来的经济收入与社会地位能带来一种与当地人接近的生活方式，从而具备与当地人发生社会交往并参与到当地社会生活的条件，并转化为自己的社会资本；最后，通过这种生活方式的影响和与当地社会的接触，使其可能接受并形成新的与城镇人相同的价值观，在心理层面真正实现与城市人口的对接。与以上新生代农民工城市融入三个发展阶段相对应的推进策略依次为生存型、维持型和发展型职业化推进策略。无论何种推进策略，都需要个人、企业和政府三个层面的努力才能达成。

7.2.1 生存型职业化推进策略

从农村剩余劳动力转移视角出发，外出就业意味着传统农民职业的改变和分化。在不同的就业环境下，新生代农民工职业分化特征也不尽相同。对于处于生存型职业化阶段的新生代农民工，其职业特征是在城市务工环境中获得就业岗位，使个人的异质特征与所处职业化阶段相符合，实现在城市立足的第一步，也就是经济融入。经济融入是最基本的融入，也是确立这一群体在城市中的地位的前提条件，内含新生代农民工的收入融入和支出融入，其融入程度可以通过与市民平均水平的比较获得。在此阶段，由于新生代农民工刚刚进入城市，作为社会最底层的劳动力资源出现于劳动力市场，所具备的只有自身健康的体力和基本生存能力。

从新生代农民工自身角度出发，新生代农民工应当充分认识到自身综合素质与能力的重要性。在进入城市劳动力市场之前，应当冷静分析自身优势与市场规律，从自身能力、条件和爱好出发，有针对性地选择适合自己的工作，不要贪图安逸，期望值也不要不切实际，争取做到人尽其才、才尽其用。在积累一定的工作经验和常识的基础上建立长远的人生规划，构建以素质提升为重点的自我发展机制，不局限于当下，主动投入更多时间与资金提高职业化水平，同时投入高度的信心和热情，吃苦耐劳、百折不挠。新生代农民工必须逐渐学会用技术解决问题，借助技术来寻求适当的工作岗位，通过学习习得知识，在实践中不断发展就业能力；根据职业需求，努力塑造自己特定的职业角色，通过使用技术融入职业行列中并不断发展，努力创设物质基础，实现社会融入。此外，还应该将就业过程中习得的知识和经验实现目标能力的效率转化，以培养解决现实问题的能力，创造机会获得更高层次的就业，适应组织的职场文化。

从企业角度出发，企业必须为刚进入城市劳动力市场的新生代农民工提供大力支持，就业前的引导性培训和职业技能培训至关重要。根据实际需求，企业可以采取“订单加定向式教育”，就是新生代农民工就业的企事业单位与相关教育部门签订新生代农民工培养培训合同，对于参加过合作院校定向培训的新生代农民工采取优先录用原则。由于经过培训的新生代农民工在实际就业前就已经具备了对企业的初步认识，企业也会更加愿意录用这样的员工，其就业率会得到提升，教育部门、用人企业与新生代农民工三方对“三赢”的局面也乐见其成。作为企业劳动力资源的员工都希望在具体工作中展现自我价值，获得企业认可，新生代农民工也不例外。为此，在人力资源规划的基础上，企业要为员工提供发挥潜能的工作平台，让员工感受到自己的价值所在，提高工作的信心和积极性。在彻底摒除“新生代农民工”的身份标签后，企业应当协助他们完成人生职业规划，如工作知识及专业技能的提高、工作待遇的提升、从低级岗位向高级岗位的升迁、从简单工作到复杂工作的过渡，协助其实现自身价值，使之具有奋斗目标并与企业共命运。与新生代农民工签订长期用工合同，形成稳定合作关系，不断加强其社会责任意识，为职业发展提供更多机会，加大资金投入，为其提供必要的职业技能培训。对处在生存型职业化阶段的新生代农民工来说，依靠继续教育对低受教育水平的人力资源进行人力资本提升是必经之路。企业可以通过“干中学”和职业技能训练，提高新生代农民工工作悟性，促进有潜力实现维持型职业化的新生代农民工实现人力资本积累。由于新生代农民工初入城市的盲目性和不确定性，企业可以通过浅显易懂的交流与沟通向员工传递企业的发展战略与目标，增强员工的主人翁观念。同时，制定合理的晋升制度也是重要环节。“不想当元帅的士兵不是好士兵”，同样，不想谋求职业发展的新生代农民工也不是合格的工人，合理的晋升制度可以使这个具有弱质性的群体确定奋斗方向和目标。

从政府角度出发，国务院《关于解决新生代农民工问题的若干意见》指出，建立并推进公共就业服务，大力推动公共就业服务机构的建设。由于处于生存型职业化阶段的新生代农民工最需要的是一份合适的能够满足经济需求的工作，可是自身就业信息获取渠道有限，因此有必要建立基层就业服务网络，为农民转移提供服务；城市公共职业介绍机构要向新生代农民工开放，无偿提供政策咨询、就业信息、就业指导和职业介绍，真正做到信息透明。此外，还要推行新生代农民工就业管理与服务的“就业信息卡”制度，将新生代农民工的管理与服务纳入整个信息网络。加快构建反映城乡劳动力变动情况的综合信息交换平台。在此基础上，实现跨城乡、跨地区公共就业服务的对接，使新生代农民工在职业介绍、职业培训、就业和失业登记、劳动合同管理等各方面与城市居民享有同等待遇。政府要意识到提高新生代农民工综合素质与能力的重要性，注重宣传，让社会各界更加关注此问题；完善相关法律法规，为提高新生代农民工职业化能力提供法律保障；加强对企业的监管，监督企业在此方面付出更大努力；加大财政转移支付力度，投入更多人力、物力、财力来促进发展。加强新生代农民工的职业技能训练，包括工艺技能和有效沟通等管理技能。创办新型中国新生代农民工职业大学是一项利国利民的艰巨工作。借鉴在教育领域商务成就巨大的美国 APPOLO 模式，将目标市场设立为低端高等教育，即招收低学术程度、低收入的新生代农民工学员，教学的目的不是拿学历，而是职业升迁，服务于以职业升迁为目的、流动性强的中国新生代农民工（李明华，2006）。国际劳工组织开发的 MES（Modules of Employable Skill）是适用于职业技能的模块组合，学习单元灵活方便、内容简单扼要，适于自学，符合新生代农民工要求培训“短、平、快”并节省费用的特点（胡小凤，2006）。

7.2.2 维持型职业化推进策略

在经历了生存型职业化的经济积累过程后，维持型职业化主要关注新生代农民工群体的社会融入问题。社会融入表现为新生代农民工习得市民的生活方式和获得城市社会支持网络。与上一代农民工不同，新生代农民工在进入城市之初就决定了他们会与家乡渐行渐远，脱离了乡风民俗的监督和基层组织的管理，进入到一个全新的陌生环境。对于一个失去了社会背景的弱势群体，新社会环境的融入至关重要，这种融入不应只局限在经济层面的城市立足，而应当包括更深层面的社会融入。

从新生代农民工自身出发，在经历了生存型职业化的求职后，新生代农民工基本都找到了相对固定的职业，完成了城镇化的第一步，也就是经济城市立足。但是还不能满足于眼下的经济收入，要有长远眼光和竞争意识，不断加强自身职业教育和培训，提高劳动技能，这样才能在劳动市场中占主导地位，拉近与城市产业工人的距离，不再受歧视和排斥。作为员工的新生代农民工想要实现自我价值，需要把自身发展置于企业发展环境与周围环境中。由于新生代农民工在城市的生活圈子相对较小，基本是就业企业和居住社区两点一线，除在企业积极完成自我职业技能提高之外，也要主动参与到社区教育这一就近教育补偿模式中来。补偿教育可以从两个方面理解：一是通过有关政策法规将对新生代农民工的补偿教育纳入国民教育体系，即通过部分财政拨款与企业雇主、新生代农民工共同负担经费，采取培训券或报账等方式对新生代农民工进行文化知识、专业技能、法律常识、公共道德方面的教育，如就地开发文化讲习班、职业技能培训班、专业知识讲座等；二是通过社区教育学院、图书馆、文化馆等公益性文化机构，为新生代农民工的文化教育与生活提供服务，为新生代农民工看书阅报、学习科技知识提供方便。新生代农民工的职业要不断发展，使职业发展与社会发展同步，把从事职业定性为事业，通过职业的身份化加深职业成熟度，用稳定性、发展性和事业性来体现新生代农民工职业的较高发展阶段。根据新生代农民工的文化教育需求，统筹全社会的教育资源，发挥各类学校的优势，积极鼓励支持社会教育机构承担新生代农民工的作业技能培训任务，形成多形式、多渠道、多专业、多途径的新生代农民工文化教育培训格局；做到有计划、有步骤、有目标地进行新生代农民工补偿教育；做到长短结合、优势互补以及基础性和实用性相结合的新生代农民工教育补偿。除了继续主动接受教育，新生代农民工还需要与社区市民主动搭建交流平台，不应只局限于刚走出农村时的血缘与地缘社会关系，在生活方式、价值观念、行为模式等方面完成从农民到市民的再社会化过程，提高城市社会化的内化效果。

从企业角度出发，在经过生存型职业化的熟悉阶段后，对新生代农民工就业情况有了一定了解和认识的基础上，用人单位应该把注意力转移到满足这部分人力资源的情感需求层面。进城务工使新生代农民工实现了城市融入的第一步，解决了这一群体在城市最基本的生存问题；在职培训有助于新生代农民工工作技能的积累，在一定程度上也可以提高城市生活质量。此时，企业的培训不应该再关注人力资源的基本就业能力，而需要把注意力转移到发展新生代农民工职业能力，提高新生代农民工文化素养上。在整个培训过程中秉持“以人为本”原则，直面新生代农民工群体人文关怀缺失现状，有针对性地选择培训内容与方法，凸显新生代农民工作为“受众群”的主动性、积极性。通过人力资源规划，企业把人才作为最关键的发展驱动因素，想方设法把已有新生代农民工人力资源培养为人力资本。同时，企业能否留下优秀人才也是衡量企业成功与否的关键内容，通过企业自身不断完善的激励机制，让处于维持型职业化阶段的新生代农民工愿意与企业共命运，企业才会取得长足发展。因此，有必要建立和完善员工业绩考核系统，配以有竞争力的薪酬，让员工在事业上有成就感和满足感。只有建立在对新生代农民工客观公正的评价上，让员工切实了解自己的业绩情况，企业才可以从根本上改变这一群体的就业环境，创造人力资源成长与发展的空间。在实际操作过程中，企业应当注重员工自我价值的实现，针对内部差异区别对待，实现最佳的人职匹配。新生代农民工中的一部分可能希望通过努力晋升为管理者，另一部分可能更倾向于在专业上有所提升，根据他们的现实情况和价值目标，企业需要激发员工的潜力，减少核心员工工作的枯燥感，进而提升他们的责任感和忠诚度。

从政府方面来讲，完善以制度创新为核心的政府推进机制，努力推进平等权利的制度变革。同时，教育和保障等部门也应进行相应的改革，使新生代农民工的各项基本权益得到维护。根据现实情况，建立适合处于发展型职业化阶段新生代农民工特点的、可实现跨区域转移的过渡性养老保险个人账户，把个人账户与社会统筹相结合，解决新生代农民工养老保险的现实问题。缴费实行低费率，由用人单位和新生代农民工双方负担，全部缴费进入新生代农民工个人账户，并发放个人账户卡。转入城镇职工养老保险制度的，按规定折算缴费年限，调整个人账户规模，划分个人账户和社会统筹基金。通过立法，健全新生代农民工工伤保险制度，尤其一些危险行业，应把工伤保险法定为强制险，并对资费问题加以规定。在相关法律法规标准健全的前提下，加强劳动监察，保证法律贯彻执行。对于新生代农民工就业的企业，相关管理部门需要进行有力监管，确保新生代农民工基本医疗问题的有效解决；在当前制度安排下，新生代农民工参加基本医疗有两种基本方式，一是参加农村的新型农村合作医疗，二是参加城市的基本医疗保险。对愿意参加新型农村合作医疗的新生代农民工，相关部门应采取有效措施，建立全国通用的医疗费用报销机制，让新生代农民工可以享受便利的医疗服务；对愿意参加城镇基本医疗的新生代农民工，相关部门要从实际出发，适当降低这一群体最低缴费基数，使多数就业于城市的新生代农民工有能力承担基本医疗的个人缴费；在有条件的地区，构建新型农村合作医疗与城镇职工基本医疗制度相统一的衔接机制，清除新生代农民工城市医疗问题的现实障碍，为新生代农民工更好地生活在城市提供便利条件。在教育方面，城市相关部门要重视新生代农民工子女义务教育，同样，农村地区也要关注留守儿童的义务教育问题。鉴于城市与农村之间义务教育经费衔接困难，教育部门可以考虑实施义务教育阶段经费全国通用制度，在不同地区不同部门之间进行教育专项财政转移支付，以解决异地教育面临的实际困难。由于城市地区教育资源有限，可以在有条件的地区鼓励社会资本融资，在保证教学质量的前提下降低民办教育的准入门槛，缓解义务教育供给的实际困难。此外，地方政府应重视新生代农民工子女教育质量，有选择性地提供财政补贴，降低办学成本，为新生代农民工融入城市解决后顾之忧。

7.2.3 发展型职业化推进策略

新生代农民工融入城市有经济、社会和心理文化三个依次递进的层次，只有心理文化适应了，才能说明新生代农民工完全融入了城市社会。许多学者不约而同地将心理适应作为新生代农民工融入城市的最高阶段，心理层面的适应包括新生代农民工内化城市文化价值观念、生活方式、在心理上获得认同及在情感上找到归属，是新生代农民工真正融入城市的标志，因此，只有完成心理适应才算完成了真正意义上的城镇适应过程。在经历了初入城市生存型职业化阶段的经济适应、维持型职业化阶段的社会适应后，继续留在城市就业的新生代农民工已经彻底完成了空间上的流动，接下来急需实现的是现代意义上的“心理移民”。除了刚性政策对新生代农民工权益的维护，内在核心和深层问题的解决才是融入的主题。

从新生代农民工自身来讲，在经过经济层面与社会层面的城市融入后，新生代农民工过渡到了心理文化层面的融入过程。在这一阶段，新生代农民工已经转变为城市产业工人，不用再为钱发愁，更应该注重的是怎样使自己的职业生涯获得成功，或者如何成为所从事行业的精英人才。首先应该具备精英意识和足够信心，把“新生代农民工”的标签彻底去除。有理想、有目标、有视野和心胸，不断提升自己的思想境界、道德境界和社会理想境界，注重知识与经验的积累和能力的提升，通过发挥个人所长建立个人相对优势，依据此优势制订计划并大胆行动。注重团队合作精神，独立思考，关注社会，把自己的精神境界提高到一个层次。在对自我、他人以及社会关系有了相对成熟的认知后，新生代农民工开始关注自我发展关照下的职业与人生长远规划，社会责任感与社会归属感逐渐成为他们的心理倾向。新生代农民工的就业能力是职业发展的根本，自我管理能力的提升有助于其实现职业发展目标，充分调动自身的主观能动性，卓有成效地利用和整合自我资源，运用科学管理方法开展自我认识、自我计划、自我组织、自我控制和自我监督等一系列活动。

从企业方面来看，新生代农民工是一个庞大的社会群体，在经历过生存型职业化与维持型职业化后，已然成长为合格的产业工人，是我国变人口大国为人力资源大国的希望所在。此时企业应当践行“以人为本”的宗旨。关心职工健康和生活是留住人才的根本：关心、尊重精英员工，信任精英员工是留住精英员工一个最为基本的条件。同时，企业要努力创造以人为本的企业文化，给员工充分授权，对核心员工实施无微不至的亲情化管理，关心他们的日常生活状况，尽力解决员工工作外的后顾之忧，借此提高员工的忠诚度，建立和谐真诚的人文环境。具体来讲，企业可以通过人际交往提高管理的手段和亲和力，增强企业凝聚力与软实力；可以通过加强员工合作构建和谐统一的工作氛围，共享知识、互相学习，实现效益最大化；可以通过交流与沟通促进企业的改革与发展。建立完善企业内部人才培养机制，激励员工学习与工作相关的知识和技能，进而系统性地定制人才培训计划，使员工每一天都有所成长。完善企业内部人才梯队建设，企业经营是人的经营，更是人才的经营，人才梯队建设至关重要。建立个性化的培训规划，实施个案跟踪系统；一个综合的培训与发展体系是在企业内部有针对性地培养人才的重要手段。创建并完善企业内部竞争机制，给员工营造良好的发展空间，建立内部人才平台，完善人力资源管理各项职能。从物质与精神两方面完善激励机制，通过恰当的物质奖励调动员工积极性和激发员工工作热情，通过给予荣誉感和成就感承认员工的工作付出。通过企业各方面的协调，为处于发展型职业化阶段的新生代农民工创建完善的内部竞争机制，鼓励营造积极向上的企业文化理念，配备以良好的管理团队、行之有效的企业制度和管理机制，为这一群体创造良好的发展空间，把新生代农民工培养为一支优秀的不可或缺的员工队伍，只有这样企业才可以在可持续发展的道路上处于优势地位，实现效益最大化。

从政府方面来看，创新以社会认同为核心的社会支持机制、构建以文化融合为核心的城乡互动发展机制，基本公共服务均等化势在必行。对于新生代农民工的文化生活建设，要注重这一群体的特点和诉求，在构建和谐社会的过程中建立城乡统一的公共文化服务体系，让新生代农民工在心理平衡的基础上享受公共文化服务，建立起对社会的普遍认同，增强城市人意识，充分融入城市的每一个环节。人是最宝贵的资源，也是各国综合国力的决定性因素，而专业技术人才是人才队伍的重要组成部分。从生存型职业化发展到维持型职业化，再过渡到发展型职业化的新生代农民工已经脱离了“纯劳动力”，通过前两阶段人力资本、社会资本和组织资本的积累发展为专业技术人才，在现代化建设中发挥着不可替代的作用。在专业技术人才定位的基础上，政府应当进一步加强专业技术人才队伍的指导思想和工作目标设计，遵循人才成长规律，通过体制创新、政策创新、观念创新，为培养和用好专业技术人才提供良好的资源配置平台，使专业技术人才与现代化事业相适应。在此基础上，政府还需要营造尊重知识、尊重人才和鼓励创新的社会氛围，逐步建立符合专业技术人才成长规律的人才分类管理体制，建立市场配置人力资源与政府宏观调控相结合的运行机制；注重人才宏观调控，促进人才流动，改革户籍管理制度，健全社会保障体制，建立和完善人才市场体系，为人才合理有序流动创造条件；坚持效率优先、兼顾公平的原则，把按劳分配与按生产要素分配相结合，实现多元化分配方式，增加新生代农民工的积极性。同时，政府还需要以改善知识结构、增强创新能力、提高综合素质为目标，加强专业技术人员继续教育工作，推进人才管理的法制建设，逐步实现人才管理工作制度化、规范化和法制化。

7.3　本章小结

本章依据农村剩余劳动力所处的不同转移阶段与不同的转移动机，从理论上将新生代农民工职业化类型划分为生存型职业化、维持型职业化和发展型职业化，并对划分类型的概念进行了界定。在分类基础上，分别提出了处于生存型职业化阶段、维持型职业化阶段和发展型职业化阶段的新生代农民工相对应的在经济层面、社会层面和心理层面的城市融入特点，从而创造性地提出了完整的生存型新生代农民工职业化推进策略、维持型新生代农民工职业化推进策略和发展型新生代农民工职业化推进策略，为顺利实现农村劳动力转移、新生代农民工群体和谐融入城市提供了参考依据。

第八章　产业结构转型升级背景下新生代农民工职业化路径依赖

8.1　产业结构转型升级现状

8.1.1　产业结构转型升级对人力资源提出新要求

党的十九大报告指出，我国经济已经由高速增长阶段转向高质量发展阶段，正处在转变发展方式、优化经济结构、转换增长动力的攻关期，建设现代化经济体系是跨越关口的迫切要求和我国发展的战略目标，必须坚持质量第一、效益优先，以供给侧结构性改革为主线，推动经济发展质量变革、效率变革、动力变革，提高全要素生产率。在提高经济增长质量方面，大力发展服务业、推动产业结构优化升级无疑是一个重要途径，这在目前经济日益复杂化和全球化的背景下尤为重要。产业结构的优化升级和服务业的发展成为提高资源配置效率的重要推动因素。发展的根本在产业，产业的活力在优化，优化的主导在生产要素，作为生产过程的基本投入要素，劳动力、土地和资源等要素价格的差异直接决定了不同区域的产业分工和产业布局。

2016 年 2 月，习近平主席在江西考察时强调："要着力推进供给侧结构性改革，加法、减法一起做，既做强做大优势产业、培育壮大新兴产业、加快改造传统产业、发展现代服务业，又主动淘汰落后产能，腾出更多资源用于发展新的产业，在产业结构优化升级上获得更大主动。”我国的高铁、核电、航空、电信等都是优势行业，制造业是我国的大产业，也是优势产业。不论是优势产业、新兴产业还是现代服务业，都离不开人力资源这个生产要素作为内生型创新动力。

人力资源专家认为，产业结构的优化升级会迅速提高社会分工的专业化程度，与之相对应的对人才类型和规格的需求会更加多样化。纵观产业逐步转型升级的过程，社会对人力资源的需求有增无减，并且人力资源的内涵不断扩大，从劳动力密集型时期单纯的人力转变为高素质人才。产业优化升级会产生新的专业技术型岗位，对与这些岗位相匹配的复合型人力资源的需求将会激增，如何开发好、使用好这些人才资源，以达到最大化人才效能、提升产业整体水平、推动产业进步显得至关重要。在产业转型升级过程中，不可避免地会产生人才资源的错配和浪费，出现这种情况的原因，既有区域经济格局和产业结构变化的冲击，也有落后的管理观念造成的企业人才制度和结构的问题。因此，有必要重视原有产业内部人力资源的安置问题，进而避免职业内卷化现象。

对一个发展中国家来说，实现劳动力持续的有效转移，需要解决以下重要问题：一是需要有第二、第三、第四单元经济体的有效持续转移发展，并在发展过程中积累资金，使第一单元的农业生产技术投入具备有效来源；二是需要有教育，尤其是中高等职业教育以及普通高等教育的快速发展，使全社会人才具备不断成功转移的素质。我们可把第一单元向第二单元的转移称为“工业化阶段转移”，第一、第二单元向第三单元的转移称为“后工业化阶段转移”，第一、第二、第三单元向第四单元的转移称为“高智能产业化阶段转移”。三个阶段的转移需要持续地按“梯次”进行。这三个阶段的转移，就是现在人们所说的“产业升级”。

一个发展中国家如果不能有效、顺利和连续地实现三个阶段的梯次转移，就会在中间阶段停止发展。过去描述类似问题的概念是“中等收入陷阱”（middle income trap），它是世界银行在《东亚经济发展报告（2006）》

中根据对多个国家长期经济发展的统计规律而提出的，但这个概念相对含糊，并不是一个严格的理论概念。严格来说，它在理论上就是属于三个阶段的梯次转移节奏失配，即如果三个阶段梯次转移节奏上出现失配，就会出现各种不同类型的麻烦。只要分析清楚三个阶段梯次转移节奏失配的类型，就可真正从经济理论上透彻理解所有“中等收入陷阱”问题所希望描述的对象。

恰恰是产业结构转型升级对人力资源的新需求给农民工这一群体带来了巨大的刺激和推进作用。由于自身人力资本欠缺、市场议价能力差，农民工就业存在严重的内卷化现象。而产业结构转型升级通过对人力资源提出新要求，经过一段时间的磨合之后，可以从根本上解决企业与人力资源的匹配效率问题，同时也可以有效控制企业的人力资源管理成本。从大趋势上看，我国经济一定会从“投资推动型”向“人力资源推动型”转变，农民工人力资源也将对这一过程起到重要的促进作用，获得前所未有的发展机遇。

在工业革命初期，大量劳动力从农业中转移出来，资本和技术比较稀缺，劳动力价格低，资本和技术价格高，因此，产业结构以劳动密集型的轻工业为主导。随着技术和知识的进一步积累，知识和技术密集型的服务业开始居于主导地位。伴随着经济的长足发展，许多发展中国家会面对一个严峻的问题，那就是“中等收入陷阱”。汇丰银行最近发布的一份报告显示，中国正成为创新驱动的发展中经济，如果创新持续下去，将帮助中国避开“中等收入陷阱”。世界银行《东亚经济发展报告（2006）》提出了“中等收入陷阱”的概念，其基本内涵是：一个经济体的人均收入达到世界中等水平，即人均国内生产总值达到 4000~12700 美元的阶段后，由于不能实现发展战略和发展方式的转变，特别是内生动力不足，经济发展长期停滞不前；与此同时，快速发展中积累的问题集中爆发，造成贫富分化加剧、产业升级艰难、城市化进程受阻、社会矛盾凸显等。2016 年我国的人均国内生产总值已经达到 8280 美元，处于“中等收入陷阱”的人均收入区间，其他国家经历过的贫富分化加剧、产业升级艰难、城市化进程受阻等问题同样也是我们面临的问题。能否建立起人力资源协同发展的产业体系对我国是否能够顺利跨越“中等收入陷阱”来说至关重要。

8.1.2 产业结构转型升级与新型城镇化的辩证关系

十九大报告指出，十八大以来的五年间我国城镇化率年均提高一点二个百分点，八千多万农业转移人口成为城镇居民，说明我国农民工市民化已经取得了阶段性成绩。产业结构转型升级在我国新型城镇化发展过程中发挥了重要作用。走新型城镇化道路，首先要处理好产业发展、就业吸纳和人口集聚的关系（国务院发展中心和世界银行，2014）。城镇化过程中的另一个关键因素是劳动力流动。在中国的城镇化进程中，劳动力流动出现了许多相悖的现象：既出现了交通拥堵、雾霾天气、高房价等“城市病”导致的“逃离北上广”等现象，也出现了“再回北上广”与劳动力就业或择业时将一线大城市作为优先选择等现象；既出现了农民工“返乡潮”与“民工荒”现象，也出现了“自然村落渐逝”和农村空心化问题。

产业结构转型升级、劳动力流动与新型城镇化发展的现实，需要相关部门基于异质性要素（企业和劳动力）和劳动力知识溢出的基本假设，厘清产业结构转型升级视阈下的企业市场进入和劳动力流动的一般均衡逻辑，以实现劳动力市场的均衡发展。首先需要注意的是，并不是所有的劳动力都将积聚于大城市：城市规模分布的齐普夫法则告诉我们，仍有部分劳动力位于中小城市和城镇。同时，规模不同的城市吸引的劳动力，除规模的差异以外，一个更显著的特征是城市内的劳动力技能的差异（Bacolod et al.，2009），而劳动力技能的异质性导致城市产业结构转型升级效率的差异，更明显地表现为城市间的技能分层现象（Baum-Snow 和 Pavan，2010）①，而大量文献通过考察不同规模城市的劳动力技能分布，也发现劳动力根据技能在城市间分类或分离（Behrens et al.，2010；Eeckhout et al.，

① Baum-Snow, N. & Pavan. Understanding the City Size Wage Gap [J], Review of Economic Studies, 2012, 79 (1): 88-127.

2010；Matano 和 Naticchioni，2012)①②③。更具体来讲，一般规律表现为高技能劳动力多集聚在大城市，而低技能劳动力更加倾向于小城市。

一般来说，当一个地区劳动力成本较低时，产业结构表现为以劳动密集型的低附加值产业为主导。随着劳动力成本的上升，一方面，劳动密集型产业转移到劳动力成本较低的其他地区，另一方面，本地企业将更多使用资本和技术替代劳动，从而推动产业结构升级。因此，处理好产业结构调整升级、人力资源以及城镇化发展三者之间的关系，在供给侧结构性改革的大背景下是一个不容忽视的问题。

8.1.3 产业结构转型升级加剧劳动力市场供求不匹配矛盾

作为世界上最大的发展中国家，中国正面临着人口快速老龄化、经济发展进入新常态以及制造业处于全球价值链低端的挑战。这些挑战为中国劳动力市场带来困境：一方面，劳动力总量不断下降，劳动力成本不断上升；另一方面，劳动力市场供求不匹配的矛盾日益突出，结构性失业问题严重。以上现状提出了以下问题：我国劳动力市场技能需求与供给呈现什么特征？应如何缩小劳动力市场的技能缺口？解决好上述两个问题对我国产业结构调整升级至关重要。

产业结构转型升级的一个重要特征就是对高技能劳动力的需求明显增加，这就不可避免地造成了高技能劳动力供给缺口日益增加的结果，劳动力市场技能回报不断上升。随着制造业升级和产品附加值提升，劳动力市场对现代服务业专业人才的需求将呈现上升趋势。一方面，企业普遍存在人才短缺问题，国家化管理人才和战略设计人才尤其难得，且不同产权类

---

① Behrens，K.，G. Durantom & F. Robert- Nicoud. Productive Cities：Sorting，Selection and Agglomeration ［C］，CEPR Discussion Paper，2010 （79）：22.

② Eeckhout，J.，R. B. Pinheiro & Schmidheiny，K. Spatial Sorting：Why New York，Los Angeles and Detroit Attract the Greatest Minds as well as the Unskilled ［C］，CESifo Working Paper Series，2010：327.

③ Matano，A. & Naticchioni，P. Wage Distribution and the Spatial Sorting of Workers ［J］，Journal of Economic Geography，2012，12 （2）：379-408.

型、不同规模的企业在人才需求上存在差异，导致人才短缺情况各有各的不同；另一方面，低技能人力资源在劳动力市场的议价能力越来越差，企业对这部分人群的需求不断下降，造成这一群体的结构性失业问题。总结起来，中国劳动力供求存在人才层次矛盾显著、低学历劳动力未能智能化而高学历劳动力却被低能化的问题。随着信息化程度的不断加深，智能化生产要求低技能劳动力不断提升技能水平。但是，受教育程度低、培训机会缺乏等使低技能劳动力无法适应产业升级和企业发展的需要。

相比较而言，低技能劳动力主要就业于制造业，制造业对人才的需求呈现区域聚集效应，且不同地区的人才需求也存在差异，因此人才短缺问题也呈现出区域异质性。由此带来的结构性失业与高失业风险，本质上是求职者的劳动力技能与岗位要求不匹配造成的供求缺口。分析显示，中国劳动力人口中失业风险最高的三类群体是16~29岁的青年农民工、22~24岁的大学毕业生和45~60岁的中老年劳动力。就以上三个群体而言，大学生接受的正规教育最多，其人力资本中的知识积累较丰富；下岗职工具备一定的经验和技能，人力资本中的技术沉淀较丰裕；农民工在以上两方面都比较欠缺，因此其在完全竞争的劳动力市场中处于相对劣势地位。而独具代表性的新生代农民工在三类“就业难”群体中首当其冲，其就业面临的严峻性不言而喻。因此，提高职业技能水平是减小上述群体失业风险、降低整体失业率的关键所在。大学毕业生、职校毕业生、农民工以及中老年劳动力这几大就业群体面临的问题，反映了中国整体劳动力供需的困境。面对以上问题，我国在追求产业结构转型升级效率的同时，应该增加人才供给，提高人力资源效用，在宏观层面打破行政性和行业性垄断，促进人力资源的合理配置和流动，以机会公平为原则推动户籍、就业和创业环境改革，在微观层面倡导职业培训平民化，通过国家财政补贴，促进农民工尤其是年轻一代农民工的技能提升。

8.2 产业结构转型升级中的人力资本需求

8.2.1 产业结构转型升级对劳动力技能互补的需求

当前，城市发展中一个紧迫问题，就是要避免产生“城市产业升级就不需要低端劳动力”的认识误区。科学认识城市内部高、低技能劳动力之间的互补关系，是我国顺利实现产业结构转型升级的重要条件，否则，不仅会损害下一阶段的城市化进程以及城市和谐有效的发展，也会大大挫伤人力资源的积极性和创新性。

人们常常凭直觉认为，城市产业结构转型升级是一个高端的过程，内部各种生产要素都要被贴上“高、精、尖”的标签，低端劳动力就要被彻底摒弃于这个过程之外。这是一个巨大的认识误区。在这种误区的指引下，人们就会认为低技能劳动力流入城市会增加城市负担、延缓城镇化进程，因此，应该对劳动力设置更高的门槛。这里的“高门槛”往往会被理解为所有劳动力都应该是同质同量的高技能劳动力，或者说具有高禀赋的人力资本。而在产业结构转型升级过程中，真实的情况是，高技能劳动力和低技能劳动力之间构成了互补关系。这其中有三方面原因：首先，任何一个生产过程都会涉及劳动分工。在一个生产单元或生产单位，不同的生产要素以及同一生产要素的不同层次需要相互配合，以求得效用最大化。以上海陆家嘴的金融街为例，毫无疑问，这里已经形成以资本、货币、外汇、商品期货、金融期货、黄金、产权交易、再保险市场等为主要内容的现代金融市场体系，对劳动力的技能要求很高。可是除需要高级的白领劳动力之外，也需要清洁工和门卫这类低技能劳动力加以配合。这就是社会中的分工效应，一个地方或产业区的社会分工效应越强，低技能劳动力就越会从高技能劳动力的集聚中获得好处。其次，人力资本具有外部性，对低技能劳动力而言，高技能劳动力的正外部性不可忽视。高技能劳动力之间相互学习，存在参考效应，同时，高技能劳动力也会对低技能劳动力产生知识和技术的外溢。比如说，在某些外国人比较多的地区，即使门卫也会说几句外语。最后，消费同样具有外部性。陈志武（2014）曾提出，消费分配比财富分配和收入分配更重要，因为不管是在经济学理论还是在现实中，每个人的幸福或者效用，直接取决于消费，而不是货币或者财富本身。生活中，人的收入水平越高，用于消费的比例就会越高，如用于服务业中的餐饮行业等，而提供这种服务的劳动力往往技能较低。因此，在产业结构转型升级的大环境下，城市应该发挥吸纳低技能劳动力就业的作用。

经济发展的根本在产业，产业的活力在优化，优化的主导则需要落实到生产要素，而劳动力是生产过程中投入的唯一活要素。农民从农村转移到城市并不仅仅是因为工资高，还有一个半隐性因素和一个隐性因素。作为劳动力市场中不可或缺的一部分，无论是继续坚守在城市从事第二、第三产业，还是在农村“三产融合”的背景下返乡创业，农民工人力资本普遍欠缺，市场议价能力较差，就业存在严重的内卷化现象。城市产业结构转型升级、农村三产融合对劳动力的标准化需求与农民工群体劳动力供给贫瘠化之间的不对称问题，成为我国经济发展过程中亟待解决的突出问题。因此，通过为农民工提供合适的教育培训机会提升其人力资本存量，进而使人力资本供给结构全面升级，具有非常重要的价值和意义。

人口转移并不仅是一个简单的数量转移问题，而且意味着转移的人口自身面临着工作类型转变的挑战。由过去从事农业生产转向工业生产，需要其工作技能发生转型。即使已经从事某种工业生产工作的人员，从一种工业生产转变为另一种工业生产，或从工业生产转变为建筑、餐饮等服务业工作，都意味着改变其工作技能。因此，对被转移的人口来说，转移就是转型。即使从事的还是相同的工作，可能也要面临工作地或工作环境的变化，同样也有转型的问题。具体来讲，就是作为生产要素之一的低技能劳动力，并不能原地踏步，而是要充分利用高技术劳动力的知识与技术储备的正外部性，努力积累自身的人力资本，以求得职业的正向发展。同样道理，即使在美国，高科技产业和制造业的发展也同样带来了对服务业的需求，其中，服务业的很多从业者都只有高中以下的受教育程度。美国的研究发现，每一个高科技产业的就业可以带动五个其他行业的就业，其中，两个是相对高端的服务业，而另外三个则集中在消费型的服务业（如售货员或餐馆服务员）。由此可见，低技术劳动力在产业结构转型升级过程中同样发挥着一定作用，不论是从配合高技术劳动力还是从自身的不可替代性的角度出发，都不应该被摒弃到这个过程之外，否则将会产生严重的发展后果。

首先，低技能劳动力不足会导致企业的劳动生产率降低。根据研究，技能互补是大企业里普遍存在的现象，低技能劳动力与高技能劳动力之间的生产率会相互影响、向同一方向变动、相辅相成。即高技能劳动力的生产率会因为这个企业雇佣的低技能劳动力数量的提高而提高，反之亦然。当一个企业雇佣不到充足的低技能劳动力来从事基本杂务工作的时候，就只能雇佣相对高技能的劳动力作为补充，于是低技能劳动力和高技能劳动者的互补性就会不升反降。如果高技能劳动力集聚，产生了大量对低技能劳动力的需求，而后者的供给却受到限制，就会导致供给不足。这时，供小于求的结果就是低技能劳动力的价格（工资）将快速上涨，这就是我们现在在中国大城市里看到的情况。以农民工为例，由于城市生活成本高，且无法享受到某些城市社会福利，相当于城市在无形中限制了这些低技能劳动力的流入。在低技能劳动力供给受限的时候，由他们提供的服务价格一定是上涨的，这时，高服务价格又会导致企业相应减少雇佣低技能劳动力，消费者减少生活性服务的消费。比如说，在公司里，有些可以由后勤处理的事情，需要白领亲自去做，这会降低高技能劳动力的成就感和幸福指数，最终导致高技能劳动力的劳动生产率下降，不利于整个城市竞争力的提升。也就是说，由于没有正确认识高低技能劳动力之间的互补性这一“城市发展规律”，在阻碍劳动力流动的制度之下，城市内部的技能互补性和消费外部性都未能充分发挥，结果，城市的劳动力供给数量和结构被扭曲了，城市的经济增长和竞争力提升都受到了负面影响，即使对城镇户籍人口来说也是不利的。

其次，未来产业结构转型升级面临的挑战是，随着生产领域对高技能劳动力和低技能劳动力的需求同步增长，收入差距将有可能扩大。这时，应该通过公共服务均等化来缩小人民的实际福利差距。如果户籍制度和积分落户制度倾向于高技能劳动力，而户籍制度又跟公共服务的获取挂钩，那么，有权利享受城市公共服务的将不是对其需求最强的低收入者。城市的公共服务应该起到缩小人与人之间福利差别的作用，而在当下的制度下，城市公共服务的提供体制却可能使低技能劳动力和低收入者受到不公正的待遇，反而扩大了人和人之间的福利差别，这样就与提供公共服务的初衷相背离了。

正如庇古所言，当社会的某一方面出现问题时，试图只从单方面来解决这一特殊的社会弊端，往往会出现随之而来的其他方面毫不明显的严重后果，导致其他方面爆发问题，即使立即采取有益的补救措施也不能完全抵消或中和其危害性。唯一可行的办法就是设计社会改革措施来避免这种巨大的危险，将经济生活作为一个整体进行细致而彻底的研究，并以此作为进行社会改革的依据。因此，有必要从社会生活全局考量低技能劳动者的职业化及社会融入问题，以顺利完成产业结构转型升级，深入推进供给侧结构性改革，实现我国经济由高速增长阶段向高质量发展阶段的过渡。

8.2.2 新生代农民工如何面对产业结构转型升级

萨伊秉持供给会创造自身需求的观点，完全否认技术进步会导致长期失业问题，在“萨伊定律”的基础上得出以下结论：在技术进步的前提下，企业采用新机器会导致市场内产品供给增加，相对应的产品需求也必然会增加，而产品需求的增加必然会增加对劳动力的需求，因此被新技术新机器排挤的工人一定会重新获得就业机会。区别于萨伊的阐述，马尔萨斯认为机器的应用会通过需求不足、资本短缺等因素引起失业，可是市场的竞争性可以使其自动恢复充分就业状态。李嘉图的观点经历了辩证发展的历程，由起初相信市场的力量可以补偿机器对就业的排挤，到后来认为如果机器占用了流动资本，则会出现严重的就业问题。

无论各位学者如何看待产业结构的转型升级，有一点毋庸置疑，那便是随着产业结构转型升级，新生代农民工似乎面临着更加严峻的阶层身份固化状况。这一群体由于自身资源禀赋的缺乏，进退失据，既无法通过城市化成为城市居民，又无法（或不愿）返乡回流，形成了一个在各个方面都既不同于城市居民又不同于农民的身份阶层。社会成员不能自由流动的社会是一个僵化的社会，因为没有安全阀机制，会加剧矛盾冲突的强度和烈度，不利于社会和谐发展。但无论如何，不能因社会有可能存在对技术革新的抵触，而完全停止技术升级的步伐，更不能以“保就业”为名放弃提升劳动技术生产率。从根本上说，社会的普遍富裕必须以劳动技术生产率水平持续提升为前提。劳动价值生产率的提升，也只有以劳动技术生产率提升为基础才具有长期可持续性。

相较于第一代农民工，新生代农民工受教育程度有所提升，但技能依然缺乏，且接受技能培训的机会匮乏。我国农民工人口数量在 2016 年已经超过 2. 8 亿，占全国劳动年龄人口的 1/4，也相当于欧盟各国劳动力之和，其中新生代农民工大约有 1. 3 亿人，正逐渐成为外出农民工的主体。这一群体的就业行业多集中于制造业和建筑业，收入水平整体较低，社会保障薄弱，接受正规技能培训的渠道缺乏且限制较多，职业地位普遍较低。具体表现为以下几方面：首先，新生代农民工离不开城市，而又无法真正城市化的内卷化状态应该引起全社会的重视。虽然新生代农民工实现了地域和空间的自由流动，但其身份阶层上的变化不大，呈现“内卷化”发展趋势，也就造成了没有进步的发展，或者说是满足了产业结构转型升级中对量的增加的需求，却未能实现质的提升。其次，新生代农民工处于一种社会断裂状态，被甩到城市社会的结构之外。断裂社会就是整个社会分裂为相互隔绝、差异显著的部分，从而相互隔绝的社会。这种断裂在社会等级和阶层地位上表现出来的特征就是一部分人被排挤在社会结构之外，而且社会各部分之间缺乏有效的整合机制。我国新生代农民工显然只是参与了城市的经济建设，而在政治生活、社会生活方面都被社会“屏蔽”了。最后，新生代农民工缺乏有效的城市化路径。一个现代社会，会给自己的公民提供一个向上流动的路径，这样才是一个弹性的社会，否则就是僵化的社会。李强在《当代中国社会分层：测量与分析》中指出，现代的社会应该是一个能够完成精英配置、精英流动和精英互换的社会。新生代农民工由于受教育程度低、技能不足、缺乏职业地位上升渠道，在劳动力市场不能自由流动，即使可以流动，也并不是真正意义上的自由流动①。

对缺乏劳动技能的新生代农民工而言，现代的社会也应该是一个能够完成劳动力配置、劳动力流动和劳动力互换的社会。作为中国经济转型中的活跃力量，新生代农民工需要安稳，需要建立自己的家，也就是需要公共精神空间和生活场所。生活在这个空间的每个个体都自发地认为自己有责任，并且也有渠道参与到一种建构中，这种建构就是基于自身需求满足的社会责任。如何实现这种需求的满足？从根本上应该通过提升新生代农民工的技能素质来完成，也就是实现这一低技能劳动力群体的职业化。区别于第一代农民工以体力型劳动为主的城市生存路径，新生代农民工应该遵循以技能型劳动为主的发展新路，以适应经济结构转型升级对人力资源的新要求。如果说第一代农民工的转移就业促进了中国经济规模的迅速扩大，那么，新生代农民工的贡献应该立足于支撑中国经济转型发展，或者说参与到中国经济结构转型升级过程中并且完成其自身的城市发展路径。因此，有必要建立与其自身人力资源储备相对应的安全阀机制。而安全阀机制的建立应从以下几方面着手：第一，改变内卷化发展趋势，让新生代农民工能够在发展中增加其向城市居民转变的可能性；第二，改变二元的社会结构，弥补社会断裂，让新生代农民工和城市居民一样享有统筹的社会福利；第三，加强制度设计，为新生代农民工城市化制定切实可行的政策，形成良性路径依赖。

---

① 李强．当代中国社会分层：测量与分析［M］．北京：北京师范大学出版社，2010：159-162.

8.3 产业结构转型升级中新生代农民工职业化路径依赖

教育培训和人才培养不足导致的人员素质的限制，会使各梯次发展阶段的顺利转移无法实现。即使提高工资，也难以招到合适的劳动力，这就是转移阻塞的典型表现。缺工的数量即是转移阻塞程度的量化表达。针对新生代农民工在产业结构转型升级中面临的主要问题，即稳定就业难、住宿条件不乐观、大城市落户难等，本书认为，以上问题的症结最终落脚在劳动技能缺乏上面。因此，针对新生代农民工的主观条件与所面临的客观条件，本研究提出通过职业培训实现其职业化，进而参与到产业结构转型升级进程中的措施，以期为中国经济质的发展提供合格劳动力。一旦新生代农民工实现了职业化，这一群体在城市面临的诸多问题就会迎刃而解。

8.3.1 新生代农民工职业培训的必要性

8.3.1.1 新生代农民工职业化培训存在问题

（1）对就业环境适应性差

由于农民工社会身份和地位的特殊性，与之对应的农民工教育培训系统无疑是社会系统中比较独立的子系统，农民工教育培训以外的所有社会因素都可以归纳为社会环境。农民工教育培训的适应功能主要体现为农民工教育培训与相应社会环境的主动协调性，其发展方向应该是一个与社会环境相适应的较为稳定的开放系统。农民工教育培训对社会环境的适应，具体表现为通过教育培训，农民工可以成为充分利用市场机制和规则获取报酬，以期转变为实现利润最大化的理性经济人，实现稳定就业及产业融入，进一步推动现代化的发展。目前，产业结构转型升级的一个重要特征就是对高技能劳动力的需求明显增加，这就不可避免地造成了高技能劳动力供给缺口日益加大及劳动力市场技能回报不断上升。我国农民工教育培训与社会环境的要求存在较大差距，农民工的数量、质量和结构方面都不能适应社会经济发展的需求，也就无法达成与社会环境的协调发展。

在数量方面，随着传统“人口红利”的逐渐消失，农村新增人口的数量会呈现绝对下降趋势，这在无形中减少了我国人口基数。与此同时，我国劳动年龄人口数量也出现明显萎缩，意味着劳动力整体的供给状况不容乐观。正是由于我国人口数量不断下降，我国经济发展需要把传统劳动力密集型增长方式转变为技术密集型增长方式，这就对劳动力素质提出了更高要求。对提升农民工人力资本而言，教育培训无疑是最佳选择，但现实却是我国参加教育培训的农民工数量不容乐观。2016 年相关数据显示，我国农民工总量 28171 万人，接受过农业和非农职业技能培训的农民工仅占 32.9%。以上数字反映了我国接受过教育培训的农民工比例较低，教育培训覆盖面较窄，无法确保所有农民工都能享受到教育培训带来的现实成效和潜在收益。

在质量与结构方面，我国农民工整体受教育水平偏低，技能素质欠缺，人力资本禀赋不高，难以满足社会经济发展需求。根据国家统计局发布的《2016 年农民工监测调查报告》，我国外出就业农民工文化素质普遍较低，其中文盲占 1%，小学文化程度占 13.2%初中文化程度占 59.4%高中、中专及以上文化程度占 26.4%这就在无形中将其禁锢在体力型劳动层面，无法实现技能型劳动就业；而对企业的调查显示，高级工程师、技师和高级技师岗位空缺与求职人数的比率分别为 2.45、2.11 和 2，结构上的矛盾再次凸显。农民工无法满足企业对劳动力的现实需求，也就不可能实现其由单纯谋生向追求归宿感的延伸，由忍耐坚持向追求权益平等的延伸，更无法企及由承担家庭经济责任向实现自我价值的延伸①。总体来说，文化素质低下、相应教育培训缺失、接受的教育培训与社会需求脱节、就

① 中华人民共和国劳动和社会保障部．2016 年度部分城市公共就业服务机构市场供求状况分析［EB/OL］．http：//www.mohrss.gov.cn/SYrlzyhshbzb/jiuye/gzdt/201610/t20161027_ 258227.html.

业信息不对称、社会需求无法及时反馈到农民工教育培训系统中，再加上社会与企业对农民工教育培训不够重视，共同造成了农民工职业技能缺乏，无法适应产业结构转型升级与新兴业态发展需要，也就无法满足社会发展需求，造成劳动技能层面的结构性失业，偏离了社会环境包容下的真正和谐的主题。

（2）培训目标不明晰

设定科学合理的目标并且努力达成是农民工教育培训的前进方向，目标功能强调农民工教育培训与社会的密切联系、与经济的顺利接轨、满足经济社会的实际需求。具体来讲，农民工教育培训目标应以企业需求为导向，根据教育对象的不同类型而变化，是农民工异质性的特定要求，也是教育培训目标在农民工能力提升方面的具体化。规定农民工职业水平的发展方向，在农民工人力资本积累的基本环节中起着根本导向作用，是农民工教育培训活动实施的预期结果和归宿。国际研究表明，发展中国家和贫困人口中人力资本的重要性高于发达国家和富裕人口①。这也就意味着对于处于发展中国家行列的中国，通过对农民工进行教育培训提升我国人力资本具有重大的现实意义。

农民工教育培训目标功能需要注重教育和培训两个不同层面的目标设定：农民工教育不同于大众教育，是以农民工这一特殊群体为受教对象的特殊教育，应更加侧重于在已有普及教育基础上的特色习得。这一特征要求教育内容必须与农民工的工作生活密切相关，能够对农民工的生产生活起到积极作用，内容浅显易懂以便于吸收；教学方法应多样化，侧重社会式的教育方式；教育时间应与农民工休息时间相符；教育地点最好选择在农民工聚居地，布置要干净、整洁，配备基本的桌椅和教学所需资料和设备。相比教育而言，作为另外一种人力资本获取形式，培训是指劳动力在进入劳动力市场后对特定技能的习得过程。在微观层面，农民工培训强调

---

① Psacharopoulos, G. Contribution of Education to Economic Growth: International Comparisons. [M] // Kendreck, J. W. International Comparisons of Productivity and Causes of the Slowdown. Cambridge: Ballinger, 1984: 335-360.

对已进入非农产业就业的农民工进行的不同层面的岗位培训，通过高质量的适用性技能培训，在经济结构迅速转型时期提升劳动者能力，相应减少结构性失业，而不是仅仅停留在概念层面。总体来看，农民工教育更加倾向于农民工发展层面的习得，而培训则更加接近农民工生存层面的需求，其各个环节之间的关系如图 8-1 所示。

根据图 8-1，农民工在参与劳动力市场过程中的职业化进程被分为三个层面，分别是基础教育层面、职业培训层面和职业教育层面，这三个层面依次由低级向高级发展，满足了农民工人力资本自身不同层面的需求。在基础教育习得的基础上，农民工培训可以满足这一群体生存层面的现实需求，而农民工教育与其发展层面相对应。教育和培训是两种目的和内容不同的活动。教育是提供和获得一般知识的手段，主要用于获得今后个人职业适应和发展的基础知识和职业技能，农民工教育则是在了解农民工现有文化知识水平的基础上，以提高知识水平和城市适应能力为主要任务的教育，所以此类教育应该是成人教育，强调补偿教育，让这一群体学习必要的文化知识。培训更加倾向于是一种提供和获得专门性劳动技能的手段，用于提高受教育者的职业技能，一般是非学历性的，更应该注重实用性。因此，十分有必要在长线教育与短线培训结合的基础上，构建符合农民工特征的教育培训系统。

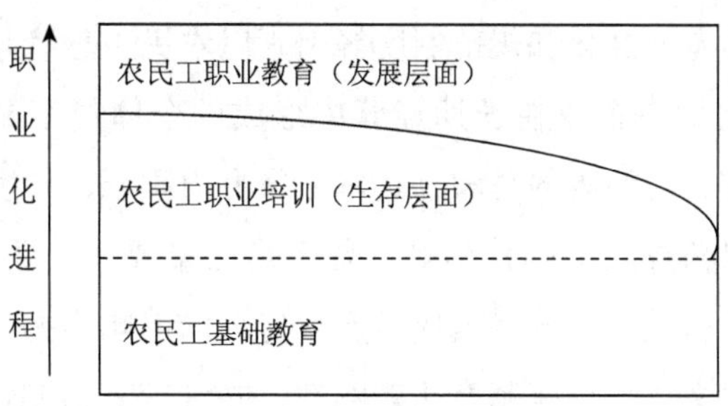

图 8-1　农民工教育培训发展

（3）供需双方整合未达成效用最大化

由于资源的稀缺性特性，如何优化资源配置、提高教育培训资源的利用效率，是农民工教育培训必须面对且解决的重要问题。农民工教育培训资源主要分为人力资源、经济资源和社会资源三方面。人力资源是农民工教育培训中最珍贵的资源，也是最具有能动性的资源，其整合要求各主体在教育培训目标设定上趋于一致，在此基础上使教育培训资源达到最优配置，提高教育培训绩效。由于农民工教育培训产品既属于私人产品，同时又具有公共产品的特性，因此农民工教育培训涉及主体广泛，既包括农民工自身，又包括政府部门、用工单位和职业培训机构等①。要想实现整体效用最大化，就需要各教育培训主体在遵循自身利益最大化的前提下，各方反应趋于一致，避免资源浪费或利用效率低下等问题，充分发挥稀缺资源价值。经济资源主要指农民工教育培训的各类基础设施和运作经费，其整合需要在政府财政和企业投入的基础上进一步吸收社会捐助，实现农民工教育培训资金来源多元化，走出一条切合实际的农民工教育培训发展道路。社会资源主要指农民工教育培训活动中为了实现自身目的所需要具备或可利用的一切条件，具有地域性、结构性和功能性特征。对农民工教育培训而言，特定的社会资本存量和结构要求相关主体通过弱关系整合各种社会资源，以实现目标最优化、实现教育培训的初衷。

（4）制度规范与文化氛围缺失

维模功能主要强调文化对系统的稳定作用。在农民工教育培训过程中，用工单位的企业文化和规范制度等因素对农民工教育培训起到了维持功能。企业文化是指企业在长期经营中形成的全体员工共同的精神、观念、风格、心理、习惯等的总和，具体可分为物质层、制度层和精神层三个层面，其中以精神层中的价值观念体系最为重要。企业文化具有导向、凝聚功能，一旦形成，就会对其成员产生持久的影响力并具有延续性。相对于柔性的企业文化，规范制度比较刚性，并且带有强制性。农民工教育

① 中国劳动关系学院课题组．非正规就业劳动力教育培训的多主题博弈分析［J］．东北师大学报（哲学社会科学版），2013（2）：144-147.

培训系统比较庞大复杂，要有条不紊地推动其前进，不能离开潜在模式维持功能的发挥，潜在模式维持功能可以被看作农民工教育培训系统演进的动力机制①。当前，许多企业并不重视企业文化建设，或者文化建设过程不够系统化，盲目提出“高、大、空”的价值观念口号却疏于践行，各类相关规范制度也不够完善，潜在模式维持功能日渐式微，制约了农民工教育培训的发展。因此，农民工教育培训的可持续发展有赖于企业的锐意进取和开拓创新，需要构建并维护系统合理的企业文化与制度。

8.3.1.2 新生代农民工职业化培训需求

一个好的社会模式并非是完美的、一劳永逸的模式，而是可以使整个社会组织间处于一种有机的运动状态，相互之间根据彼此的需要和显现的问题而不断调整，在这一过程中也有对话的可能，既是博弈，也是成长。

新生代农民工属于技术劳动效率更低的劳动人口，因此会被硬性挤出原有行业。产业结构转型升级要求新生代农民工能够对自己的处境进行思考，把握自己所拥有的空间和渠道，不断争取，开拓自己的权利，有机会去创造一个可能的更开放的空间。这就需要一个相对宽松且具有生长性的制度，需要全社会共同参与并形成公共空间和公共精神支撑。

打破人才流动束缚机制，从促进社会保障、教育、就业等方面的机会公平着手，创造更好的就业环境。劳动力市场的完善，归根结底在于国家的制度设计，并与社会结构息息相关，但是，在社会阶层日益固化、贫穷产生代际传递之时，对底层民众来讲，教育成为性价比很低的投入。只有以上这些问题得到长足的改善，中国劳动力技能提升才会有坚实的制度基础。

由于新生代农民工属于劳动技能较低的人力资源，在产业结构转型升级过程中，主要涉及的是转业培训和再就业培训。转业培训一般指为需要转业或再就业的人员创造新的职业技能条件、获得新的就业能力而组织的

---

① Xiuli Yang. Order-oriented Vocational Education for Migrant Labors during China's Industrial Restructuring [C]. Proceedings of the 3rd International Conference on Arts, Design and Contemporary Education, 2017: 697-699.

专门培训。转业培训主要由职业培训机构和各类职业学校实施。转业培训的对象一般有一定的文化水平、技术经验、工作经验和实践经验。再就业培训则是针对下岗失业人员而组织的职业培训。为帮助下岗职工转变就业观念，提高职业技能，尽快实现再就业，要充分动员社会各方面力量，实行在政府指导和扶持下，个人自学、企业组织和社会帮助相结合的多种形式的再就业培训。无论何种针对新生代农民工的职业培训，培训组织必须根据劳动力市场需求和被培训人员特点，确定培训项目，制订培训计划，着力开展适应性职业技能培训。

8.3.2 新生代农民工职业培训模型

虽然非技能型劳动者在一定程度上只能满足非技能型工作的要求，但是其可以通过相应教育培训成长为技能型劳动者。在我国产业结构调整升级的大环境下，如果劳动者自身行业技能无法通过适当教育培训与劳动岗位实现良好匹配，或者无法通过教育培训实现行业间的适度转移，将会降低这一群体在劳动力市场的议价能力，大大增加其失业率。因此，我国劳动力市场有必要建立规范的、有针对性的劳动力教育培训机构，加强对农民工群体就业的专项指导，通过增强农民工职业技能降低失业率、提升农民工的工作匹配度，最终实现劳动力市场供需均衡，提高全要素生产率。在现实教育培训过程中，一个不可回避的问题就是如何以最迅速有效的方法实现农民工“获取教育培训信息”与企业“提供合适岗位”之间的高效衔接与反馈，通过克服劳动力市场人职匹配时滞问题实现农民工教育培训效用最大化，使农民工群体成长为我国经济结构战略性调整中的重要人力资本支撑。

立足于搜寻匹配理论，本研究把就业搜寻匹配扩展到职业培训搜寻匹配，并构建了新生代农民工职业培训模型，简称为“MVM+E”模型。“MVM”指代三个与新生代农民工职业培训息息相关的指标体系：新生代农民工职业培训评估体系（M）、预就职岗位解析体系（V）、人职匹配拟合体系（M）；“E”指的是影响新生代农民工职业培训匹配模式建立的环境变量。在真实的新生代农民工培训过程中，企业和新生代农民工劳动力双方是在信息不对称的前提下进行有摩擦的匹配，培训环境变量在很大程度上制约着新生代农民工与企业之间的搜寻匹配，同时三个指标体系又对环境存在影响，甚至可以在一定程度上改变环境，可以说“MVM”指标体系与外部环境“E”之间相辅相成。从表面来看，环境因素似乎作为外生变量影响着三个指标体系的构建和评估，进而对三者之间的相互作用产生影响并加以制约，但事实上却是其他几个变量不可或缺的参考因素。如图8-2所示，环境因素（E）制约着新生代农民工职业培训评估体系（M）、预就职岗位解析体系（V）与人职匹配拟合体系（M）三大体系，处于宏观层面的主导地位。同时，三大体系在相互作用中达到平衡，并不完全依赖于环境体系。此外，新生代农民工职业培训评估体系、预就职岗位分析体系与人职匹配拟合体系间亦存在相互关联和影响。

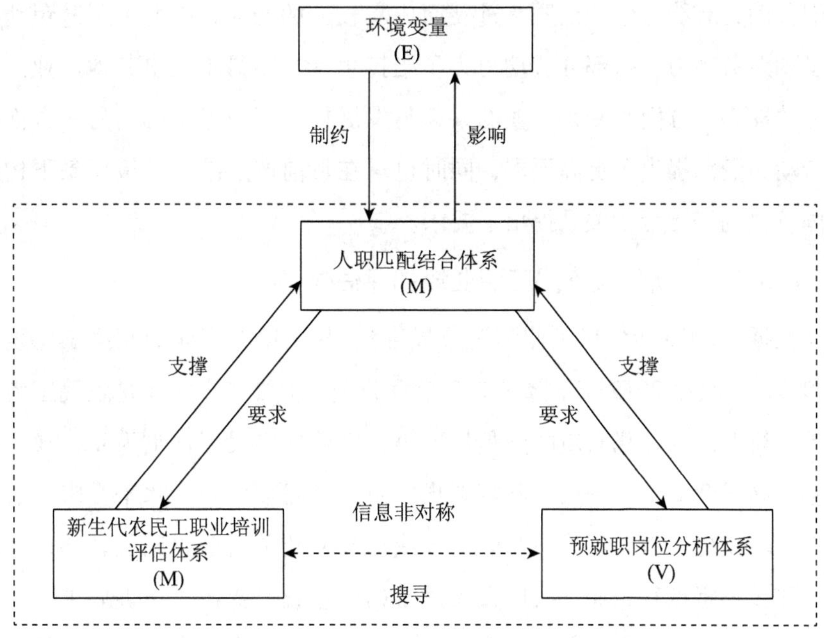

图 8-2　新生代农民工职业培训评估体系

构建搜寻匹配理论视阈下新生代农民工职业培训模型，旨在通过对这一劳动力群体职业培训过程中的主客体与培训内容之间的匹配协调问题进行探究，总结出一种适合新生代农民工劳动力的职业培训模式，解决新生代农民工人力资源、培训内容与用人单位三者间本质性的匹配错位问题，进而解决“就业难”与“用工荒”的两难困境。在这种模型建构中，环境是宏观层面的影响因素，新生代农民工培训评估体系和预就职岗位分析体系的建构是主要内容，人职匹配结合体系的建构是关键，也是解决新生代农民工职业培训评估体系与预就职岗位分析体系之间信息不对称的关键渠道。

8.3.2.1 环境变量

从历史上看，技术进步和生产力发展已经导致很多旧行业被新行业所取代，从就业的角度来看，主要体现为农业和制造业的就业机会被转移到了服务业，也就是随着社会进步，从事体力劳动的人数减少，数量有限的高端劳动力有能力生产出质量过硬而成本较低的产品，因而不可避免地出现了剩余劳动力。这部分劳动力为了维持生计，不得不从事其他产业。生产力的提高一方面为新兴产业的兴起与发展提供了技术基础，另一方面也对劳动力资源提出了更高要求，同时也对在目前产业结构升级背景下构建中国特色的和谐劳动关系提出了要求。

8.3.2.2 新生代农民工职业培训评估体系

根据《2016年农民工监测调查报告》，从事第二产业的农民工比重为52.9%，虽然比2015年下降了2.2个百分点，但第二产业还是农民工就业的首要行业。与之相对应的则是从事第三产业的农民工比重为46.7%，比上年提高了2.2个百分点。不难看出，由于自身职业技能水平受限，农民工工作转换更多地体现为在产业内部或跨产业相关行业之间的转移，而以上工作转移特点对企业一线广大农民工的职业技能提出了培训要求。由于新生代农民工自身物质资本有限，其在职业培训过程中表现出很强的损失厌恶，侧面反映了新生代农民工群体的风险偏好并不始终一致。当涉及获益或者获益概率较大时，新生代农民工倾向于风险厌恶；而当涉及损失或损失概率较大时，新生代农民工则表现为风险寻求。这种不一致的风险偏好，最终目的是一致的，即降低损失带来的消极后果。对急需通过职业培训提升自身人力资本的新生代农民工群体来讲，如果不能很好地形成差别阈限，就无法有效地提高自己在劳动力市场的议价能力，更不用说实现自身的人生价值与目标。

8.3.2.3 预就职岗位分析体系

新生代农民工职业培训必须在满足经济发展的前提下以劳动力供给和岗位需求为基础，而岗位分析主要表现为厘清不同职业种类、各种职业种类特征、不同职业群体特点以及不同岗位任职资格等。随着我国产业结构的不断调整和优化，许多产业在原有岗位基础上又衍生出许多新兴岗位，这些新兴岗位为劳动力市场提供了诸多可能性，在一定程度上拓宽了劳动力就业范围。对新生代农民工群体来讲，囿于其自身人力资本与物质资本存量不高的特点，其首选就业岗位主要集中于与原有就业相关或联系度较高的产业。岗位分析有助于新生代农民工群体从根本上认识自身的优劣势，在岗位要求的技术能力与通过职业培训达成的预期效果之间完成契合度较高的人职匹配，实现劳动力市场需求方与供给方的效用最大化。

8.3.2.4 培训与人匹配体系

培训与人之间的匹配体系应包含两个方面的含义。一是培训内容与接受培训者之间达成匹配。在传统意义上的新生代农民工就业过程中，新生代农民工的工作岗位建立在我国经济增长中最不确定的外部需求之上。在过去30年中国经济高速发展的过程中，投资、出口和消费这三驾马车可谓功不可没，其中以外销为导向的出口使得劳动密集型出口加工业成为主要产业部门，在很大程度上吸纳了大量技术水平较低的农民工劳动力。随着我国科技进步与经济发展，产业结构的升级与调整对就业提出了更高要求，大量初级加工的企业搬到东南亚。一方面，我国的传统制造业在萎缩，生产性的扩张也已经停止，去产能也对传统的农民工就业行业造成了极大的冲击。另一方面，过去的新生代农民工就业主要集中在制造业、建筑业以及交通运输业等低技术含量领域，而如今新生代农民工人力资源成本优势逐渐式微，使得这一群体的就业处于一个新旧模式转换阶段。在资本全球化实现了收入增加的同时，也大大扩充了生活、消费种类空间，中国经济如果要实现持续增长，需要的是符合时代和国情的“新三驾马车”，即消费升级、创新以及价值与文化回归。面对以上现状，新生代农民工到底需要什么样的培训才能与劳动力市场需求接轨，是亟待回答的问题。二是培训形式与接受培训者之间达成匹配。我国产业结构从中低端走向中高端，需要农民工技能的提升。人才供需错位、劳动力结构与产业结构的不协调以及人口结构的变化给企业用工带来新挑战，在这个背景下，新生代农民工正成为产业工人的主体，新生代农民工和企业面临就业难、招工难的“两难”问题，“两难”并存的结构性矛盾逐渐成为常态，构建培训与人匹配的培训体系势在必行。

8.3.3 新生代农民工职业培训对策思考

8.3.3.1 建立新生代农民工职业培训评估体系

菲利普·库姆斯（P. H. Coombs）认为，由教育体制与周围环境变化不同步造成的供需双方之间各种形式的不平衡才是真正的教育危机①。农民工教育培训现在面临着同样的问题，无论从数量、质量还是结构方面都与社会环境之间存在不协调，进而影响劳动生产率提高与经济社会进步。因此，平衡农民工教育培训与社会环境之间的关系是适应功能的基本要义。目前，我国经济社会需要一支水平高、素质全、职能优的工匠队伍，通过教育培训使农民工具备以上特质不仅可以缓解农民工教育培训与社会环境之间的矛盾，使两者达到平衡，而且也可以实现农民工教育培训与社会环境变化的密切联系互动，使这一劳动力群体始终保持对经济发展的敏感性，紧跟社会前进步伐，适应社会环境动态变化需求，在不断进步完善

① ［美］菲利普·库姆斯．世界教育危机——八十年代的观点［M］．赵宝恒，译．北京：人民教育出版社，1990：36-37.

中保持适应性平衡，这也是未来农民工教育培训适应功能提升的方向。为了实现上述目标，作为劳动力市场信号的工资和就业数量等一系列指标，应该成为农民工教育培训内容安排和结构调整的主要依据①。只有在不同信号提示下对市场劳动力需求作出及时反应，才能使农民工适应新经济形势发展需要，使教育培训发挥应有功效。

同时，农民工教育培训又是一个具有内在逻辑的独立有机体系，享有高度自主性，其功能提升取决于教育培训内容与形式的与时俱进。因此，十分有必要在提升农民工教育培训适应功能方面采取适当措施：首先，要通过立法明确规定农民工教育培训主体的职责，与时俱进，保证各主体间互通有无、取长补短，建立统一和谐的教育培训机制，更好地为农民工教育培训提供统一明确且井然有序的体系指导；其次，加强信息中介结构设置，建立信息反馈机制，在农民工教育培训与社会需求之间建立信息互通渠道，避免信息不对称造成的教育培训空位，为农民工教育培训提供关于社会需求的及时信息，进而有目的地提升农民工用来适应社会的各种技能；最后，还要建立一种市场信号生成机制、传导机制、调整机制和需求导向型的教育培训体制，使这种体制既符合教育培训发展一般规律，又与中国国情相适应，实现教育培训的功能借鉴与本土化融入。

职业培训要实现平民化，通过国家财政补贴，帮助农民工尤其是新生代农民工提升技能。打通新生代农民工职业上升通道，拓宽新生代农民工正规培训渠道，落实李克强总理“通过信息咨询、技能培训等手段逐步把农民工引向新经济、新产业、新业态，提高农民工就业的质量和家庭幸福感”的指示。鼓励市场化培训机构或社会企业的发展，对缺少支付能力的学员，可通过职业培训基金或者职业培训贷款等方式提供帮助。新生代农民工职业培训应立足于产业结构需求，以培养与产业结构升级调整相匹配的技能型人力资本为主。这就要求相关部门与培训机构有针对性地制定新生代农民工就业培训规划，把职业培训与预就职岗位所属产业技能鉴定相

① 蔡昉，都阳，高文书，王美艳．劳动经济学——理论与中国现实［M］．北京：北京师范大学出版社，2009：156.

结合，构建适合产业发展与人力资本培育的职业培训体系，为新生代农民工实现高匹配度就业提供全方位的指导与帮助。

具体来看，一是建立新生代农民工职业培训的长效机制。在我国改革开放初期的工业化过程中，新生代农民工可以通过出卖自身劳动力获取收入，其工作主要集中于普工、建筑工等；但是在后工业化时代，自动化和技术进步导致类似职位被削减或替代，势必导致人力资本积累不足的劳动力过剩，而在这个过程所涉及的劳动力中新生代农民工首当其冲。因此有必要在产业结构调整升级的大环境下把新生代农民工就业放在突出的位置，把就业培训作为新生代农民工就业的一个重要内容来抓。二是有针对性地提高农民工就业质量，实现新生代农民工预从事工作的职业化。要精确选择新生代农民工培训内容，制定符合新生代农民工自身特征、与产业结构需求相匹配的人才培养方案，强化新生代农民工的实际工作能力与实践效能。三是重视职业培训的指导工作，实现新生代农民工的人职匹配。社会有关部门、企业和培训机构应通过各种切实可行的方式让农民工了解到行业和企业的具体需求，尽量实现劳动力市场就业信息的对称，提供“就业、培训、创业”一体化的管家式系统服务，让新生代农民工明白自身的优势和不足，发现自我职业取向和社会就业现状之间的矛盾，调整好心态。四是新生代农民工需要调整自身习惯，发挥城镇就业的主观能动性，在充分了解自身特征的基础上实现求职时的人职匹配。五是社会应当充分认同与尊重农民工群体的就业现状，增强新生代农民工在城市的社会认同感，在和谐的氛围下实现城市经济的健康可持续发展。总之，新生代农民工职业培训需要立足于产业结构现状，使其通过自身人力资本积累实现真正意义上的人职匹配。

8.3.3.2 加强劳动力市场职业岗位分析

在科学合理的目标设定前提下，努力达成这一目标是农民工教育培训必须践行的方向。目标功能主要体现在农民工教育培训目的方面，强调农民工教育培训以社会需求为导向，教育培训成果必须适应经济社会发展需要。因此，在制订教育培训计划时应当充分考虑农民工的个体差异性，对不同资源禀赋进行分层次、分类型甄别，使教育培训内容在兼顾公益性与市场需求的前提下具有强针对性，培养符合产业要求的产业工人和技能工人。

农民工教育培训的目标功能需要根据新形势制定出新的实施方案。在我国由劳动和资本密集型经济向技术密集型经济转变过程中，既要强调技术密集程度，又要照顾农民工自身人力资本特点和经济发展不同阶段，这就需要在教育培训实践过程中紧密结合行业需求，针对不同的企业现状与农民工的不同层次，制定差异化教育培训方案，提高农民工实际操作技能。在此过程中，需要注意的是农民工教育培训主体不一，既包括政府、企业、社会层面，也涉及农民工自身，所以，在进行目标功能维护时，应根据主体自身客观条件差异有所侧重，如政府和社会可以侧重于农民工发展层面的教育，相关企业和农民工自身可以倾向于生存层面的培训，这样，宏观层面与微观层面相结合，有的放矢，可以使农民工教育培训目标功能的实现事半功倍。

逐渐建立以企业为主体的职业技能培训供给模式。在产业转型升级、工作岗位技能要求不断提高的背景下，在职人员的自我提升需求日益强烈，职业教育和技能教育在职培训却存在实用性不强的问题。这就要求企业根据自身需求展开职业技能培训。鉴于现实中极少有企业愿意为员工提供职业技能培训，可考虑通过以提高员工稳定性为目标的制度建设等方式，如签订定向培训协议等，让培训后的员工可以回到企业继续工作，同时国家通过补贴企业的方式提升其积极性。此外，充分发挥企业的工会与劳工组织等作用，提供更多更好的在职技能培训。

搜寻匹配理论的立脚点是在搜寻的基础上完成匹配，所以对职业岗位需求的培训与农民工劳动力供给的分析显得至关重要，即在彼此搜寻的基础上对职业岗位需求与人力资源所需职业培训进行匹配分析，是在产业结构调整升级的大环境下新生代农民工就业的关键。劳动力市场是个动态的环境，其岗位需求虽然具有一定前瞻性，但渐变性和不可预测性才是其主要特征，需要相关主体和培训机构具有高度职位敏感性，随时进行相应调整。搜寻匹配理论不仅考虑到劳动力市场需求方，也就是岗位提供方，同样也把劳动力市场供给方，即人力资源纳入到考量范围，因此，其在一定程度上容易促成共享行为。共享是一个群体性行为，需要具备参与、协调、组织、领导和创造能力，人人参与，人人受益。为了更好地在供给前提下完成劳动力市场职业岗位分析，需要借助有助于生产力进步的一切力量，如互联网。互联网的发展促成共享经济兴起，这是草根逆袭的历史性机遇，特别适合农民工参与，恰好可以摆脱人工智能对我们生存的威胁。此外，可以通过建立农民工社区服务中心、乡村工作站和O2O服务平台，导入各种社会资源，让社会财富在农民工社区中进行再分配，使新生代农民工获得充足的创业和致富机会，帮助农民工实现中产梦想，建立新生代农民工群体的信任和共享关系。在对产业结构调整前提下的职业进行分析时，还应该考虑到职业收益，也就是新生代农民工融入城市的劳动报酬及职业发展上行空间，对新生代农民工来讲是完成自身人力资源的迁徙和价值的实现，对企业来讲则是找到体现效率的人力资本与提供岗位的匹配，而对整个经济社会来讲，则是实现资源的合理配置和效用最大化，进而促进生产力发展。

8.3.3.3 提高新生代农民工职业培训的匹配度

农民工教育培训功能的改善，关键在于加强人、财、物三方面的协调性和凝聚性。首先，提高农村教育质量，需要高质量的教师和培训师，要求学校、职业培训机构、职业学校以及用人单位这些提供教育培训的主体自身师资力量过硬，对农民工进行系统全面的职业知识、技能、态度和思想道德教育，使其内生为职业化，为农民工适应产业结构转型升级打下良好的知识文化基础，最终使其实现自身价值。其次，大力发展职业教育，需要相关部门相关人员制定有针对性的职业教育内容，使农民工具有以就业为导向的一技之长，并且最终实现体面劳动和幸福生活，有效服务经济社会发展和产业结构转型升级；最后，农民工是教育培训过程中最具有积极主动性的主体，应在自我判断的基础上辨别劳动力市场所需人力资本技能，通过有针对性的职业培训完成自身人力资本积累，以期与企业人才需求实现无缝对接。

在农民工教育培训整合功能的经济资源方面，应有效保证农民工教育培训经费，避免农民工教育培训经费承担主体的模糊性，使这项工作落到实处。充分发挥各类教育、培训机构和工青组织的作用，多渠道、多层次、多形式地开展职业教育培训，建立由政府、用人单位和个人共同负担的农民工培训投入机制，中央和地方财政要加大支持力度。在社会资源层面，充分利用各种社会网络达成信息共享，有效避免信息不对称造成的资源浪费。在以上各项资源内部有效整合的基础上，三项资源相互间也应该互通有无、协调配合，以期发挥“1+1+1>3”的资源整合优势。

劳动力市场中存在着很大程度的就业不匹配现象，也就是劳动者的职业水平与其从事的工作所要求的职业水平之间不相称的状况。根据两者的相对高低可以分为适度就业（adequate employment）、过度就业（over-employment）和就业不足（under-employment）三种情况。如果劳动者的职业水平与工作所要求的职业水平持平，则称之为适度就业；如果劳动者的职业水平高于工作所要求的职业水平，则称之为过度就业；如果劳动者的职业水平低于工作所要求的职业水平，则称之为就业不足。而匹配度是用来衡量高质量的就业能力、高质量的就业岗位和它们赖以生存的环境之间的匹配程度。在信息尽量对称的前提下对就业岗位进行恰当分析，是实现匹配的关键。从新生代农民工职业培训搜寻匹配模型的整体来看，基于职业培训的新生代农民工专业技能供给是核心，其就业匹配程度在很大程度上取决于新生代农民工的就业质量。怎样的搜寻算是有效搜寻？怎样的匹配算是最佳匹配？如何在新生代农民工群体中实现搜寻匹配并检验其效果？

一是在信息对称的前提下实现人尽其才。随着中国经济进入产业结构调整优化阶段，劳动参与率无限扩张的阶段已经成为过去式，目前的主要任务回归为提高居民生活质量和扩大中等收入群体，把人口意义上的中间群体转化为经济意义上的中等收入群体。作为这一群体的典型代表，新生代农民工的就业问题显得尤为突出。新生代农民工自身的人力资本与就业单位提供的职位之间的匹配度是衡量人职匹配的重要指标，而匹配的前提则是定位搜寻。搜寻匹配理论的最终落脚点是劳动力市场的职位供给与需求的高度融合，保证充分就业。因此，新生代农民工群体必须在搜寻匹配理论的指导下，通过与职业培训的相互信息搜寻与结合，完成自身就业质量的提升，实现职业化，提升自己的劳动力市场议价能力，使劳动力市场实现充分就业。二是在整合资源的基础上实现动态反馈。从经济学角度来讲，寻租成本为零与政策资金的机会成本为零实际上意味着政府投入的政策资金为零。在新生代农民工职业培训方面发力，仍需实施更大力度、更广泛意义上的再分配政策，在协助新生代农民工群体实现自身价值的同时，增进全体人民的幸福感和获得感，把我国人口红利从数量上的红利转向质量上的新红利。改变过去那种单纯依靠人口数量增加提高人口红利的方式，通过提高人口素质，尤其是提升新生代农民工的人力资本实现人口红利的以质量取胜。虽然我国的人口数量红利减少，但可以通过人口素质的提高和人力资本的积累来促进经济增长。

8.3.3.4 优化就业环境

作为劳动力需求方，企业经营的主要目的是实现效益最大化，因此会尽可能地降低人力成本，也就不可避免地会导致企业在劳动力职业培训方面缺乏长远考量。这就要求各行业用人单位增强社会责任感，为新生代农民工实现人职匹配的就业提供机遇与支持，加强对新生代农民工的职业教育和技能培训，转变企业用人观，增强劳动力资本观念，科学管理和使用农民工劳动力资本，为新生代农民工再就业创造更多机会，做好提升新生代农民工人力资本的工作。除此之外，加强国家就业政策的宏观调整，为新生代农民工就业提供更多机遇；将新生代农民工就业难问题纳入到我国劳动力就业保障体系中，为新生代农民工就业水平的提高提供根本保证；建立和完善信息网络背景下的社会人力资源管理体系，完善劳动力资本市场的信息共享机制。受城乡户籍制度、农民工人力资本较低等因素影响，新生代农民工通常难以在城市定居，这直接导致他们过早地退出城市劳动力市场，导致人力资源的浪费。为此，既要着力提高新生代农民工的素质，也要为其在城市就业、安居创造条件，在全社会树立终身学习理念，持续打造学习型社会，努力建设学习型社区、学习型政府、学习型企业等，不断提高劳动者综合素质和工作技能，通过推进以人为核心的新型城镇化增加劳动力供给。

农民工教育培训体现了意识形态、精神氛围与规范制度等文化因素在农民工教育培训当中的作用。作为一个独立系统，农民工教育培训的顺利实施和发展有赖于维模功能的有效发挥，这主要是由于劳动力市场瞬息万变，其内在不稳定性导致系统功效的发挥不可能一成不变，要求农民工教育培训过程在维持的基础上进行优化，突破传统观念的束缚和保守的思维定式，开拓创新，使这一系统可持续发展。

农民工教育培训维模功能的发挥，需要加强农民工这一特殊群体教育培训中文化因素的建构，尤以职业道德和企业文化为主。除长期训练和短期培训能够传授行为模式以外，农民工职业中还体现了价值观念和意识形态①。涂尔干（Émile Durkheim）认为，“任何职业活动都必须得有自己的伦理”②。因此，职业道德建设至关重要，可以使农民工这群特殊的从业者自发地形成向心力和凝聚力，使其具有较强的职业荣誉感和敬业精神。企业文化的形成其实是一个渐进过程，从“无力文化”到“强势文化”的发展过程③。企业作为农民工的雇主，应该丰富农民工的娱乐、文化生活，积极倡导企业家精神，从长远眼光出发制定企业的发展战略，消除各种侵犯农民工权益的现象，使农民工权益得到有效保障。农民工职业文化的营造需要教育培训拥有长远的战略目标、健康的价值观念和合理的运行机制，营造的核心在于创新文化培育。农民工教育培训的创新文化构建应该把创新精神和理念有机融合，完成创新文化架构，确立农民工创新文化的发展目标，深化对农民工教育培训规律的认识，营造创新文化的良好氛围，建立创新激励机制，健全一系列相关规章制度，实现从观念引导到行

① 李强．职业共同体：今日中国社会整合之基础——论“杜尔克姆主义”的相关理论．学术界［J］．2006（3）：36-53.

② 涂尔干．职业伦理与公民道德［M］．上海：上海人民出版社，2001：99.

③ ［美］弗雷德·鲁森斯．组织行为学［M］．北京：人民邮电出版社，2003：137.

动实践的跨越，使农民工教育培训向着不断开拓创新的方向前行。

在新形势下，应继续加快产业结构转型升级，为高素质劳动力提供越来越多的就业机会，同时也激励越来越多的劳动者不断提高自身素质，从而形成产业结构转型升级和劳动力素质提高相互促进的良性循环，不断释放人口新红利。加快产业结构转型升级，通过扩大对高素质人才的需求带动劳动者素质的提高，避免陷入"产业结构层次低—对高素质劳动力需求不足—劳动者忽视人力资本提升"的恶性循环，实现经济社会的全面可持续发展。

8.3.4 新生代农民工教育培训实现路径

新生代农民工教育培训是一个完整的系统。任何行动系统都必须满足四个最基本的功能要求，或者说四种功能模式，即适应功能、目标功能，整合功能和维模功能。作为劳动力市场的供需双方，企业与农民工也构成了一个貌似简单的、以供需为联结的行动系统。如何通过系统各个要素效用最大化实现系统进一步完善，也就是如何使上面提到的四种功能发挥最大功效，是提高系统效率需要关注的问题。目前我国农民工劳动力市场存在的主要问题是农民工劳动力受教育水平普遍不高，求职技能具有非常明显的行业特征，替代性较差，无法实现素质就业，这种情况恰当地反映了我国经济发展结构与劳动力技能结构之间的矛盾。想要协调中国产业结构转型升级与人力资本就业质量提高，尤其是作为人力资源的农民工想要实现高质量就业，其关键点在于劳动力市场供需之间的均衡匹配①。虽然非技能型劳动者在一定程度上只能满足非技能型工作的要求，但是其可以通过相应教育培训成长为技能型劳动者。在我国产业结构调整升级的大环境下，如果劳动者自身行业技能无法通过适当教育培训与劳动岗位实现良好匹配，或者无法通过教育培训实现行业间的适度转移，将会降低这一群体在劳动力市场的议价能力，大大增加其失业率。因此，我国劳动力市场有

① 刘渝琳，熊婕，郑效晨．异质性劳动力与岗位的匹配研究：基于纳什均衡对我国失业与用工荒问题的解读［J］．管理工程学报，2016（2）：56-63.

必要建立规范的、有针对性的劳动力教育培训机构，加强对农民工群体就业的专项指导，通过增强农民工职业技能降低失业率，提升农民工的工作匹配效率，最终实现劳动力市场供需均衡，提高全要素生产率。在现实教育培训过程中，一个不可避免的问题是如何以最迅速有效的方法实现农民工“获取教育培训信息”与企业“提供合适岗位”之间的高效衔接与反馈，通过克服劳动力市场人职匹配时滞问题实现农民工教育培训效用最大化，使农民工群体成长为我国经济结构战略性调整的重要人力资本支撑。基于适应功能、目标功能、整合功能和维模功能，农民工教育培训的实现路径如图 8-3 所示。

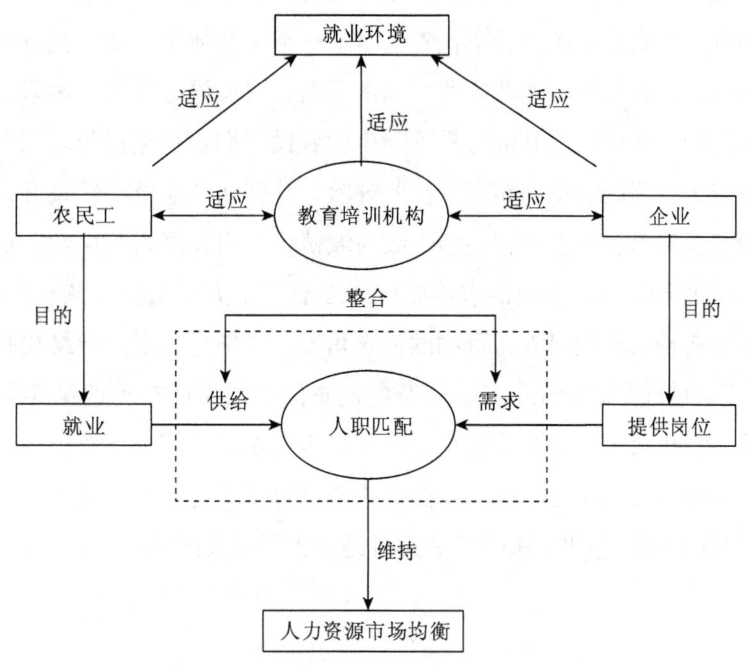

图 8-3　新生代农民工教育培训实现路径

不论是城市产业结构转型升级，还是农村三产融合，农民工作为劳动力市场主体的参与度都很高。参照系统适应功能、目标功能、整合功能和维模功能，如何从新产业、新业态中寻找新的就业机会，通过提升自身职业能力尽快适应市场变化，积极参与到三大产业发展过程中，实现劳动力市场供给与需求的有效契合，新生代农民工教育培训给出了启发性答案。

8.4 本章小结

随着中国特色社会主义进入新时代，我国社会主要矛盾已经转化为人民日益增长的美好生活需要与不平衡不充分的发展之间的矛盾。十九大报告中，习近平总书记强调，“青年兴则国家兴，青年强则国家强。青年一代有理想、有本领、有担当，国家就有前途，民族就有希望。”在产业结构转型升级背景下解决好新生代农民工这一青年群体不平衡不充分的发展与人民日益增长的美好生活需要之间的矛盾，具有深远意义。本章主要探讨了我国产业结构转型升级背景下新生代农民工职业化路径依赖问题。首先，总结了我国产业结构转型升级的现状，分别从产业结构转型升级对人力资源的新要求、产业结构转型升级与城镇化的内在逻辑关系和产业结构转型升级加剧劳动力市场供求不匹配的矛盾三个方面进行了阐释；其次，从产业结构转型升级对人力资本的需求角度，分别论述了产业结构转型升级对劳动力技能互补的需求以及新生代农民工如何面对产业结构转型升级；最后，提出了产业结构转型升级中新生代农民工职业化路径依赖，主要从职业培训方面进行了概括，在此基础上构建了新生代农民工职业化培训的“MVM+E”模型，并且有针对性地提出了对策建议。

第九章　研究结论与展望

9.1　研究结论

新生代农民工职业化在城市劳动力市场的推广，不仅可以满足城市对劳动力资源的素质和能力要求，克服劳动力市场供需矛盾，而且可以推进职业能力与新生代农民工的结合，突破传统的人口城镇化局限，真正实现新生代农民工群体的经济城镇化、社会城镇化和心理城镇化。同时，通过对新生代农民工职业化评价体系和影响新生代农民工职业化意愿影响因素的深入分析，本研究得出结论，认为职业化是推进新生代农民工城镇化的有效途径，这也正是当前城镇现代化的主题。因此，设计合理的新生代农民工职业化评价体系，创造良好的宏观政策和中观环境，通过政府引导、企业协调和新生代农民工自身积极参与等方式来培育职业化新生代农民工成为本研究的重点。基于以上认识，本研究结论具体归纳为三个方面。

9.1.1　新生代农民工职业化评价体系研究的结论

加快工业现代化和城镇现代化进程、走中国特色“新四化”道路，是中国经济持续增长，经济结构进一步优化的必经之路。深入挖掘新生代农民工劳动力的潜在贡献率，是认清城镇化瓶颈缺陷和加快城镇化进程的必然要求。已有经验表明，推进我国城镇化的根本出路在于打破传统的、固有的人口城镇化思路，改变将新生代农民工仅当作进城打工的劳动力的局面。在当前中国国情和二元户籍政策框架下，农民转变为市民没有其他办法，而一贯依靠的体力已经不再是稀缺资源，与现代化发展相对应的职业能力才是新生代农民工城镇化的根本出路。在对已有文献进行综述的基础上，结合中国的特定国情和新生代农民工劳动力资源的实际状况，本研究构建了包含反映新生代农民工知识结构层次和掌握程度的职业化知识维度、涉及新生代农民工具体工作表现的职业化行为维度、可以预期新生代农民工自我发展可行性的职业化态度维度、反映新生代农民工技能禀赋的职业化技能维度以及反映新生代农民工情商的职业化素质维度五个方面的新生代农民工职业化评价体系，强调全面、客观地审视新生代农民工职业化问题。本研究认为，在目前城市资源有限的前提下，新生代农民工城镇化的实现应当从提升这一群体就业能力、完成其所从事工作的职业化等方面展开。

9.1.2　影响新生代农民工职业化意愿因素研究的结论

通过层次分析和逻辑回归实证分析，本研究考察了微观、中观和宏观三个维度的要素对新生代农民工职业化意愿的影响。在微观个体层面，基于职业化的具体表现形式，在理论上对新生代农民工职业化的增收效应进行了探讨，并从城市融入视角对职业化效应进行了剖析。研究得出，通过职业化形成的新生代农民工就业能力可以与中国城市劳动力市场所需要的活生产要素相匹配，可以在很大程度上推动城市工业发展，同时，职业化可以促进新生代农民工物质资本积聚，有助于这一群体实现经济意义上的城镇化。作为城市正常运转中必不可少的劳动力资源，新生代农民工的人力资本现状与发展前景至关重要。对于知识存量少、技术等级低、单纯依靠出卖体力劳动谋生的新生代农民工，职业化对其就业的拉动作用会不断增强，并且效应具有长期性。职业化改变了人力资本的获取渠道，同时促进了新生代农民工增收。在有职业化意愿的前提下，职业化与新生代农民工人力资源有机结合，有助于破解目前城镇化进程中出现的问题。本研究再次证明，职业化是继经济城镇化之后的人口城镇化的又一种人力资本积累方式。在中观层面，企业环境是新生代农民工每天都要面对的客观条件，而家庭环境是新生代农民工的先天条件，两者都在一定程度上对新生代农民工职业化意愿有着一定影响。在宏观层面，公共政策与社会保障是重中之重。国家政策可以起到导向作用，在新生代农民工城镇化进程推进过程中，国家政策在宏观层面给予支持和保障是必要的，也是必须的。

9.1.3 新生代农民工职业化推进策略研究的结论

以我国城镇化不断发展为背景，在构建新生代农民工职业化评价体系和分析职业化意愿影响因素的基础上，本研究认为，新生代农民工职业化是一个关系全局的问题，其整体性不容忽视。通过对前面几个章节进行总结，并借鉴国外相关职业化经验，本研究构建了新生代农民工的以经济层面的城市融入为特征的生存型职业化推进策略、以社会层面城市融入为标志的维持型职业化推进策略和以心理层面城市融入为特点的发展型职业化推进策略。这三种推进策略由低级到高级发展，最终实现三者的有机融合。在这三者当中，生存型职业化推进策略强调新生代农民工群体物质财富的积聚；当经济积累到一定程度后，维持型职业化推进策略强调新生代农民工社会生活方面的城镇化适应与参与；在经济条件与社会条件充分允许的条件下，发展型职业化推进策略强调新生代农民工更高层次的心理上的全方位城镇化，至此，新生代农民工实现了真正意义上的城镇化。以上三种职业化推进策略从低级向高级发展，过程具有不可逆性和规律性，不可一蹴而就。同时，上述推进策略体现了这一群体城镇化的现实进程，也是农民身份转变为产业工人身份的发展历程，反映了真正意义上的社会进步与人力资本逐步积累的过程。经济层面、社会层面和心理层面的相互关照使这一人力资源从农村剩余劳动力转变为城市劳动力市场中不可或缺的人力资本，使其自身劳动价值具有不可替代性，并成为真正意义上的城市人。

9.2 研究不足与展望

9.2.1 研究不足

9.2.1.1 评价标准局限

一方面，受数据可得性的限制，本研究仅从微观5个方面的21个指标出发构建了新生代农民工职业化水平评价体系，还应将中观和宏观层面的指标，例如，新生代农民工就业企业人力资源状况、农民工家庭状况、国家对待农民工职业发展的政策等指标应扩充到此评价体系中。另一方面，职业化具有很强的实践性，各种职业有其自身的职业特征，决定了具体职业的职业化内容在结构与路径方面存在差异，在未来的研究中可考虑建构不同职业的新生代农民工职业化水平的评级体系，使该指标体系更完善。

9.2.1.2 研究样本局限

在研究样本的选择上，本研究是以陕西、北京、河北和浙江的数据为研究样本，与地域范围更广的调查研究相比，样本代表性和与之对应的统计结论科学性不可避免地存在差异。为了使研究更具有代表性和说服力，后续研究的研究样本应从新生代农民工人口学特征以及社会经济特点等出发，结合不同类型加以质性分析，尽量使样本覆盖整个新生代农民工群体，保证结论的普遍性和适用性。

9.2.1.3 研究数据局限

本研究所采用的调查数据是横截面数据，这种静态时点数据只是在某一时期对新生代农民工个体的样本采集，可是由于人具有主观能动性，对待同一事物的态度在不同时点或时间段可能存在不一致性，因此横截面数据不能准确地代表一个时间段内的主观感受，基于此数据的研究结论在一定程度上也可能与基于时序数据的研究结论有差异。在控制时间变量的前提下进行纵向研究将有助于我们更准确地理解新生代农民工职业化问题，可是由于调研方法与数据可得性的局限，本研究暂且无法完成时序数据量表的对比校验。

9.2.2 研究展望

9.2.2.1 研究客体可借鉴性

职业化概念在西方国家已经有了一定的发展，比较成熟，也是西方劳动力市场人力资源管理的依据。相比较而言，我国对职业化的研究起步较晚，在引进、介绍国外概念的基础上，相关研究也大多集中于体面职业和体面职业从业人员，实证方法也比较简单。在中国的特定国情下，职业化理论的系统构建是一个长期的过程，需要随着劳动力市场的发展而不断完善。作为劳动力市场不可或缺的人力资源，应该对新生代农民工职业化进行时序研究，毕竟这一群体的现实工作具有时序性，系统研究不可避免。同时，相对于城市产业工人，新生代农民工算是一个弱势群体，可以把新生代农民工职业化研究扩展到其他相对弱势群体，不断总结经验，以逐步完善理论模型，使这一评价体系具有生命力，进而建立起符合我国劳动力市场现状的职业化理论体系。

9.2.2.2 研究视角可拓展性

在中国城镇化进程中，新生代农民工就业问题十分复杂，解决这个问题需要全盘考虑。职业化主要是从劳动力供给方面进行探讨，提供了解决“就业难”与“民工荒”现状并存悖论的一个思路。不可否认，这一群体的城镇化不仅需要新生代农民工的职业化，而且需要各种配套措施的有机配合。在未来研究中，应该拓展研究的覆盖面，除了研究劳动力市场的供给方，也就是新生代农民工外，也要将研究延伸到需求方。新生代农民工职业化与个人职业生涯的成功与否，与企业绩效、与国家政策是否有效关系密切，只有三者兼顾才能构建起科学合理的新生代农民工职业化理论体系。只有人力资源数量和质量的有效供给与劳动力市场的合理需求相平衡，才可以实现城市劳动力市场的帕累托最优。

参考文献

[1] 左河水．鹧鸪天·少年打工 [J]. 中华诗词，2014（11）．

[2] 韩长赋．统筹解决新生代农民工问题 [EB/OL]. 求是理论网，[2012 - 07 - 18]. http：//www. qstheory. cn/jj/jsshzyxnc/201207/t20120723_ 171599. htm.

[3] 王宇涛，唐娟莉．农民职业化就业的障碍与对策分析 [J]. 河北农业科学，2008（12）．

[4] 周健．劳动力梯度转移模型探讨及其应用：兼论“民工荒”[J]. 兰州学刊，2008（1）．

[5] 丁栋虹．企业家成长制度论 [M]. 上海：上海财政大学出版社，2000.

[6] 厉以宁：新三大红利正替代旧红利 [EB/OL]. http：//www. p5w. net/news/gncj/201212/t4623841. htm.

[7] 邱红．人口学概论 [M]. 北京：中央广播电视大学出版社，2011.

[8] 蔡昉，都阳，高文书，王美艳．劳动经济学——理论与中国现实 [M]. 北京：北京师范大学出版社，2009.

[9] 胡焕庸．中国人口之分布 [J]. 地理学报，1935（2）．

[10] 张晔林．农民工培训投入决策研究 [D]. 南京农业大学，2008.

[11] 黄安余．就业失业论 [M]. 北京：中央编译出版社，2015.

[12] 江涛．生态社会人口论 [M]. 北京：人民出版社，2015.

[13] 杨秀丽，李录堂．农民工职业化的实现路径分析 [J]. 生产力研究，2013（9）．

[14] 李培林. 中国社会巨变和治理 [M]. 北京：中国社会科学出版社，2014.

[15] 马克思，恩格斯. 马克思和恩格斯选集：第一卷 [M]. 北京：人民出版社，1972.

[16] 列宁. 列宁选集第4卷 [M]. 北京：人民出版社，1972.

[17] Lewis W A. Economic Development with Unlimited Supplies of Labor [J]. Manchester School，1954，22 (2).

[18] Northam R M. Urban Geography [M]. New York：Wiley，1975.

[19] 迈克尔·P. 托达罗. 经济发展与第三世界 [M]. 北京：中国经济出版社，1992.

[20] Lee E S. A Theory of Migration [J]. Demography，1966，3 (1).

[21] Ravenstein E G. The Laws of Migration [J]. Journal of the Statistical Society of London，1885，48 (2).

[22] 西奥多·W. 舒尔茨. 改造传统农业 [M]. 北京：商务印书馆，2010.

[23] 加里·贝克尔. 人力资本理论 [M]. 北京：中信出版社，2007.

[24] Greenwood E. Attribute of a Profession [J]. Social Work，1957，2 (3).

[25] Wilensky H L. The Professionalization of Everyone? [J] The American Journal of Sociology，1964，70 (2).

[26] Snizek W E. The Relationship between Theory and Research：A Study in the Sociology of Sociology [J]. The Sociological Quarterly，1975，16 (3).

[27] 吴敬琏. 城镇化的效率与政策选择 [J]. 中国农村金融，2013 (10).

[28] 吴晓，王慧. 我国大城市流动人口就业空间解析——面向农民工的实证研究 [M]. 南京：东南大学出版社，2015.

[29] Goffman E. Presentation of Self in Everyday Life [M]. New York：

Doubleday, 1959.

[30] Vollmer H M, Mills D L. Professionalization [M]. Englewood Cliffs, New Jersey: Prentice-Hall, 1966.

[31] Larson M S. The Rise of Professionalism: A Sociological Analysis [M]. Berkeley: University of California Press, 1977.

[32] Forsyth P B, Danisiewicz T J. Towards a Theory of Professionalization [J]. Work and Occupations, 1985, 12 (1).

[33] Parsons T. Essays in Sociological Theory [M]. London: Collier-Macmillan, 1954.

[34] Hall R H. Occupations and the Social Structure [M]. Englewood Cliffs, New Jersey: Prentice-Hall, 1969.

[35] Freidson E. The Professions and Their Prospects [M]. London: Sage Publications, 1973.

[36] Van Maanen J, Barley S R. Occupational Communities: Culture and Control in Organizations [J]. Research in Organizational Behavior, 1984 (6).

[37] Turner C, Hodge M N. Occupations and Professions [M] // Jackson J A. Professions and Professionalization. London: Cambridge University Press, 1970.

[38] Hillage J, Pollard E. Employability: Developing a Framework for Policy Analysis [J]. Institute for Employment Studies Research Brief No. 85, 1998.

[39] Knight J, Deng Q, Li S. The Puzzle of Migrant Labor Shortage and Rural Labor Surplus in China [J]. China Economic Review, 2011, 22 (4).

[40] McQuaid R W, Lindsay C. The Concept of Employability [J]. Urban Studies, 2005 (20).

[41] 张斐. 新生代农民工市民化现状及影响因素分析 [J]. 人口研究, 2011 (6).

[42] 周密, 张广胜, 黄利. 新生代农民工市民化程度的测度 [J].

农业技术经济，2012（1）.

［43］原小能．劳动力成本、交易成本与产业结构升级［J］．浙江大学学报，2015（5）.

［44］吴来贵．新生代农民工市民化的困境与对策［J］．宏观经济管理，2013（5）.

［45］韩玉梅．新生代农民工市民化问题研究［D］．东北农业大学，2012.

［46］Money J，Falstrom D Z. Interests and Institutions in Skilled Migration：Comparing Flows in the IT and Nursing Sectors in the U. S.［J］. Knowledge，Technology & Policy，2006，19（3）.

［47］Delattre M，Ocler R. Professionalism and Organization：Polysemy of Concepts and Narratives of Actors［J］. Society and Business Review，2013，8（1）.

［48］Basten S. Who Needs Migrant Workers? Labor Shortages，Immigration and Public Policy［J］. Eur J Population，2011，27（2）.

［49］Krings T，Bobek A，Moriarty E，Salamonske J，Wickham J. From Boom to Bust：Migrant Labor and Employers in the Irish Construction Sector［J］. Economic and Industrial Democracy，2011，32（3）.

［50］董延芳，刘传江，胡铭．新生代农民工市民化与城镇化发展［J］．人口研究，2011（1）.

［51］陈宇鹏．新生代农民工职业教育与培训体系建构研究［J］．继续教育研究，2012（4）.

［52］郭飞，夏建军，毕树广．新生代农民工就业问题的研究［J］．农业经济，2012（11）.

［53］刘瑞．新生代农民工就业问题研究［J］．山西财经大学学报，2011（1）.

［54］赵泽洪，李传香．就业能力贫困与再造：新生代农民工就业悖论及其破解［J］．中国人力资源开发，2011（9）.

[55] 林竹. 新生代农民工就业质量调查——基于江苏省 735 份调查问卷 [J]. 开发研究，2012 (6).

[56] 李向东. 新生代农民工就业及保障问题探析 [J]. 特区经济，2012 (6).

[57] 黄国华. 新生代农民工进城务工的外源影响机制研究 [J]. 财经科学，2010 (12).

[58] 何一鸣，罗必良. 政府监督博弈、企业协约权力管制与农民工雇佣权益保护——《劳动合同法》为例 [J]. 中国农村经济，2011 (6).

[59] Wallace J E, Kay F M. The Professionalism or Practicing Law: A Comparison across Work Contexts [J]. Journal of Organizational Behavior, 2008, 29 (8).

[60] Lenard P T, Straehle C. Temporary Labor Migration, Global Redistribution, and Democratic Justice [J]. Politics Philosophy Economics, 2012, 11 (2).

[61] Qu Y, Cai F. Understanding China' s Workforce Competitiveness: A Macro Analysis [J]. Journal of Chinese Human Resource Management, 2011, 2 (1).

[62] 王丽. 江苏新生代农民工收入差异的个体因素分析 [J]. 统计科学与实践，2013 (11).

[63] 徐辉，甘晓燕. 新生代农民工人力资本与收入的相关性研究 [J]. 调研世界，2013 (2).

[64] 常伟，任智. 新生代农民工职业社会化探讨 [J]. 河南社会科学，2012 (4).

[65] 郭立场. 转型期新生代农民工社会认同问题的分析与思考 [J]. 农村经济，2013 (6).

[66] 宋国英. 新生代农民工社会认同的伦理向度 [J]. 河南社会科学，2011 (6).

[67] 刘玉侠. 新生代农民工城市融入中的社会认同考量 [J]. 浙江

社会科学，2012（6）.

［68］周化明．中国农民工职业发展问题研究［D］．湖南农业大学，2012.

［69］刘博．农民工生活方式的转变与社会身份的缺失［J］．重庆社会科学，2008（10）.

［70］何明洁．劳动经历与新生代农民工认同感形成［J］．软科学，2012（8）.

［71］杨川丹．新生代农民工的城市社会认同［J］．人民论坛，2011（6）.

［72］金晓彤，崔宏静．新生代农民工社会认同建构与炫耀性消费的悖反性思考［J］．社会科学研究，2013（4）.

［73］赵德铸．中国社会保障的社会排斥问题分析——以新生代农民工社会保障为例［J］．济南大学学报（社会科学版），2012（5）.

［74］曹杨．社会排斥视角下的新生代农民工心理压力问题研究［J］．安徽农业科学，2011（14）.

［75］李伦．社会排斥与新生代农民工的城市融入［J］．现代商业，2011（7）.

［76］范新军．社会排斥对新生代农民工自我认同影响的探讨［J］．社会学研究，2011（4）.

［77］孟颖颖．新生代农民工城市融合障碍构成原因探析——基于社会排斥理论的视域［J］．西北人口，2011（3）.

［78］许传新，王俊丹．新生代农民工工作—家庭关系及其对离职倾向的影响［J］．人口与经济，2012（2）.

［79］陈雯．从“弱化”到“催化”：新生代农民工家庭与婚配悖论研究［J］．中国青年研究，2014（3）.

［80］Martin P，Ruhs M. Labor Shortages and U. S. Immigrations Reform：Promises and Perils of an Independent Commission［J］. International Migration Review，2011，45（1）.

[81] 赵蔚蔚．新生代农民工子女教育问题的统计考察［J］．统计与决策，2011（23）．

[82] 吴新慧．传统与现代之间——新生代农民工的恋爱与婚姻［J］．中国青年研究，2011（1）．

[83] 刘雪梅．新生代农民工工作家庭冲突对工作绩效的影响［J］．农业经济问题，2012（7）．

[84] 赵波．新生代农民工犯罪问题探讨［J］．农业考古，2010（6）．

[85] 唐欢庆．论新生代农民工犯罪的文化善治［J］．中国青年研究，2007（5）．

[86] 陆时莉．新生代农民工犯罪心理分析及预防对策［J］．社会科学战线，2011（7）．

[87] 林彭，余飞，张东霞．“新生代农民工”犯罪问题研究［J］．中国青年研究，2008（2）．

[88] 金小红，陈明香．新生代农民工犯罪的现状与原因——以武汉市的调查为例［J］．学习与实践，2011（12）．

[89] 熊光清．新生代农民工政治效能感分析——基于五省市的实地调查［J］．社会科学研究，2013（4）．

[90] 邓秀华．引领农民工政治参与的发展方向［J］．求索，2012（11）．

[91] 徐志达，庄锡福．新生代农民工政治参与主体素质的现状及提高之策［J］．当代世界与社会主义，2012（4）．

[92] 郑永兰，丁晓虎．基于区域合作治理视角的新生代农民工政治参与的考量［J］．统计与决策，2012（23）．

[93] 宁晓菊．论新生代农民工政治参与空间的拓展［J］．中国劳动关系学院学报，2013（5）．

[94] 吴兴国，丁国峰．意识、方式、能力：新生代农民工全力实现的影响因子——基于农民工主体的视角［J］．中国发展观察，2010（7）．

[95] Golley J, Meng X. Has China Run out of Surplus Labor? [J]. China Economic Review, 2011, 22 (4).

[96] O' Reilly D, Reed M. The Grit in the Oyster: Professionalism, Managerialism and Leaderism as Discourses of UK Public Services Modernization [J]. Organization Studies, 2011, 32 (8).

[97] 周秋琴. 法学视野下的农民工权益保障问题研究 [M]. 镇江: 江苏大学出版社, 2011.

[98] 王业松. 劳动法视域下新生代农民工权利缺失问题 [J]. 当代青年研究, 2012 (8).

[99] 何强. 新生代农民工权利边缘化分析 [J]. 产业与科技论坛, 2012 (10).

[100] 丁璇. 城镇化进程中新生代农民工社会保障问题研究 [J]. 前沿, 2013 (16).

[101] 李红浪. 新生代农民工社会保障问题及对策 [J]. 江西社会科学, 2013 (10).

[102] 童松辉. 新农村建设背景下新生代农民工就业保障 [J]. 安徽农业科学, 2013 (28).

[103] Zhan S, Huang L. Rural Roots of Current Migrant Labor Shortage in China: Development and Labor Empowerment in a Situation of Incomplete Proletarianization [J]. Comp Int Dev, 2013, 48 (1).

[104] Branch W T Jr. The Road to Professionalism: Reflective Practice and Reflective Learning [J]. Patient Education and Counseling, 2010, 80 (3).

[105] 孙国峰, 张旭晨. 新生代农民工社会保障问题实证分析——以甘肃省为例 [J]. 调研世界, 2013 (12).

[106] 刘丽. 新生代农民工"市民化"问题研究——基于社会资本与社会排斥分析的视角 [J]. 河北经贸大学学报, 2012 (5).

[107] 罗锋, 黄丽. 人力资本因素对新生代农民工非农收入水平的影

响——来自珠江三角洲的经验证据［J］. 中国农村观察，2011（1）.

［108］杨琦，李玲玲 . 新生代农民工的劳动供给与经济增长方式的转变［J］. 人口科学，2011（1）.

［109］刘洪银 . 以融合居住促进新生代农民工人力资本提升［J］. 首都经济贸易大学学报，2013（5）.

［110］王超恩，符平 . 农民工的职业流动及其影响因素［J］. 人口与经济，2013（5）.

［111］李艳 . 新生代农民工的利益诉求与管理策略——以南海本田停工事件为例［J］. 中国人力资源开发，2011（4）.

［112］范丹，李文川 . 基于心理契约的新生代农民工管理对策实证研究——以浙江省为例［J］. 农村经济，2013（6）.

［113］张翠莲，韩亦 . 如何管理新生代农民工？——基于非正式组织视角［J］. 经济管理，2012（8）.

［114］徐细雄，淦未宇 . 组织支持契合、心理授权与雇员组织承诺：一个新生代农民工雇佣关系管理的理论框架——基于海底捞的案例研究［J］. 管理世界，2011（12）.

［115］丛志杰，吴松阳 . 基本公共服务均等化视野下的新生代农民工问题研究［J］. 内蒙古大学学报，2012（3）.

［116］刘建民 . 优势视角：新生代农民工城市融入服务实证研究［J］. 广西民族大学学报，2011（1）.

［117］谌新民，李艳 . 珠三角劳动关系隐忧与人力资源应对策略［J］. 中国人力资源开发，2010（11）.

［118］徐志达，庄锡福 . 新生代农民工政治参与路径研究［J］. 山西财经大学学报，2012（3）.

［119］刘传江 . 迁徙条件、生存状态与农民工市民化的现实进路［J］. 区域经济，2013（4）.

［120］李梅香 . 基本公共服务均等化水平评估——基于新生代农民工城市融合的视［J］. 财政研究，2011（2）.

［121］胡宏伟，曹杨，吕伟．心理压力、城市适应、倾诉渠道与性别差异［J］．青年研究，2011（3）．

［122］许莲凤．公共产品理论视域下的新生代农民工住房保障实现路径研究［J］．东南学术，2013（6）．

［123］Jan P，Francs V W．Professionals and Students in a Lobbying Experiment，Professional Rules of Conduct and Subject Surrogacy［J］．Journal of Economic Behavior & Organization，2000，43（4）．

［124］Zhang X，Yang J，Wang S．China Has Reached the Lewis Turing Point［J］．China Economic Revise，2011，22（4）．

［125］胡艳辉．新生代农民工政治意识形成变化的影响因素［J］．贵州社会科学，2013（4）．

［126］Coombs W T，Holladay S，Hasenauer G，Signitzer B．A Comparative Analysis of International Public Relations：Identification and Interpretation of Similarities and Differences between Professionalization in Austria，Norway，and the United States［J］．Journal of Public Relations Research，2009，6（1）．

［127］罗先智．新生代农民工薪酬公平问题研究——基于劳动力市场分割理论［J］．吉林工商学院学报，2012（3）．

［128］杨梦秋，陈同扬．组织社会化视角下新生代农民工管理策略［J］．中国经贸导刊，2011（23）．

［129］张红，乔忠．大学生综合就业能力评价体系构建［J］．山东社会科学，2011（4）．

［130］姚华松．流动人口的空间透视［M］．北京：中央编译出版社，2012.

［131］李丹，李玉凤．新生代农民工市民化问题探析［J］．中国人口、资源与环境，2012（7）．

［132］李贵成．增权理论视域下维护新生代农民工尊严问题研究［J］．郑州大学学报（哲学社会科学版），2013（3）．

[133] 高山艳. 新生代农民工职业培训的困境及制度障碍分析——基于河南省四市的调查 [J]. 职业技术教育, 2013, 34 (28).

[134] 范亚锋, 李伟波. 新生代农民工社会接纳机制研究 [J]. 广东青年职业学院学报, 2012, 26 (3).

[135] 刘玉兰. 新生代农民工精神健康状况及影响因素研究 [J]. 人口与经济, 2011 (5).

[136] 夏显力, 姚植夫, 李瑶, 李贺. 新生代农民工定居城市意愿影响因素分析 [J]. 人口学刊, 2012 (4).

[137] 陈凤兰. 新生代农民工的自我定位与融入城市意愿——来自F市的个案研究 [J]. 云南农业大学学报, 2012 (4).

[138] 罗小锋, 段成荣. 新生代农民工愿意留在城市打工吗? ——家庭、户籍与人力资本的作用 [J]. 农业经济问题, 2013 (9).

[139] 徐捷, 楚国清. 北京市新生代农民工城市融入意愿研究 [J]. 北京青年政治学院学报, 2013 (3).

[140] 张华, 夏显力. 西北地区新生代农民工市民化意愿影响因素分析 [J]. 内蒙古农业大学学报, 2011 (1).

[141] 邢美华, 胡定金, 黄其振. 新生代农民工就业意愿分析及对策思考——基于湖北省的实证调查 [J]. 华中农业大学学报, 2012 (1).

[142] 曹成刚. 新生代农民工心理服务体系建设探析 [J]. 中州学刊, 2013 (9).

[143] 吴智育. 新生代农民工心理健康问题及解决途径 [J]. 河北学刊, 2012 (4).

[144] 牛丽宇. 新生代农民工心理问题及干预对策 [J]. 中国人力资源开发, 2011 (2).

[145] 王聚芹, 李宝林. 受教育水平对新生代农民工接受心理援助意愿的影响——基于二元 logistic 回归分析 [J]. 特区经济, 2013 (2).

[146] 陈一敏. 新生代农民工心理资本的影响因素 [J]. 城市问题, 2013 (2).

[147] 姚植夫，张译文．新生代农民工工作满意度影响因素分析——基于西北四省的调查数据［J］．中国农村经济，2012（8）．

[148] 马铖，宋从．浅析我国新生代农民工的思想观念［J］．新西部，2012（9）．

[149] 陈晶．新生代农民工思想状况研究［J］．学理论，2011（4）．

[150] 赖海燕．新生代农民工思想道德建设探析［J］．江西行政学院学报，2012（4）．

[151] 白玉冬．新生代农民工思想政治教育研究［J］．河北广播电视大学学报，2012（4）．

[152] 王建华．农户经营改造的信息技术型人力资本研究［D］．西北农林科技大学，2012.

[153] 王佃利，刘保军，楼苏萍．新生代农民工的城市融入——框架建构与调研分析［J］．中国行政管理，2011（2）．

[154] 马云献．就业能力对农民工城市融入的影响研究［J］．统计与决策，2012（11）．

[155] 王苑．大学生职业价值观及就业能力与就业绩效关系研究［D］．浙江大学，2006.

[156] 廖志成．提高大学毕业生就业质量的探讨［J］．教育评论，2005（3）．

[157] 李颖，刘善仕．大学生就业能力对就业质量的影响［J］．高教探索，2005（2）．

[158] 杨钧．农民职业化的实现路径分析［J］．农业经济，2012（12）．

[159] 侯力．当前我国农村劳动力转移面临的问题及对策［J］．人口学刊，2004（6）．

[160] 时勘．基于胜任特征模型的人力资源开发［J］．心理科学进展，2006（4）．

[161] 孙俪原．我国城镇化过程中农业及农村文明研究——以北京市

为例［J］. 山东社会科学，2015（5）.

［162］中华人民共和国人力资源和社会保障部 . 2016 年第一季度全国十大城市岗位需求和求职状况［EB/OL］. http：//www. mohrss. gov. cn/SYrlzyhshbzb/ldbk/jiuye/JYzonghe/201601/t20160126_ 232541. htm.

［163］吕建国，孟慧 . 职业心理学［M］. 大连：东北财经大学出版社，2008.

［164］艾洪涛 . 我国秘书工作职业化的现状分析［J］. 沧州师范专科学校学报，2007（12）.

［165］任远 . 城市流动人口的居留模式与社会融合［M］. 上海：上海三联书店，2012.

［166］Saks M. Removing the Blinders? A Critique of Recent Contributions to the Sociology of Professions［J］. The Sociological Review，1983，31（1）.

［167］Macdonald K M. Building Respectability［J］. Sociology，1995，23（1）.

［168］Willmott H. Ornanising and Profession：A Theoretical and Historical Examination of the Development of the Major Accountancy Bodies in the UK［J］. Accounting，Organizations and Society，1986，11（6）.

［169］张国胜，陈瑛 . 社会成本、分摊机制与我国农民工市民化——基于政治经济学的分析框架［J］. 经济学家，2013（1）.

［170］陶然，史晨，汪晖，庄谷中 . “刘易斯转折点悖论”与中国户籍——土地—财税制度联动改革［J］. 国际经济评论，2011（3）.

［171］黄宗智 . 华北的小农经济与社会变迁［M］. 北京：人民出版社，2000.

［172］李香兰 . 对我国工业现代“化”的几点反思［J］. 理论研究，2011（5）.

［173］Mihret D G，James K，Mula J M. Accounting Professionalization amidst Alternating State Ideology in Ethiopia［J］. Accounting，Auditing & Accountability Journal，2012，25（7）.

［174］陈德铭．继往开来扩大开放——写在加入世贸组织十周年之际［J］．求是，2011（23）．

［175］何美金，郑英隆．农民工的形态演变：基于中国工业化进程长期性的研究［J］．学术研究，2007（11）．

［176］杰弗里·H. 格林豪斯，杰勒德·A. 卡拉南，维罗妮卡·A. 戈德谢克．职业生涯管理（英文第三版）［M］．北京：清华大学出版社，2003.

［177］罗平．欠发达地区均衡人口发展研究［M］．北京：经济科学出版社，2016.

［178］刘刚，于晓东．“三化”视角下的农民工流动问题及其优化对策［J］．北京交通大学学报（社会科学版），2012（3）．

［179］谢建杜．新生代农民工融入城镇问题研究［M］．北京：人民出版社，2011.

［180］陆铭．城市内部高低技能劳动力必须是“互补”的［N/OL］．北京日报，［2016－05－16］．http：//theory. gmw. cn/2016－05/16/content－20117840. htm.

［181］蔡昉．城镇化与农民工的贡献——后危机时期中国经济增长潜力的思考［J］．中国人口科学，2012（1）．

［182］［美］艾伦·德·布劳，约翰·贾尔斯．人口流动机会与中国农村青年受教育程度［EB/OL］．［2010-04-02］．http：//www. snzg. cn/article/show. php？Itemid-17957/page-1. html.

［183］陆学艺．走出“城乡分治，一国两策”的困境［J］．特区展望，2000（3）．

［184］Covey S R. The Seven Habits of Highly Effective People［M］. Simon & Schuster, 2004.

［185］Sandberg J. Understanding Human Competence at Work：An Interpretative Approach［J］. Academy of Management Journal, 2000, 43（1）.

［186］戴群．关于存在专业化劳动力交易成本的积聚模型［J］．开放

导报，2009（4）.

[187] 樊海云．信息化规划与实践［M］．北京：清华大学出版社，2008.

[188] 郑英隆，刘凤珍，武志伟．新制度经济学视域的农民工和谐劳动合约关系［J］．财经科学，2013（4）.

[189] Linton R. The Study of Man [M]. D. Appleton - Century Company, 1936.

[190] 康红梅，杨文健．底层社会中个体职业身份建构类型研究——以南京市环卫业农民工为例［J］．西北人口，2012（2）.

[191] 高帆．中国城乡二元经济结构转化：理论阐释与实证分析［M］．上海：上海三联书店，2012.

[192] 高洪贵．青年农民工非制度化政治参与论析［J］．中国青年研究，2010（10）.

[193] 樊文有，石来德，胡际峰．我国技术工人短缺状况分析及对策研究［J］．科技进步与对策，2006（12）.

[194] 吕昭河．人口流动的政治经济学含义［J］．经济学动态，2012（8）.

[195] 王毅杰，童星．流动农民社会支持网探析［J］．社会学研究，2004（2）.

[196] 江立华．城市性与农民工的城市适应［J］．社会科学研究，2003（5）：92-96

[197] 王兴周，张文宏．城市性：农民工市民化的新方向［J］．社会科学战线，2008（12）.

[198] 陈世伟．社会建设视域下农民工的城市社会适应［J］．求实，2008（2）.

[199] 蔡禾，王进．“农民工”永久迁移意愿研究［J］．社会学研究，2007（6）.

[200] 钟水映，李魁．农民工“半市民化”与“后市民化”衔接机

制研究［J］．中国农业大学学报（社会科学版），2007（3）．

［201］黄平，杜铭那克．农民工反贫困：城市问题与政策导向（中英双语本）［M］．北京：社会科学文献出版社，2006.

［202］廖泉文，宋培林．论异质性人力资本的形成机理［J］．中国人才，2002（3）．

［203］Fugate M，Kinicki A J. A Dispositional Approach to Employability：Development of a Measure and Test of Implications for Employee Reactions to Organizational Change［J］. Journal of Occupational and Organizational Psychology，2008，81（3）．

［204］Gazier B. Employability：An Evolutionary Notion，an Interactive Concept［M］// Gazier B. Employability：Concepts and Policies. Berlin：Institute for Applied Socio-Economics，1999.

［205］Evans C，Nathan M，Simmonds D. Employability through Work［M］. Manchester：Centre for Local Economic Strategies，1999.

［206］穆光宗．人口生态重建［M］．北京：中国科学技术出版社，2016.

［207］Sanders J，Grip A D. Training，Task Flexibility and the Employability of Low-Skilled Workers［J］. International Journal of Manpower，2004，25（1）．

［208］黄佳豪．社会排斥视角下新生代农民工市民化问题研究［J］．中国特色社会主义研究，2013（3）．

［209］Dubins L，Freedman D. Invariant Probabilities for Certain Markov Processes［J］. Annals of Mathematical Statistics，1966，37（4）．

［210］田露．再谈农民工在外务工权益的法律制度保障［J］．山西财经大学学报，2012（1）．

［211］王小章．从“生存”到“承认”：公民权视野下的农民工问题［J］．社会学研究，2009（1）．

［212］李明华．从教育市场大趋势看阿波罗模式在中国的适用性

[J]. 高等教育研究，2006（3）.

[213] 胡小凤 . MES 课程模式：农民工培训的必然选择 [J]. 中国培训，2006（2）.

[214] Bacolod M, Blum B S, Strange W C. Elements of Skill: Traits, Intelligences, Education and Agglomeration [J]. Journal of Regional Science, 2010, 50 (1).

[215] Baum-Snow N, Pavan R. Understanding the City Size Wage Gap [J]. Review of Economic Studies, 2012, 79 (1).

[216] 杜坤林 . 从保障型资助到发展型资助：高校助学工作范式转换及其实践 [J]. 中国高教研究，2012（5）.

[217] 墨媛媛，王振华，唐远雄，宋妍萱 . 甘肃省农民工创业群体特征分析 [J]. 人口与经济，2012（1）.

[218] Behrens K, Durantom G, Robert-Nicoud F. Productive Cities: Sorting, Selection and Agglomeration [J]. Journal of Political Economy, 2014, 122 (3).

[219] Eeckhout J, Pinheiro R B, Schmidheiny K. Spatial Sorting: Why New York, Los Angeles and Detroit Attract the Greatest Minds as well as the Unskilled [C], CESifoWorkingPaperSeries, 2010: 327.

[220] Matano A, Naticchioni P. Wage Distribution and the Spatial Sorting of Workers [J]. Journal of Economic Geography, 2012, 12 (2).

[221] 蔡昉 . 超越人口红利 [M]. 北京：社会科学文献出版社，2011.

[222] 中华人民共和国劳动和社会保障部 . 2016 年度部分城市公共就业服务机构市场供求状况分析 [EB/OL]. http://www.mohrss.gov.cn/SYrlzyhshbzb/jiuye/gzdt/201610/t20161027_ 258227.html.

[223] Psacharopoulos G. Contribution of Education to Economic Growth: International Comparisons [M] // Kendreck J W. International Comparisons of Productivity and Causes of the Slowdown. Cambridge: Ballinger, 1984.

［224］中国劳动关系学院课题组．非正规就业劳动力教育培训的多主题博弈分析［J］. 东北师大学报（哲学社会科学版），2013（2）．

［225］Yang X. Order-oriented Vocational Education for Migrant Labors during China's Industrial Restructuring［C］. Proceedings of the 3rd International Conference on Arts, Design and Contemporary Education, 2017.

［226］［美］菲利普·库姆斯．世界教育危机——八十年代的观点［M］. 赵宝恒，译．北京：人民教育出版社，1990.

［227］李强．职业共同体：今日中国社会整合之基础——论“杜尔克姆主义”的相关理论［J］. 学术界，2006（3）．

［228］涂尔干．职业伦理与公民道德［M］. 上海：上海人民出版社，2001.

［229］［美］弗雷德·鲁森斯．组织行为学［M］. 北京：人民邮电出版社，2003.

［230］刘渝琳，熊婕，郑效晨．异质性劳动力与岗位的匹配研究：基于纳什均衡对我国失业与用工荒问题的解读［J］. 管理工程学报，2016（2）．

附　录

新生代农民工职业化调查问卷

调查地点：

调查人员：

调查时间：

1. 您的性别：

（1）男　　（2）女

2. 您的年龄：

（1）16岁以下　　（2）16~40岁　　（3）40岁以上

3. 您的籍贯：

4. 您的婚姻状况：

（1）已婚　　（2）未婚

5. 您的身体健康状况：

（1）非常健康　　（2）比较健康　　（3）健康

（4）身体不怎么好　　（5）身体非常差

6. 您的家庭经济情况：

（1）非常贫穷　　（2）贫穷　　（3）中等

（4）比较富裕　　（5）富裕

7. 您的受教育程度：

（1）高中或中专（含）以下　　（2）大专

（3）本科　　　　　　　　　　　　　　　　（4）硕士（含）以上

8. 您现在所从事行业：

（1）建筑业　　　　（2）制造业　　　　（3）服务业

（4）餐饮住宿业　　（5）批发零售业　　（6）其他

9. 您从事现工作时间：

（1）1 年以下　　　（2）1~3 年　　　　（3）3~5 年

（4）5~7 年　　　　（5）7 年以上

10. 您喜欢这份工作吗？

（1）非常喜欢　　　（2）喜欢　　　　　（3）一般

（4）不喜欢　　　　（5）非常不喜欢

11. 您获取工作主要途径：

（1）熟人、朋友介绍

（2）网络媒介

（3）通过职业中介机构

（4）学校或劳动培训机构推荐

（5）通过家乡政府部门组织劳动力输出

12. 您能否主动积极完成自己的工作？

（1）从来都不能　　（2）不能　　　　　（3）偶尔能

（4）经常能　　　　（5）每次都能

13. 您在工作中能否做到勇于承担、敢作敢为？

（1）从来都不能　　（2）不能　　　　　（3）偶尔能

（4）经常能　　　　（5）每次都能

14. 您能否发现工作中的乐趣？

（1）从来没有　　　（2）没有　　　　　（3）偶尔

（4）经常　　　　　（5）每时每刻都可以

15. 您有没有为自己设定过目标并努力达成？

（1）从来没有　　　（2）有，但是很少　（3）一般

（4）经常　　　　　（5）每次都可以

16. 您重视团队精神，并且和同事搞好协作配合吗？

（1）从未重视过　（2）不重视　（3）偶尔重视

（4）总是重视　（5）每次都重视

17. 您在谋求公司发展的同时注意实现自我价值吗？

（1）从未考虑过　（2）没有　（3）偶尔

（4）比较重视　（5）十分重视

18. 您能否与企业内部相关部门及员工保持良好的关系，以赢得工作上的支持？

（1）从来都不能　（2）不能　（3）偶尔能

（4）经常能　（5）每次都能

19. 您是否愿意深入学习自己岗位的知识和经验？

（1）非常不愿意　（2）不愿意　（3）一般

（4）比较愿意　（5）非常愿意

20. 您愿意通过学习提高业务水平和操作技能吗？

（1）非常不愿意　（2）不愿意　（3）一般

（4）比较愿意　（5）非常愿意

21. 您对自己从事的工作是否具有强烈的使命感和事业心？

（1）没有　（2）有，但不强烈　（3）一般

（4）有，比较强烈　（5）有，很强烈

22. 您工作中能否做到主动迎接挑战、不断向更高目标奋进？

（1）根本做不到　（2）做不到　（3）一般

（4）偶尔能做到　（5）总是能做到

23. 您能否把企业的发展与自身发展紧密联系在一起？

（1）不能　（2）偶尔　（3）一般

（4）总是可以　（5）随时可以

24. 您对现在工作的企业忠诚吗？

（1）没有任何忠诚可言（2）不忠诚　（3）一般

（4）比较忠诚　（5）特别忠诚

25. 您在工作中能做到语言文明吗?

（1）根本做不到　　（2）做不到　　（3）偶尔能做到

（4）时常能做到　　（5）总是能做到

26. 您在工作中可以做到理解他人的情绪和感觉，并且明确进行沟通吗?

（1）根本做不到　　（2）做不到　　（3）偶尔能做到

（4）时常能做到　　（5）总是能做到

27. 您在工作中可以做到动作文雅、尊重同事和客户、服务热情、耐心周到吗?

（1）根本做不到　　（2）做不到　　（3）偶尔能做到

（4）时常能做到　　（5）总是能做到

28. 您在公司可以做到爱护公司设施、不损害公司财务吗?

（1）根本做不到　　（2）做不到　　偶尔能做到

（4）时常能做到　　（5）总是能做到

29. 您工作中能做到对工作认真负责、爱岗敬业、严于律己吗?

（1）根本做不到　　（2）做不到　　（3）偶尔能做到

（4）时常能做到　　（5）总是能做到

30. 您工作中能做到遇事不推脱、勇于承担风险和责任，并且正常维护公司利益吗?

（1）根本做不到　　（2）做不到　　（3）偶尔能做到

（4）时常能做到　　（5）总是能做到

31. 您在工作中是否注重个人形象，按照公司规定的要求着装，并且衣着得体大方?

（1）根本做不到　　（2）做不到　　（3）偶尔能做到

（4）时常能做到　　（5）总是能做到

32. 您在工作中可以做到言行一致、以身作则吗?

（1）根本做不到　　（2）做不到　　（3）偶尔能做到

（4）时常能做到　　（5）总是能做到

33. 您在工作中可以做到尊重、公平对待团队中的所有成员吗？

（1）根本做不到　（2）做不到　（3）偶尔能做到

（4）时常能做到　（5）总是能做到

34. 您在工作中善于把握机遇或为未来可能出现的问题或机会做好准备吗？

（1）根本做不到　（2）做不到　（3）偶尔能做到

（4）时常能做到　（5）总是能做到

35. 您在工作中是否能寻找更快更有效率的方法来做事？

（1）根本做不到　（2）做不到　（3）偶尔能做到

（4）时常能做到　（5）总是能做到

36. 您在工作中能做到平衡、协调、处理不同意见和矛盾吗？

（1）根本做不到　（2）做不到　（3）偶尔能做到

（4）时常能做到　（5）总是能做到

37. 您是否了解所在企业的企业文化？

（1）完全不了解　（2）不了解　（3）了解一些

（4）了解很多　（5）完全了解

38. 您是否了解您所在企业的企业战略与近几年发展愿景？

（1）完全不了解　（2）不了解　（3）了解一些

（4）了解很多　（5）完全了解

39. 您是否了解您所在公司的组织结构？

（1）完全不了解　（2）不了解　（3）了解一些

（4）了解很多　（5）完全了解

40. 您是否了解公司产品？

（1）完全不了解　（2）不了解　（3）了解一些

（4）了解很多　（5）完全了解

41. 您是否了解公司在行业中的地位？

（1）完全不了解　（2）不了解　（3）了解一些

（4）了解很多　（5）完全了解

42. 您是否了解公司的业务流程？

（1）完全不了解　（2）不了解　（3）了解一些

（4）了解很多　（5）完全了解

43. 您是否熟悉公司的产品和服务，并能系统思考公司的整体运作？

（1）完全不知道　（2）不熟悉　（3）知道一些

（4）知道很多　（5）完全知道

44. 您是否掌握从事工作所需要的专业知识？

（1）完全没有　（2）掌握很少　（3）掌握一些

（4）掌握很多　（5）完全掌握

45. 您是否熟悉国家和省市的劳动法律法规及相关制度？

（1）完全不了解　（2）不了解　（3）了解一些

（4）了解很多　（5）完全了解

46. 您是否熟悉企业所在行业的专业知识？

（1）完全不知道　（2）不熟悉　（3）知道一些

（4）知道很多　（5）完全知道

47. 您的社区参与情况：

（1）没有参与过　（2）偶尔参与　（3）经常参与

48. 您觉得城市居民对您的态度如何？

（1）非常好　（2）好　（3）一般

（4）不怎么好　（5）恶劣

49. 您感到孤独吗？

（1）从来没有　（2）偶尔　（3）经常

50. 您经常参加什么娱乐活动（可多选）：

（1）上网　（2）看电视　（3）听收音机

（4）参加城市社区等公共娱乐　（5）基本没有娱乐

51. 您目前与劳动单位是否签订了劳动合同？

（1）没签，但有口头约定　（2）签了书面合同

（3）既没有书面合同，也无口头协定

52. 您拥有下列哪些社会保险（可多选）：

（1）医疗保险　（2）失业保险　（3）养老保险

（4）工伤保险　（5）生育保险

53. 您家正在上学或者应该上学的孩子有几个？

（1）没有　（2）1个　（3）2个

（4）3个或以上

54. 家里有几位老人需要赡养？

（1）没有　（2）1位　（3）2位

（4）3位　（5）4位　（6）5位及以上

55. 您愿意把自身从事的工作发展为事业吗？

（1）非常愿意　（2）愿意　（3）没考虑过

（4）不愿意　（5）非常不愿意

56. 您目前的居住条件是怎样的？

（1）自买房　（2）自己租房　（3）与人合租房

（4）单位提供宿舍　（5）无定所

57. 您超出工作时间的劳动有加班费吗？

（1）没有　（2）偶尔有　（3）每次都有

58. 您的社交对象有：

（1）亲戚或同乡、同学　（2）同事或雇主

（3）城里人　（4）基本没有社交对象

59. 您接受过哪些公共服务（可多选）：

（1）免费的法律、劳动保障、劳动纠纷等咨询及援助

（2）免费的就业咨询及职业培训

（3）免费的健康咨询及检查

（4）免费的文化教育

（5）其他公共服务

60. 如果有条件的话，您将来选择在哪里定居？

（1）现在工作地　（2）省会城市

（3）家乡附近中小城镇　　（4）回农村老家

61. 目前影响您进城务工的因素包括：

（1）子女得不到良好的教育　　（2）农村户口

（3）工作技能和学历低　　（4）生活费用高

（5）社会对进城务工人员身份的歧视

62. 您现在最迫切需要解决的问题是什么？

（1）提供培训，增加收入，改善生活条件

（2）改善社会政策，以便永久居住在城市

（3）子女进城读书问题

（4）农民工身份歧视问题

（5）保险和其他保障

63. 您对新生代农民工职业化有哪些建议和要求？请写在下面。

64. 您在城市务工过程中，还有哪些因素对自身职业化造成了困扰？请写在下面。